MARTHA GRAHAM

DER TANZ–MEIN LEBEN

MARTHA GRAHAM

DER TANZ–MEIN LEBEN

EINE AUTOBIOGRAPHIE

WILHELM HEYNE VERLAG
MÜNCHEN

Titel der amerikanischen Originalausgabe
MARTHA GRAHAM
BLOOD MEMORY. AN AUTOBIOGRAPHY

Ins Deutsche übertragen von Dagmar Ahrens

Die Originalausgabe erschien im Verlag Doubleday,
a division of Bantam Doubleday Dell Publishing Group, Inc., New York

ISBN 3-453-05600-0

»Und Maria ward ausersehen,

in Purpur und Scharlachrot zu wandeln.«

Für meine Mutter, meinen Vater, Geordie, Mary, Lizzie und William Henry.

Für Ron Protas, meinen Freund, der mit mir zusammen arbeitete und aktiv teilhatte an meiner neuen Lebenseinstellung und meinem neuen Lebensmut.

Für meine Lektorin Jacqueline Onassis, deren Zuversicht dieses Buch Realität werden ließ.

Für Howard Kaplan, für seine Geduld und sein Verständnis in all unseren gemeinsamen Stunden, die wir für die Herstellung des Buchmanuskripts benötigten.

Für Halston, der mir als Mitarbeiter seine Hilfe zuteil werden ließ und mir seine Hände lieh. Für Liza Minnelli und Michail Baryschnikow, die mich als Künstler beschenkten und als mir zugetane Freunde Kraft verliehen.

Dem einflußreichen Leiter unseres Ensembles Francis Mason, der uns half, wieder von vorn zu beginnen. Für Lee Traub, Arnold Weissberger, Judith Schlosser und Evelyn Sharp, die sich unserem Neubeginn anschlossen.

Für meine geliebte Alice Tully und meine Freundin und Beraterin Frances Wickes.

Für Linda Hodes, Yuriko, Helen O'Brien, Maureen Musialek und Christopher Herrmann, die mir Entschlossenheit und Kraft gaben, weiterzuleben.

Für alle meine Tänzerinnen und Tänzer – in der Vergangenheit, Gegenwart und Zukunft…

Januar 1991

Ich bin Tänzerin.

Ich glaube, wir lernen durch Erfahrung. Ob wir durch Tanzerfahrung lernen zu tanzen oder durch Lebenserfahrung lernen zu leben, macht dabei keinen Unterschied. In beiden Fällen ist die unbeirrbare und präzise Ausführung einer Reihe von Tätigkeiten unseres Körpers oder Geistes ausschlaggebend für den Erfolg und damit ausschlaggebend für den Sinn unseres Daseins und die Erfüllung unseres Lebens. Der Mensch wird gleichsam zum Artisten seines Schöpfers.

Erfahrung sammeln bedeutet – trotz noch so vielfältiger Schwierigkeiten –, für eine Vision, eine Überzeugung, eine Wunschvorstellung zu arbeiten. Tätige Erfahrung ist der Weg, auf dem voranschreitend wir die ersehnte Perfektion erlangen können.

Ich glaube, die zeitlose Faszination des Tanzes für den Menschen erklärt sich daraus, daß er gleichsam als Symbol der Bewältigung unseres Lebens gelten kann. Während ich dieses niederschreibe, wandelt die Zeit das Heute bereits zum Gestern – läßt es Vergangenheit werden. Die scharfsinnigsten wissenschaftlichen Entdeckungen werden mit der Zeit ein anderes Gesicht erhalten und vielleicht veralten, wenn neue wissenschaftliche Erkenntnisse auftauchen. Die Kunst hingegen ist zeitlos, denn sie zeigt die innere Landschaft, die Seele des Menschen.

Oft ist mir der Ausdruck »Tanz des Lebens« begegnet. Diese Formulierung berührt mich zutiefst, denn das Medium, durch das sich der Tanz mitteilt, ist dasselbe, durch das auch unser Leben gelebt wird – der menschliche Körper. Er ist das Medium, durch das sich alle fundamentalen Lebensäußerungen offenbaren. Er speichert alle Ereignisse im Leben, im Tod und in der Liebe. Tanzen erscheint uns zauberhaft, einfach und ergreifend. Doch der Weg ins Paradies tänzerischer Vollkommenheit ist nicht weniger steinig als jeder andere Weg. Es gibt Momente so großer Erschöpfung, daß der Körper selbst im Schlaf rebelliert. Es gibt Augenblicke schlimmster Frustration, man stirbt zuweilen täglich kleine Tode. Und in solchen Augenblicken brauche ich viel Unterstützung und greife zurück auf das, was die Erfahrung in mir gespeichert hat, benötige ich einen unverbrüchlichen Glauben an mich selbst.

Die Ausbildung zu einem ausgereiften Tänzer nimmt ungefähr zehn Jahre in Anspruch. Das Training besteht aus zwei Abschnitten. Zuerst kommt das Erlernen und Praktizieren der Tanztechnik in einer Schule, in der man trainiert, um die Muskulatur des Körpers zu stärken. Der Körper wird geformt, gestählt, gepflegt, und mit der Zeit kann man sich dann auf ihn verlassen. Die Bewegungen werden sauber, präzise, beredt und glaubwürdig. Körperbewegungen lügen niemals. Sie sind ein Gradmesser für die Befindlichkeit der Seele für alle, die es verstehen, in ihr zu lesen. Diese Ausbildung könnte man als die Statuten in der Tänzerkarriere bezeichnen – die Statuten, die die äußeren Aspekte des Tanzes bestimmen.

Danach folgt die Ausbildung des Menschen im Tänzer, allesentscheidend für die Ausdruckskraft seines Tanzes. Diese fließt nicht aus dem Nichts, sondern aus einem unstillbaren Lebenstrieb. Das wichtigste ist natürlich immer das Bewußtsein, daß man einzigartig und unverwechselbar ist, einzig auf dieser Welt, ein einmaliges Ich – und wenn sich dieses nicht verwirklicht, geht etwas vom Ausdruck verloren. Ehrgeiz ist nicht ausreichend, innerer Drang ist das A und O. Durch ihn werden die inneren Erfahrungen der Reise durch das Leben offengelegt – Unglück, Enttäuschung und Glück. Und an diesem Punkt gerät die Person des Tänzers immer mehr in den Strudel des Lebens: Während er als tanzendes Individuum an Größe gewinnt, verliert das Persönliche immer mehr an Bedeutung, er wird un-persönlich. Und jetzt entsteht die Anmut. Ich meine die Anmut, die aus dem Glauben fließt, aus dem Glauben an das Leben, an die Liebe, an die Menschen und an das Schöpferische des Tanzes. Und das sollte sinngemäß für alle Tätigkeiten im Leben gelten, wenn es faszinierend, kraftvoll und erfüllend sein soll.

Jeder Tänzer ist erfüllt von Ehrfurcht für das häufig so mißachtete Wunder seines zarten und wundervollen Knochenbaus und dessen fragiler Stärke, so wie der Geistesarbeiter erfüllt ist von Respekt vor der Schönheit des lebendigen, zielstrebigen und wachen Geistes. In jedem darstellenden Künstler lebt das Wissen um die Bedeutung des Lächelns, das Teil der Mitgift oder des Talentes des Artisten ist. Wir alle sind schon einmal auf einem Drahtseil widriger Umstände balanciert. Wir wissen genau wie der Seiltänzer um die Anziehungskraft der Erde. Das Lächeln gehört dazu, weil er in diesem Augenblick der Gefahr auf die Lebenserfahrung zurückgreift. Es kommt ihm nicht in den Sinn, daß er herunterfallen könnte.

Zuweilen fürchte ich mich vor dem Balanceakt auf diesem Drahtseil. Dann fürchte ich mich vor dem Schritt in das Unbekannte. Aber dieses Gefühl ist Teil der Kreativität und Teil der Darstellungskunst. Und das gehört zum Leben eines Tänzers.

Ich bin schon oft gefragt worden, warum ich mich entschieden habe, Tänzerin zu werden. Ich habe mich nicht dafür entschieden. Ich wurde zur Tänzerin bestimmt, und mit dieser Bestimmung lebt man sein ganzes Leben. Immer wenn ein junger Student mich fragt: »Meinen Sie, daß ich Tänzer werden sollte?« antworte ich: »Wenn Sie im Zweifel sind, dann lautet meine Antwort: nein.« Nur wenn man darin eine Möglichkeit sieht, das Leben für sich selbst und andere Menschen lebendig zu gestalten, sollte man sich auf eine solche Karriere einlassen... Dann werden Sie das Wunder des menschlichen Körpers kennenlernen, denn es gibt nichts Wundervolleres auf der Welt. Wenn Sie das nächste Mal in den Spiegel schauen, achten Sie einmal darauf, wie die Ohren am Kopf anliegen, achten Sie darauf, wie der Haarstrich verläuft, und denken Sie an all die zarten Knochen in Ihrem Handgelenk. Es ist ein Wunder. Und der Tanz ist die Verherrlichung dieses Wunders.

Ich glaube, das Wesentliche des Tanzes ist die Ausdruckskraft des Menschen – die Landschaft seiner Seele. Ich vertraue darauf, daß jeder von mir dargestellte Tanz etwas von mir offenbart oder einen Teil des wundervollen Wesens, das der Mensch sein kann. Es ist das Unerforschte – ob im Mythos, in der Legende oder im Ritual, das unsere Sinneseindrücke lenkt. Es ist die ewige Lebenskraft, das äußerste Verlangen. Ich weiß, daß es bei unseren Proben – und diese haben wir täglich – einige Tänzer gibt, insbesondere Männer, die nicht ruhig stehen können. Ein bestimmter Mann in meiner Truppe ist einfach nicht dafür geschaffen, ruhig stehen zu bleiben. Er muß sich bewegen. Ich glaube, zuweilen merkt er überhaupt nicht, daß er sich bewegt, aber das meine ich nicht. Ich meine vielmehr, er besitzt die innere Triebkraft, die ihn einfach zum Tanzen drängt. Er besitzt jenes unwiderstehliche Verlangen. Jeder Tanz ist eine Art Fieberkurve, eine Niederschrift unserer Emotionen. Verlangen ist etwas Wunderbares, und Verlangen ist die Triebfeder des Tänzers.

Zu jeder Probe für einen neuen Tanz komme ich etwas vor zwei Uhr nachmittags und sitze allein im Studio, um mir vor Ankunft der Tänzer einen Augenblick der Ruhe zu gönnen. Belustigt stelle ich dann immer fest, daß ich die Buddha-Natur in mir pflege; doch das Studio ist wirklich ein so angenehmer Aufenthaltsort für mich – Geborgenheit bietend, hell und zweckbestimmt. Und das Zusammentreffen dieser Elemente veranlaßte einen Schriftsteller, den Tanz als »Verherrlichung menschlichen Verhaltens« zu bezeichnen. Ich sitze dann mit dem Rücken vor unseren großen Spiegeln, so daß ich vollständig in mich zurückgezogen bin. Im Raum herrscht augenblicklich ein gewisses Durcheinander, denn wir begeben uns in Kürze auf Tournee. Transportkisten stehen neben den Objekten, die Isamu Noguchi für mich geschaffen hat und die mit uns auf die Reise gehen; auf den Kisten stehen die in Schwarz gestanzten Namen: *Appalachian Spring, Hérodiade, Night Journey.*

Dieses Studio mit seinen abgetretenen Fußböden und der in den Garten führenden Tür ist meine Welt. Als Lila Acheson Wallace es mir 1952 zur Verfügung stellte, bedeutete das für mich die Gewißheit, arbeiten zu können und ein Heim zu haben. Lila war ein phantastischer Mensch. Sie verstand die unergründliche Rastlosigkeit in einem Künstler und hatte eine feinfühlige Art, einen zu unterstützen, ohne daß man sich jemals verpflichtet oder peinlich berührt fühlen mußte.

Ich werde niemals meinen ersten Besuch in ihrem Haus High Winds vergessen. Als wir am Eßtisch saßen, trank Lila aus einer wundervollen goldenen Tasse, die sie von der ägyptischen Regierung geschenkt bekommen hatte und die, wie sie sagte, aus Tutanchamuns Grab stammte. Lilas Mann, De Witt, schaute mich an und sagte: »Sie sind also Tänzerin.« Er führte seine Hand über meinen Kopf und fragte mich: »Können Sie ihr einen Tritt versetzen?« Da es eine offizielle Einladung war, trug ich ein Kleid von Dior. Ich antwortete: »Ich könnte, aber nicht in diesem Kleid.« Die Erinnerung an Lilas Besuche hier und an ihre freundschaftlichen Gesten ist unauslöschlich mit diesem Studio verbunden, sie ist aber auch zu anderen Augenblicken präsent. Es heißt, positive Energie, ist sie einmal ausgeströmt und hat Besitz von unserer Welt ergriffen, könne niemals wieder ausgelöscht, allenfalls verändert werden. Deswegen glaube ich, die Gegenwart so vieler Menschen hier in diesem Raum zu verspüren.

II

Im Garten vor meiner Studiotür wächst ein Baum, der für mich stets als Symbol für die Bewältigung unseres Lebens gegolten hat, und in mancher Hinsicht ist er einem Tänzer vergleichbar. Er war ein kleiner Setzling, als ich hier einzog, und obwohl ein Drahttor ihn in seinem ungestörten Wachstum behinderte, hielt er durch und wuchs dem Licht entgegen, und heute, dreißig Jahre später, hat er sich zu einem dickstämmigen Baum entwickelt und den Draht in seinem Innern eingeschlossen. Wie ein Tänzer strebte er dem Licht entgegen und verinnerlichte die im Laufe seines Lebensweges vernarbten Spuren seiner Verwundungen. Der Mensch legt seinen Lebensweg zurück, arbeitet und bemüht sich um Redlichkeit. Er trägt in sich jenen Wissensdrang, Lebensdurst, der sich zum Guten oder Schlechten wendet. Und unser Körper ist das uns von Gott gegebene Gewand. Er ist unser Gewand bei der Geburt und beim Tod. In ihm treten wir in das Leben ein und scheiden auch wieder aus dem Leben, wir sollten ihn mit Würde, Wohlgefallen aber auch mit Ehrfurcht behandeln. Immer aber sollten wir ihm Wohltaten angedeihen lassen.

Es heißt, es habe ursprünglich nur zwei Kunstformen gegeben, den Tanz und die Architektur. Das Wort »Theater« wurde zunächst als Verb gebraucht, bevor man es als Substantiv verwendete – es war eine Tätigkeit und später erst die Bezeichnung eines Ortes. Das heißt, man muß handeln, sich mühen, sich wirklich mühen, will man mit anderen Menschen kommunizieren. Und der Mensch benötigt einen Baum als Schutz vor Sturm oder Sonne. Deswegen gibt es immer jenen Baum, jene kreative Kraft, und deshalb gibt es auch immer ein Haus, ein Theater.

Bäume gehören zu den schönsten Dingen auf dieser Erde, insbesondere wenn sie ihre Blätter abgeworfen haben. Etwa der Baum an der Stelle, wo die Straße in ost-westlicher Richtung durch New Yorks Central Park verläuft, der sich mir, wann immer ich zu verschiedenen Jahreszeiten an ihm vorübergehe, in den unterschiedlichsten Wachstumsphasen präsentiert. Seiner Blätter beraubt, wirkt er uralt und faszinierend, er ähnelt dann meiner Lieblings-No-Maske von einer alten, in der Jugend sehr schön gewesenen Frau. Immer wenn ich an diesem Baum vorübergehe, verneige ich mich vor seiner Kraft und Unergründlichkeit.

Das Rückgrat ist gleichsam der Lebensbaum unseres menschlichen Körpers, und mit ihm teilt sich ein Tänzer anderen mit. Sein Körper drückt das aus, was Worte nicht vermögen, und wenn er aufnahmebereit und offen ist, kann sein Körper zu einem aufrüttelnden Ausdrucksmedium werden.

Diese Spannkraft, diese Ausdrucksstärke des menschlichen Körpers in Ruhe und Bewegung lebt für mich in unserem Studio. Einst schlängelte sich ein Bach durch das Anwesen, und ich bin davon überzeugt, daß es immer noch von der Kraft dieser verborgenen Wasserader durchdrungen ist. Die alten Griechen glaubten, daß an jeder Quelle, der Manifestation des menschlichen Daseins, auch eine Gottheit wohnte, die der Mensch durch sein Verhalten versöhnlich oder zornig stimmen konnte. Zuweilen scheint mir eine geheimnisvolle Kraft unter unserem Haus zu wirken. Selbst in unserem Studio wuchs einmal ein kleiner Schößling aus dem Boden, unmittelbar neben dem Klavier. Hier offenbart sich uns eine andere Welt, und wir empfangen sie als Geschenk.

Mich fesselt das Geheimnis der Bewegung und des Lichts. Bewegungen lügen niemals. Aus ihnen spricht das Geheimnis der von mir so genannten fernen Planeten unserer Visionen. Es gibt zahlreiche ferne Planeten, weit entfernt von unserem täglichen Dasein, wohin wir, so glaube ich, in unserer Phantasie zuweilen wandern. Sie wird entweder einen Planeten entdecken oder nicht, und das ist die Welt des Tänzers.

Und dann ist da noch die Inspiration. Woher kommt sie? Größtenteils aus der Freude am Leben. Ich schöpfe sie etwa aus der Betrachtung der vielgestaltigen Baumwelt oder dem Anblick der Wellenbewegung bei schwerer See, dem Lesen von lyrischen Versen, der Beobachtung eines aus der ruhigen Wasseroberfläche emporschnellenden und auf mich zufliegenden Delphins... aus allem, was einen jeden Augenblick unseres Lebens beseelt. Ich bin mir wirklich nicht sicher, soll ich das Inspiration oder Fügung des Schicksals nennen? Zuweilen fließt diese

Inspiration auch aus der Begegnung mit einem Menschen; ich liebe Menschen sehr und glaube, daß dieses Gefühl meistens erwidert wird. Ich mag Menschen einfach. Ich liebe sie nicht alle als Individuen, doch bin ich angetan von der Vorstellung des pulsierenden Lebens im Menschen – seiner Lebensgeschichte und seinen Bewegungen.

Denn aus uns allen, aber besonders aus dem Tänzer mit seiner besonderen Sensitivität für das Leben und den Körper, spricht eine persönliche Lebensgeschichte, die uns beseelt. Jeder von uns, auch unser Vater und unsere Mutter, trägt sein Erbgut in sich, auch die Eltern unserer Väter und Mütter und deren Eltern, und diese Kette reicht unendlich weit in die Vergangenheit zurück. Wir tragen Erbgut und Prägungen aus Tausenden von Jahren in uns. Wie sonst wären jene instinktiven Gesten und Gedanken zu erklären, deren wir uns bedienen; sie kommen unvorbereitet und unerwartet. Sie rühren vielleicht aus einer tiefen Verwurzelung in einer Zeit, als die Welt noch chaotisch war, aus einer Zeit, als die Welt, wie es in der Bibel heißt, ein Nichts war. Und dann, als wenn ein Türspalt sich geöffnet hätte, kam das Licht. Es enthüllte bestimmte wundervolle Dinge. Es enthüllte grausame Dinge. Aber es ward Licht.

William Goyen schrieb in seinem Buch *The House of Breath:* »Wir sind Träger des Lebens und der Legenden − wer weiß um die unbekannten Wandmalereien unter dem Scheitel eines jeden von uns?« Häufig entspringt der Wunsch zu tanzen aus dem Verlangen, diese verborgenen Malereien zu entdecken.

Als wir auf unserer zweiten Asien-Tournee in den siebziger Jahren nach Burma kamen, wurde ich gebeten, Blumen am Grabmal des Unbekannten Soldaten niederzulegen. Ich tat dies im Beisein unseres Botschafters und des burmesischen Kulturministers, und als ich meine Ehrenbezeugung beendet hatte, kam es zu beträchtlichem Aufruhr und erregter Diskussion unter den Umstehenden. Die Burmesen wollten wissen, wer mich gelehrt hätte, die Blumen in korrekter Weise, mit den für eine burmesische Frau meines Alters und Standes korrekten Schritten und Bewegungen niederzulegen. Niemand hatte mich das gelehrt. Genausowenig wie jemand Ruth St. Denis gelehrt hatte, die Tanzgeschichte Ostindiens Generationen weit zurückzuverfolgen, um in ihren Soli die wahre Sinngebung und den richtigen Geist ausdrücken zu können, die selbst den Indern in jener Zeit verloren gegangen waren.

Doch um dies zu können, muß der Tänzer sein Inneres rein halten − seinen Geist, seinen Körper. Diese Erkenntnis versuchen auch die Zen-Meister ihren Schülern zu vermitteln, wenn sie sich zu sehr auf sich selbst konzentrieren, sich zu sehr mit theoretischem Wissen und zu vielen Gedanken befrachten. Sie ermahnen sie mit folgenden Worten: »Das ist zwar alles anzuerkennen, aber hast du heute schon deine Reisschale gewaschen?« Denn die buddhistischen Zöglinge leben vom Betteln ihrer Speisen, und wie könnten sie eine Speisegabe erwarten, wenn sie ihren Spendern schmutzige Schüsseln entgegenhielten? Der Mönch wird stets gefragt, ob er für sein nächstes Mahl bereit sei – eine eindeutige Anweisung, sich auf das Wesentliche zu konzentrieren. Der Mensch verliert sich so leicht in Unwesentlichem.

Ich glaube, das war auch die Botschaft, die mir mein Vater einmal in einem Brief vermitteln wollte, als ich schon nicht mehr zu Hause lebte: »Martha«, hieß es da, »du mußt dir dein Inneres immer offen halten.«

Es ist diese Offenheit, Aufnahmebereitschaft und bestimmte Art der Unverdorbenheit, die ich meinen Tanzschülern vermitteln möchte. Obwohl es sich dabei nicht, wie das lateinische Verb *educere* für »ausbilden« schon andeutet, darum handelt, etwas in einen Menschen hineinzulegen, sondern vielmehr darum, etwas aus einem Menschen herauszuziehen, vorausgesetzt es ist ein Fundament vorhanden.

Zu Beginn unserer Proben pflege ich über diese Sensibilität und Offenheit zu sprechen. Die Tänzer betreten das Studio mit den Co-Direktoren Linda Hodes und Ron Protas, die ich über viele Jahre angeleitet habe, meine Kreationen zu überwachen und in deren Hände ich das weitere Schicksal meiner Tanztruppe gelegt habe. Linda kam zu mir als Kind, wurde von mir ausgebildet und trat zusammen mit mir auf. Ron ist seit fünfundzwanzig Jahren bei mir, ich habe ihn in meiner Tanztechnik ausgebildet. Er kann sich in die von mir geschaffenen Stücke hineindenken und weiß intuitiv, was ich mir vorstelle. Es fehlen immer ein oder zwei Tänzer – eine Verletzung, eine Therapiesitzung, das Übliche. Heute kann ein Tänzer jeden Part tanzen, so ausgefeilt ist die Technik. Ob es ihm allerdings gelingt, Leidenschaft und Sinngehalt in seine Bewegungen zu legen, ist eine ganz andere Frage.

Zuweilen necke ich meine Tanzschüler und sage ihnen etwa, sie seien heute nicht gerade besonders gut, all ihre Sprünge seien zu sehr vom Kopf beeinflußt. Und dennoch bewegen sie sich mit Anmut und einer gewissen Selbstverständlichkeit, einige mehr, andere weniger. Diese Momente während der Proben gehören zu den von mir besonders geschätzten Augenblicken. Sie sind das Jetzt und Hier in meinem Leben.

Das einzige, was wir haben, ist das Jetzt. Der Mensch wird in das Jetzt hineingeboren, in das ihm Bekannte, und er bewegt sich von hier aus zurück in die Vergangenheit, zu den Vorfahren, die ihm zuvor nicht bekannt waren, die er aber auf seinem Lebensweg kennenlernt. Ich bin überzeugt davon, daß der Mensch nur über sein Selbst Zugang zur Vergangenheit findet, indem er aus der Gegenwart schöpft, aus den Erlebnissen des unmittelbaren Augenblicks. Wir lernen nichts über die Vergangenheit, wenn wir sie nicht für uns entdecken. Und wir vermögen

sie nur vom Jetzt ausgehend zu entdecken. Blicken wir in die Vergangenheit, fühlen wir uns so wohlig, als ob
wir uns in einem Schaukelstuhl räkel-
ten. Es ist so entspannend, und man
kann auf der Veranda vor- und zu-
rückschaukeln, ohne sich dabei vorwärts zu bewegen. Aber das ist trotzdem nichts für mich. Ich werde
manchmal gefragt, ob ich mich nicht
zur Ruhe setzen wolle, und ich antworte dann immer: »Zurückziehen?
Zurückziehen, wohin?« Ich halte
nichts vom Ruhestand, denn das ist
gleichbedeutend mit dem Tod.

Das aktive Leben eines Tänzers ist
wahrlich nicht einfach. Es ist ver-
gleichsweise kurz. Ich bin zwar nicht
typisch für einen solchen Lebenslauf,
dennoch konnte auch ich ab einem gewissen Alter bestimmte Bewegungen
nicht mehr ausführen. Alter ist mit
Schmerzen im Nacken verbunden.
Ich sträubte mich, alt zu werden, denn
ich merkte nicht, wie ich tatsächlich
langsam alt wurde. Ich empfinde Alter
als Last und als unerfreuliche Erfahrung, die mir unfreiwillig aufgezwun-
gen wird. Alter ist für mich weder
schätzenswert noch begehrenswert.
Es ist in jedem Falle schwer zu ertragen.

Als ich mit dem Tanzen aufhörte, war
dies keine bewußt von mir getroffene

Entscheidung. Ich erkannte, daß ich nicht mehr die Kraft und Fähigkeit besaß, die Bewegungen aus meinem Inneren und meiner Seele in künstlerischen Ausdruck zu gießen. Vor Beginn meiner Tanzkarriere hatte ich mit der Uhr die Ausführung von vierhundert Sprüngen pro Minute trainiert. Heute gelingen mir sehr viele Bewegungen nicht mehr, und es macht mich furchtbar wütend, daß das so ist. Ich wollte seinerzeit nicht mit dem Tanzen aufhören und habe auch heute noch die gleiche Einstellung zu dieser Frage. Ich habe immer nach einem einfachen, unmittelbaren, offenen und wundervollen Leben gestrebt. So sehe ich meinen Lebenslauf.

Wenn ich einen neuen Tanz kreiere und Bewegungen mich durchströmen, wandele ich immer auf den Spuren meiner mich tragenden Vergangenheit. Ob das nun vorteilhaft oder nachteilig ist, es sind immer Spuren der Vergangenheit. Und der Tänzer kommt an einen Punkt, da sein Körper eine andere Gestalt annimmt und sich in der Kulturwelt der Vergangenheit bewegt – ein Gedanke, der sich sehr schwer in Worte fassen läßt. Ich spreche niemals über den Tanz, während ich ihn kreiere. Es ist ein ausschließlich körperliches Wagnis, das man da eingeht und eingehen muß. Der Tanz, den ich gegenwärtig einstudiere, ist ein solches Wagnis. Mehr kann ich darüber nicht sagen, denn die Arbeit daran ist noch nicht beendet. Ich lasse niemanden zuschauen, ausgenommen natürlich die Tänzer, mit denen ich arbeite. Wenn sie das Studio verlassen, bleibe ich allein zurück – auf den Spuren meiner Vorfahren.

Vor langer Zeit erfuhr ich aus irgendeiner Quelle, daß man in El Grecos Studio nach seinem Tode eine Leinwand fand, auf der nur die Worte standen: »Nichts macht mir Freude.« Das kann ich nachfühlen.

Zuweilen glaube ich, es ist Zeit für mich aufzuhören. Dann denke ich an das Gleichnis Mallarmés vom Schwan, an jenen wunderschönen Schwan, der zu lange im Eiswasser ausharrte, bis sich das Eis um seine Beine geschlossen hatte und er darin gefangen war. Ich frage mich zuweilen, ob auch ich zu lange ausgeharrt habe. Vielleicht habe ich auch nur Angst aufzuhören.

Die amerikanischen Indianer glaubten, das Leben bestehe aus wiederkehrenden Zyklen von Tod und Wiedergeburt. Jetzt frage ich mich, ob ich am Anfang eines neuen Zyklus stehe oder mein Zustand nur eine Art Verzagtheit ist, die Bestandteil jeglichen Tuns ist. Sie ist teilweise verantwortlich für die Höhepunkte in unserem Leben, aber teilweise auch für die Lebensnotwendigkeiten, ebenso wie sie auch Teil des Unbewußten in uns ist.

Ich habe noch immer Proben und gebe Tanzunterricht. Ich reise mit meiner Truppe so oft wie möglich, sitze gewöhnlich zusammen mit Ron am Seitenrand der Bühne und gebe Korrekturanweisungen, die dieser auf seinem gelben Schreibblock mitschreibt. Im Zuschauerraum machen Linda und ein weiterer Probenleiter das gleiche. Und danach werden die Tänzer korrigiert.

Manchmal sind die Tänzer fabelhaft, und dann sage ich es ihnen auch. Aber manchmal sind sie es nicht. Dann werden sie der Form des Stückes absolut nicht gerecht, sie erlauben sich unzulässige Abweichungen, nehmen sich Freiheiten, denen ich nicht zustimmen kann. Ich leite die Proben und gebe Demonstrationen, aber auch Tanzunterricht. Alles läuft darauf hinaus: Wenn man für etwas verantwortlich zeichnet, dann muß man dahinter stehen.

Außerdem habe ich mich auch um die lebenswichtigen Geldprobleme zu kümmern. Das ist unumgänglich. Heute geht nichts mehr ohne Geld. Träume und geheime Visionen mögen schön sein, aber ohne Geldmittel sind sie nicht zu verwirklichen. Ich lebe immer in der Ungewißheit, ob meine Werke verfilmt und bewahrt werden und ob wir die Hypotheken für unser Haus aufbringen können. Es gibt keinen Halston, keine Lila mehr, die mir jetzt zur Seite stehen und mich finanziell unterstützen könnten. Immerhin ist jetzt Madonna, eine frühere Schülerin von mir, zu uns gestoßen und hat mir Mut gemacht, daß sie einen finanziellen Weg zu finden hofft.

Zuweilen kehre ich nach dem Unterricht in einer besonders schwierigen Klasse in meine Wohnung in der Nähe meiner Schule zurück und frage mich, wo all die Schönheit und das Bewußtsein über das Wunder des menschlichen Körpers geblieben sind. Dann denke ich über die zahllosen seltsamen Begebenheiten in meinem Leben nach. Dazu gehören Geschichten, die mir meine Eltern erzählten und an die ich mich teilweise noch erinnere. Es scheint mir, daß ich stets eine große Aufgeschlossenheit dem Leben, dem Tun anderer Menschen und dem Dasein anderer Lebewesen gegenüber besessen habe. Es ist etwas von dem, was Empedokles meinte, als er formulierte: »Denn ich war zuvor ein Junge und ein Mädchen, ein Busch, ein Vogel, ein stummer Fisch im Meer.« Anders ausgedrückt, einige Erinnerungssplitter jener früheren Artverwandtschaften durchströmen mich – ich spreche nicht von Wiedergeburt, Verwandlung oder dergleichen. Ich meine die Erhabenheit unseres Erinnerungsvermögens, die Fragmente in unserer Erinnerung und jene wertvollen Dinge, die wir vergessen und für deren Speicherung unser Körper und Geist sich einsetzt… bei Emily Dickinson heißt es dazu: »Die Intuition bewahrt das Schlüsselereignis, das aus unserer Erinnerung getilgt ist.«

Nicht die Perfektion vermisse ich zuweilen in einer Tanzklasse, denn einige Schüler werden niemals den Gipfel technischer Vollkommenheit erklimmen. Zu Beginn erwarte ich überhaupt keinerlei Ansatz von Perfektion. Aber ich erwarte das Verlangen, sich mit dem Leben auseinanderzusetzen, den Wissensdrang, das Staunen über die Fähigkeit, seinen Körper wirklich einsetzen zu können – auf eine perfekte erste oder fünfte Position hinzuarbeiten. Und daraus entsteht Enthusiasmus, Begierde und Hingabe, in der man alles andere um sich herum vergißt. Dann wird der Tänzer vollkommen eins mit diesem seinem Körper, wird zur Schwungkraft für das Leben. Der große französische Dichter Saint-John Perse sagte mir einmal: »Der Mensch hat so wenig Zeit, das Einssein mit dem gegenwärtigen Augenblick zu erleben.« Das vermisse ich bei meinen Tanzklassen sehr stark. Ich vermisse jene animalische Stärke, die Harmonie der Schritte, mit denen wir durch das Leben schreiten. Dies, glaube ich, ist mehr als alles andere das Geheimnis meiner Einsamkeit.

Ich halte mich keineswegs für einmalig, aber ich bin mir dennoch bewußt, daß ich mit Edgard Varèse übereinstimme, wenn ich jetzt ein Wort gebrauche, das ich niemals im Zusammenhang mit mir oder einem anderen Menschen verwende. Und dieses Wort ist Genius. Varèse, ein begabter französischer Komponist, der auch Musik für mich komponierte, betrat durch die Art des Einsatzes der Schlaginstrumente, die mir zuvor noch nicht begegnet war, neue Gefilde musikalischen Ausdrucks. Er sagte mir einmal: »Wir alle werden mit einem Genius geboren, aber die meisten Menschen bewahren ihn nur einige Sekunden lang.«

Mit Genius meinte er jenen Drang, der den Menschen veranlaßt, die Geheimnisse des Lebens zu erforschen. Und dieser fehlende Drang ermüdet mich bei meinem Unterricht und macht mich so einsam. Manchmal begegnet man einem Menschen auf der Bühne, der jenes Einssein mit sich selbst ausstrahlt – das ist so märchenhaft, daß man den Atem anhält. Dieses Talent besitzen wir alle, doch die meisten Menschen bewahren es sich nur wenige Augenblicke lang.

Unvergeßlich ist mir ein Abend geblieben, an dem ich noch spät im Studio war, als das Telefon klingelte. Ich war allein, nahm den Telefonhörer ab und war mit einer Mutter verbunden, die sich nach Tanzunterricht für ihr Kind erkundigte. »Sie ist genial, intuitiv, einmalig, diese Talente müssen jetzt gefördert werden.« »Was Sie nicht sagen«, antwortete ich, »und wie alt ist Ihre Tochter?« Ihre Mutter antwortete: »Zwei Jahre.« Ich teilte ihr mit, daß wir erst Kinder ab neun Jahren ausbilden (heutzutage allerdings auch schon früher, dank Vitaminen, Computern und Heimunterricht). »Neun!« rief sie entsetzt. »Aber mit neun wird sie ihre

Genialität verloren haben.« Ich antwortete: »Madame, wenn sie sie verlieren soll, dann ist es am besten, wenn sie sie frühzeitig verliert.«

Ich habe mich niemals für das gehalten, was man ein Genie nennt. Ich weiß nicht, was ein Genie ist. Ich meine, eine sehr viel treffendere Bezeichnung wäre »Retriever« oder auch Apportierhund, ein wohlgestalteter, kräftiger Retriever, der Dinge aus der Vergangenheit aufspürt oder Dinge aus dem gemeinsamen Erbe unserer Väter zurückholt. Ich glaube, der Mensch offenbart sich bei allem, was er tut, ob es sich um Religion, Politik oder Sexualität handelt. Das ist für mich eine der wundervollsten Erkenntnisse unseres Lebens. Und das ist immer mein Wunsch gewesen – ich wollte durch das Medium Tanz alle Aspekte des Lachens, der Freude und der Leidenschaft zum Ausdruck bringen.

Um zu arbeiten, sich zu begeistern, ja selbst um existent zu sein, muß man das Einssein mit dem gegenwärtigen Augenblick wiederbeleben. Man muß offen sein für Gefühle, offen sein für Verwundungen. Oftmals bereiten uns Erlebnisse nicht nur Freude, doch das ist nicht das Wesentliche. Wir müssen uns nicht unentwegt klar darüber werden, wie etwas auf uns wirkt. Unerläßlich ist hingegen, daß mich das Erlebnis anrührt, mich fasziniert; mein Körper muß lebendig sein. Und ich muß wissen, wie ich diesen Körper belebe; das ist bei jedem Menschen individuell verschieden. Ich denke dabei häufig an die große russische Ballettmeisterin Wolkowa, die während der Russischen Revolution aus ihrer Heimat floh und später in Dänemark unterrichtete. Interessanterweise lernte sie niemals auch nur ein Wort Dänisch, sondern sprach nur Englisch. Als ein junger Mann einmal eine Reihe außergewöhnlicher Sprünge quer durch den Raum vollführte und sich dann nach der Wolkowa umschaute, um sein wohlverdientes Lob zu hören, sagte sie: »Das war perfekt, aber zu sehr auf äußeren Eindruck bedacht.«

Auf dem Höhepunkt seines Könnens besitzt der Tänzer zwei wundervolle, delikate und vergängliche Eigenschaften. Die eine ist Spontaneität, die man nach Jahren des Trainings erlangt. Die andere ist Natürlichkeit, aber nicht das, was man allgemein darunter versteht. Gemeint ist die Geisteshaltung absoluter Natürlichkeit, die einem nicht weniger als alles abverlangt, wie T. S. Eliot es einmal formuliert hat.

Wie viele Sprünge mag Nijinsky wohl ausgeführt haben, bevor ihm der eine gelang, der die Welt in Atem hielt? Er vollführte Tausende und Abertausende, und diese legendäre Leistung gibt uns die Zuversicht, Energie und Vermessenheit, immer wieder ins Studio zurückzukehren in dem Bewußtsein, daß wir so wenig Zeit haben, das Einssein mit dem gegenwärtigen Augenblick zu erleben – und immer wieder an den vielen Augenblicken zu arbeiten in der Hoffnung, doch noch einmal das Einssein mit sich selbst zu erfahren. Das ist die Welt des Tänzers.

In meinem tänzerischen Leben hat es so viele Auftritte, so viele Augenblicke gegeben. Aber ich habe mich bis heute immer dagegen gesträubt zurückzuschauen, bis ich jetzt das Gespür dafür zu entwickeln begann, daß es in meinem Leben immer einen roten Faden gegeben hat – die Bestimmung. In der griechischen Mythologie gibt es die Lebensachse, die im Schoße der Bestimmung ruht – die erste Schicksalsgöttin in der philosophischen Begriffswelt Platons. Die zweite Schicksalsgöttin spinnt den Faden, die dritte Schicksalsgöttin zerschneidet den Faden. Bestimmung zur Kreativität? Nein. Aber in gewisser Weise die Bestimmung, Erfahrungen zu transzendieren, die Angst zu besiegen und einen Weg zu finden, das Leben zu meistern.

Wie beginnt das alles? Ich glaube, es beginnt niemals. Es setzt sich nur fort.

Vor einigen Jahren wurde in einer Zeitung eine Liste mit Hunderten von Namen veröffentlicht, Namen von Besitzern nicht ausgelösten Eigentums, das von einer Bank verwaltet wurde. Die Zeitung führte auch ein Bankschließfach auf, das ich vor mehr als 25 Jahren eingerichtet hatte. Die Bank verlangte 200 Dollar, andernfalls würde sie den Inhalt versteigern lassen. Mein Assistent fuhr nach Brooklyn, um den Inhalt des Safes zu holen. Er enthielt weder Bargeld noch Schmuck, sondern Versicherungspolicen und persönliche Papiere, einen Antrag für ein Guggenheim-Stipendium, das mir später gewährt wurde, und ein weiteres Papier, auf dem unsere Familienchronik bis zu Miles Standish und Plymouth Rock zurückverfolgt wurde – meinen Familienstammbaum.

1894 absolvierte Grover Cleveland seine zweite Amtsperiode als Präsident, wurde Alfred Dreyfus wegen Landesverrats in Frankreich verurteilt und komponierte Claude Debussy sein Werk *L'Après-midi d'un faune*. Victoria war noch immer Königin. In der zweiten Maiwoche setzten bei meiner Mutter die Wehen ein, und am 11. Mai erblickte ich das Licht der Welt.

In meiner Kindheit hielten sich Licht und Schatten die Waage. Allegheny in Pennsylvania war eine schrecklich triste Stadt, tot, trübe und bar jeglicher Schönheit. Hier dominierte die Kohleindustrie, und alles, was wir am Leibe hatten, war im Nu voller Ruß. Ruß soweit das Auge reichte – auf den Fensterkästen, Türen, Bäumen. Wenn wir in einem frisch gewaschenen weißen Kleid nach draußen gingen, kehrten wir schwarz nach Hause zurück. Ich hatte das Gefühl, daß in unserem Haus nur gewaschen wurde. Alle Frauen und Mädchen in der Stadt trugen als Schutz gegen den Kohlestaub Schleier und Handschuhe.

Ich erinnere mich, daß ich als junges Mädchen, wenn ich auf der Main Street zu Fuß ging, immer Augen, Nase und Mund verschleiert trug. Der durchsichtige Stoff, das geheimnisvolle Netzwerk verschönerte die Welt um mich herum. Wenn ich Fremden auf der Straße begegnete, mußten sie immer meinen Schleier lüften, wenn sie mir die Wangen küssen wollten. Das war die damals übliche Begrüßung für Kinder durch Erwachsene. Natürlich wollte ich nicht von jedem ins Gesicht geküßt werden. Mein Va-

Martha als Zweijährige, ein eigensinniges Kind.

ter war dagegen und verbot mir, mir überhaupt die Wangen küssen zu lassen, denn wegen der Industrie in unserer Umgebung waren wir sehr krankheitsanfällig. Er lehrte mich zu sagen: »Mein Vater, Dr. Graham, erlaubt es niemandem, mich auf die Wangen zu küssen, aber Sie dürfen meine Hand küssen.«

Als ich älter wurde, glaubte ich, daß man mit Handschuhen etwas verbergen könnte. Ich mag immer noch keine Handschuhe, trotzdem trage ich sie. Meine Hände sind nicht schön, heute sind sie außerdem verkrüppelt, eine Folge von Arthritis. Ich versuche ihnen, soweit Handschuhe mir dabei helfen können, Form zu geben. Besonders Kindern gefällt es nicht, wenn ich Handschuhe trage. Sie zögern dann, mich zu berühren, und sie mögen es auch nicht, wenn ich sie damit anfasse. Das kann ich verstehen, weil ich nicht wirklich mit ihnen in Kontakt trete. Etwas von mir wird ihnen vorenthalten. Ich trage Handschuhe in Gesellschaft und wenn ich das Haus verlasse.

Wenn mein Vater keine Sprechstunde hatte, besuchte ich ihn in seiner Praxis und bewegte mich leise, um ihn nicht bei der Arbeit zu stören. Das Praxiszimmer war

Mein gutaussehender Vater, »Goldie« Graham, und seine Visitenkarte.

George G. Graham, M.D.

ein würdevoller Raum, für mich als Kind wegen der vielen Bücherreihen, die meine Neugierde erregten, geheimnisvoll. Es war anders als jeder andere Raum, den ich kannte. Ich erinnere mich daran, daß ich einmal auf einem großen Bücherstapel stand, um auf den Schreibtisch meines Vaters schauen zu können und er mir ein Glasplättchen zeigte, auf das er einen Wassertropfen geträufelt hatte. Er hielt das Plättchen zwischen Daumen und Zeigefinger und fragte: »Martha, was siehst du?« Ich sagte ohne Umschweife: »Wasser.« Und er fragte weiter: »Klares Wasser?« Darauf ich: »Ich glaube ja, klares Wasser.« Ich merkte, daß mein Vater etwas seltsam reagierte, wußte aber nicht, worauf er hinauswollte. Er nahm aus einem hohen Regal über seinem Schreibtisch ein Mikroskop und stellte es neben mich. Dann ließ er das Fensterrouleau herunter, gleichsam um die Bedeutung des Problems ins rechte Licht zu rücken, und legte anschließend das Plättchen mit dem Wasser unter das Mikroskop. Ich kniff ein Auge zu und führte das andere an die schwere schwarze Linse. Dann sah ich die Oberfläche des Plättchens und sagte erschrocken zu meinem Vater: »Aber darin sind ja Kringel!« Er sagte: »Ja, es ist verunreinigt. Denke daran dein ganzes Leben, Martha. Du mußt immer nach der Wahrheit streben.«

Wir müssen nach der Wahrheit streben, wie immer diese Wahrheit auch aussieht, gut, schlecht oder beunruhigend. Ich habe nie die Dramatik dieses Augenblicks vergessen; die Erkenntnis über die Wahrheit wurde zum Leitgedanken

meines ganzen Lebens. Das war – in nicht alltäglicher Weise – meine erste Tanz-
stunde: Streben nach Wahrheit.

Zuweilen saß ich neben wartenden Patienten im Wartezimmer, wenn mein Vater
einen Patienten im Sprechzimmer hatte, und beobachtete deren Bewegungen.
Manchmal erzählte ich ihnen auch Geschichten. Ich glaube, sie mochten weder
meine Anwesenheit noch meine erfundenen Geschichten. Eine Patientin, ein
siebzehn Jahre altes Mädchen, kam einmal zu uns zum Abendessen. Als wir alle
am Eßzimmertisch Platz genommen hatten, senkten wir unsere Köpfe, und
Großmutter sprach das Tischgebet.

Sonderbarerweise sagte die Patientin meines Vaters wenig und schaute kaum von
ihrem Teller auf; sie saß krumm da, gefangen in jener Unbeholfenheit, jener schwer
verständlichen Introvertiertheit, als ob sie vollständig in sich selbst zurückgezogen
wäre. Ich erinnere mich nicht mehr an die Unterhaltung während des Essens, nur

an das Benehmen dieses jungen Mädchens. Sie schien unruhig und ein wenig
nervös. Ich sah meinen Vater an, aber
sein wohlwollender Blick gab mir keinen Aufschluß über ihr Benehmen. Später, nachdem mein Vater sie nach Hause
gebracht hatte, fragte ich ihn, warum sie
sich so verhalten habe, und er erklärte,
sie habe sich nicht wohlgefühlt und ihr
Körper habe uns dies mitgeteilt. Jeder
von uns offenbart seine Lebensgeschichte, auch wenn er nicht spricht. »Die Bewegung«, sagte er mir später auf weitere
Fragen, »lügt niemals.«

Mein Vater George Greenfield Graham war Arzt für Nervenleiden, damals nannte man das Irrenarzt, heute
würde man Arzt für Psychiatrie sagen.
Sein Vater war Banker gewesen, der
erste Präsident der Bank of Pittsburgh,
der unmittelbar nach der Geburt meines Vaters einen Treuhandfonds unter
seinem Namen gründete. Dies ermög-

Mein Kindermädchen Lizzie Prendergast.

lichte es meinem Vater, das College und anschließend eine Schule für medizinische Ausbildung zu besuchen, und auch ich profitierte als Heranwachsende von diesem Geld. Und der Existenz dieser Firmen und der Tätigkeit meines Vaters als Arzt verdankten wir die Tatsache, daß Lizzie in unsere Familie kam.

Lizzie war eine Institution in unser aller Leben. Sie war wohl als ganz junge Frau mit einer reichen Familie aus Irland in die Vereinigten Staaten gekommen. Eines Tages war sie von einem Rudel scharfer Hunde angegriffen und lebensgefährlich verletzt worden. Sie wurde ins örtliche Krankenhaus eingeliefert, wo mein Vater sie behandelte. Sie wäre fast an Wundstarrkrampf gestorben, doch meinem Vater war es gelungen, sie durchzubringen. Deswegen empfand sie ihr ganzes Leben ihm gegenüber tiefe Dankbarkeit und hatte gelobt, zu ihm ins Haus zu kommen, wenn er Frau und Kinder hätte, um ihm den Haushalt zu versorgen. Darüber waren mehrere Jahre vergangen und die Geschichte war in Vergessenheit geraten.

Eines Tages hielt mich meine Mutter brüllend in den Armen und versuchte, mich zu beruhigen. Sie war wohl ziemlich überfordert, da ich ein unruhiges Kind war. Meine Mutter war damals sehr jung, sehr schön und unerfahren in Haushaltsführung, Betreuung eines Mannes und Erziehung eines Kindes. Mein Vater war häufig von zu Hause fort, da er seine verschiedenen Krankenbesuche und -fahrten machen mußte; deshalb war meine Mutter einen Großteil des Tages allein. Plötzlich wurde der Messing-Türklopfer in Bewegung gesetzt und meine Mutter ging, mich in den Armen haltend, um die Tür zu öffnen. Auf der Türschwelle stand eine junge Frau, ein frisches irisches Mädchen. Sie stellte sich vor: »Ich bin Lizzie. Ich bin gekommen, um den Haushalt für den Doktor und seine Familie zu versorgen.« Meine Mutter schaute erst sie, dann mich an, und reichte mich anschließend zu ihr hinüber und sagte: »Hier, nimm sie.«

So begann die Herrschaft Lizzies in unserem Haus. Sie zog in unser Haus und blieb bei uns als Familienmitglied bis zu ihrem Tode; das war viele Jahre später, als ich bei den *Greenwich Village Follies* war. Sie herrschte uneingeschränkt. Sie war zwar nicht gebildet, aber sie war weise, äußerst zuverlässig und treu – besonders meinem Vater gegenüber, der ihr das Leben gerettet hatte.

Und so kam ich in die Obhut von Lizzie, einer erfrischend sündigen Christin, die niemals verstand, warum sie denn zur Beichte gehen sollte. »Was soll ich beichten?« fragte sie immer. Zu Lizzie kam ich gerannt, wenn mein Arm aus dem Kugelgelenk gesprungen war und rief: »Lizzie, zieh, zieh.« Sie zog, und alles war wieder in Ordnung. Und es war auch Lizzie, die vor Schreck erstarrte, als sie einmal zu unserer High-School-Aufführung kam, bei der ich die Rolle der Dido spielte, und die auf dem Höhepunkt des Dramas, als ich ein Messer gezückt hatte und es seitlich an meinen Körper hielt, aufsprang und rief: »Martha, leg das Messer weg, du wirst dich verletzen!«

Meine Schwester Mary in den Armen meiner Mutter, ich auf dem Knie meines Vaters, Ende der neunziger Jahre des letzten Jahrhunderts.

Die Geburt meiner Schwester Mary kündigte sich mir nach einer Zeit verdächtiger Stille in unserem Haus an. Ich weiß nicht mehr, wie viele Tage das dauerte. Meine Mutter lag oben in ihrem Zimmer, und mein Vater und meine Großmutter waren ständig in Rufweite und bemühten sich um sie. Mein Vater ging immer wieder mit einem Krug kalten Wassers nach oben, meine Großmutter kam dauernd mit einem Tablett voller fast unberührter Speisen oder einem Weidenflechtkorb mit feuchten Tüchern die Treppe herunter. Ich blieb unten im Wohnzimmer. Ich fühlte, daß irgend etwas im Haus bald das Licht der Welt erblicken würde oder daß oben im Haus jemand anderes sein müßte und verspürte plötzlich große Angst. Und dann kam der Augenblick, da meine Großmutter einen großen metallenen Schürhaken von seinem Platz am Herd nahm und damit gegen den Kaminbock zu schlagen begann. Ich wußte nicht, was das zu bedeuten hatte – es war der erste bewußt wahrgenommene Ton meines bisherigen Lebens.

Als meine Großmutter mit dem Schlagen aufhörte, herrschte im oberen Stockwerk des Hauses Stille; dann kam mein Vater gemessenen Schrittes die Treppe herunter und verkündete: »Martha, du hast jetzt eine Schwester. Wir haben sie Mary genannt. Möchtest du sie sehen?« Ich weiß nicht mehr, ob ich sofort ja sagte – ich war selbst in diesem Augenblick ziemlich widerspenstig und eigenwillig –, nahm aber trotzdem seine Hand und wir stiegen zusammen die Treppe hinauf. Das war zwei Jahre nach meiner Geburt. Meine nächste Schwester, Georgia, wurde vier Jahre nach Mary geboren. Mein Vater war der Meinung, daß diese Pause notwendig war, damit meine Mutter wieder zu Kräften kam und sie ein weiteres Kind gebären könnte. Obwohl mein Vater Arzt war, half er nicht bei der Geburt. Er meinte, er sei emotional zu stark involviert und wäre nicht in der Lage, das Richtige zu veranlassen, deshalb bat er einen Freund, einen Kollegen, die Wehen zu überwachen und bei der Geburt zu helfen.

Meine Mutter wog weniger als hundert Pfund, und mein Vater trug sie deshalb oftmals durch das Haus und die Treppen hinauf, wobei ihr lockiges Haar über seine Arme herabfiel. Sie war eine sehr zarte Frau, und sie fand großen Gefallen daran, daß mein Vater sie anbetete. Ich glaube, sie liebten und respektierten einander sehr. Die Beziehung meiner Mutter zu unserem Vater ähnelte der eines Kindes zu seinem Vater. Sie wurde gehegt, weil sie so klein, so jung und so schön war. Sie waren einander in einer warmen, engen Beziehung verbunden, die nicht im entferntesten getrübt wurde von irgendwelchen Ideen von der Befreiung der Frau, die meine Mutter auch gar nicht verstand. Sie wollte einfach nur die Frau ihres Mannes sein.

Meine Eltern hatten sich gegenseitig um tiefe und zärtliche Zuneigung und Liebe bemüht. Zwei 1891 geschriebene Briefe meines Vaters nach Allegheny, als sie noch nicht verheiratet waren, lassen mir heute noch fast Tränen in die Augen steigen, wenn ich sie lese, und ich weine nicht schnell. Einen Brief beginnt mein Vater mit den Worten: »Meine liebe kleine Jean«, und einen anderen: »Meine liebste Jeannie«, ...und dann die Wärme, die aus diesen Briefen spricht. Er schrieb:

Meine Urgroßmutter, die das Vorbild für die Rolle der Ahnin in Letter to the World *war.*

»Ich bin furchtbar traurig, daß ich Dich nicht wie beabsichtigt besuchen kann, aber nimm diesen Blumengruß und liebe mich, zumindest bis Samstag, wenn ich Dich hoffentlich sehen kann. Bitte schreibe mir, auch wenn es nur ein Wort der Liebe ist. Ich kann Dir gar nicht sagen, wie sehr ich mich nach dem Anblick Deines liebreizenden Gesichtes sehne...

Ich warte bis dahin. Küsse. Georg.«

Sie heirateten am 23. April 1893.

Meine Großmutter bemühte sich, aus uns allen dreien anständige junge Damen zu machen, wofür ich niemals wirklich Interesse hatte. Sie saß immer in einem großen Stuhl auf der Seitenveranda unseres Hauses, und als Kind stand ich fassungslos vor der Tatsache, daß Menschen so alt werden konnten. Um ihr eine Freude zu machen, brauchte ich ihr nur zu zeigen, daß ich ein Taschentuch schön bügeln konnte. Dafür war ich verantwortlich, sie hatte mir diese Aufgabe zugeteilt, nicht Geordie oder Mary. Ich war die Älteste und das war meine Aufgabe. Ich mußte die Taschentücher waschen und dann jedes einzelne mit so einer gußeisernen Neuheit bügeln, die wir über dem Feuer erhitzen und ständig neu heiß machen mußten, damit sich die Falten aus dem Baumwollstoff bügeln ließen. Immer wenn ich diese Hausarbeit beendet hatte, zeigte ich meiner Großmutter einen Stapel warmer, und wie ich meinte, perfekt gebügelter Taschentücher, damit sie diese begutachten konnte. Wenn ein Tuch nicht zu ihrer Zufriedenheit ausgefallen war – wenn es nicht perfekt gebügelt war –, faltete sie es wieder auseinander, tauchte es in ein Wasserglas, und ich mußte es noch einmal bügeln. Sie wollte aus mir eine anständige junge Dame machen, ein Unterfangen, das mich tödlich langweilte. Aber da ich sie respektierte, befolgte ich ihre Anweisungen. Ich erinnere mich heute noch an ihren Mahnspruch: »Ich möchte lieber einen Mann mit schlechter Moral als mit schlechten Manieren haben.«

29

Wir wurden zu Damen erzogen, denn es sollten eines Tages gute Ehefrauen aus uns werden. Was gab es anderes als Ehefrauen? Man erwartete, daß junge Mädchen heirateten und Kinder bekamen und alles, was damit zusammenhängt. Man wurde in diesem Sinne erzogen, und es wurde erwartet, daß man sich entsprechend verhielt.

Ich habe meine Großmutter väterlicherseits nicht kennengelernt. Sie hatte Vassar besucht, und mein Vater hoffte, daß ich dort auch eines Tages studieren würde. Wir hatten ein Bild von unserer Großmutter zu Hause, auf dem mein Vater neben ihr abgebildet war. Es ist noch heute in meinem Besitz. Sie trug eine Brille, und er hatte kurze blaue Hosen und ein kurzärmeliges blaues Hemd an. Ich fand seine ganze Aufmachung sehr elegant, doch hatte ich den Eindruck, daß mein Vater die Ausstaffierung eher als unbequem empfunden hatte, denn er schmollte. Ich glaube, das Bild war von einem fahrenden Künstler gemalt worden, der von Haus zu Haus gezogen war und Porträts verschiedenster Frauen mit ihren Kindern malte.

Meine Beziehung zu meiner Mutter war von Bewunderung und Sorge getragen, aber nie von Unterwürfigkeit. Ich habe auch niemals versucht, etwas von ihr zu erbetteln. Niemals. Man erwartete auch von uns, daß wir uns niemals etwas aus ihrem persönlichen Besitz aneigneten. Ihre Frisierkommode war sakrosankt. Wir hatten einfach nichts darauf Liegendes zu berühren, nicht einmal ein Bonbon, nichts.

Als ich nicht mehr zu Hause wohnte, sondern auf mich gestellt war und außerhalb der Sphäre meiner Mutter lebte, schickte ich ihr stets aus Anlaß meines Geburtstages ein Telegramm, eine kurze Notiz oder ähnliches. Darin hieß es immer: »An diesem meinem Geburtstag danke ich Dir für das Leben, das Du mir geschenkt hast.«

Jahre später hielten mich in der Frauenbewegung engagierte Frauen für eine Frauenrechtlerin. Aber ich habe mich niemals so gesehen. Ich war mir dessen jedenfalls nie bewußt, da ich niemals Konkurrenzdenken verhaftet gewesen bin. Ich war in besonderen Verhältnissen aufgewachsen. Ich bin mein ganzes Leben von Männern umgeben gewesen, und so berührte mich die Frauenbewegung eigentlich nicht. Aber ich hatte auch nie das Gefühl, weniger wert zu sein als ein Mann. Als daher diese Bewegung vor zwanzig oder noch mehr Jahren begann, verstand ich die dahinterliegenden Beweggründe gar nicht. Ich hatte keine Beziehung dazu und habe immer von Männern das bekommen, was ich wollte, ohne darum bitten zu müssen.

Mein Vater hatte Probleme mit dieser Einstellung. Deshalb mußte ich mich ihm gegenüber immer ausdrücklich so geben, wie ich wirklich war. Einmal trat nach einer Vorstellung eine Frau auf mich zu und fragte mich nach meiner Rolle in der Frauenbewegung. Ich sah sie an und sagte: »Mein Vater hat mich als Frau erzogen.«

In Österreich traf ich eine Frau, die darauf beharrte, daß ich Frauenfreundschaften gehabt haben müßte, da ich eine so eindrucksvolle weibliche Persönlichkeit sei. Ich entgegnete ihr: »Das ist unmöglich, denn ich habe keine Beziehung zu Frauen. Ich liebe Männer.« Wenn ich ein Leben mit einer Frau hätte führen wollen, hätte ich es getan. Ich tat es nicht. Ich wollte ein Leben mit Männern, dafür habe ich mich entschieden.

All die Eigenschaften, die ich auf der Bühne gezeigt habe, sind in jeder Frau angelegt. Jede Frau ist eine Medea. Jede Frau ist eine Jokaste. Es kommt eine Zeit, da ist jede Frau für ihren Mann Mutter. Klytämnestra und ihr Drang zu töten ist auch in jeder Frau angelegt. In den meisten Stücken, die ich getanzt habe, hat die Frau die absolute und unbedingte Oberhand behalten. Warum das so ist, weiß ich eigentlich nicht zu erklären, sieht man einmal davon ab, daß ich auch eine Frau bin. Ich weiß, daß in einer Frau, genau wie in einer Löwin, der Drang zum Töten angelegt ist, wenn sie nicht das bekommt, was sie will. Mehr als im Mann. Die Frau tötet, beabsichtigt zu töten. Sie ist unbarmherziger als jeder Mann.

Man tut, was man tun muß, glaube ich. Man läßt sich leiten von dem, was einem im Augenblick verlockend und begehrenswert erscheint. Deswegen habe ich auch Rollen wie Klytämnestra getanzt. Dieser Drang fließt aus dem tiefen Wunsch nach künstlerischer Verwirklichung.

Einmal kam ein Mädchen zu mir und sagte: »Aber ich bin nicht Klytämnestra. Ich würde niemals jemanden töten.«

»Im Gegenteil«, antwortete ich, »ich habe beobachtet, daß du einen Mann so angeschaut hast, als ob du ihn auf der Stelle töten wolltest. Wenn das eine wie das andere nicht Mord ist, dann verstehe ich überhaupt nichts mehr.«

Nach kurzem Schweigen sah sie mich an und sagte: »Ich glaube, Sie haben recht.«

Ich habe versucht, die drei in allen Frauen schlummernden Aspekte in meinem Ballettstück *El Penitente* von 1940 zu zeigen. Jede selbstbewußte Frau trägt etwas von diesen Eigenschaften in sich. Jede Frau hat Anlagen, die sie zur Jungfrau, zur Verführerin und Dirne, zur Mutter prädestinieren. Ich glaube, daß diese Eigenschaften mehr als alles andere Gemeingut aller Frauen sind.

Meine Mutter schenkte vier Kindern das Leben – drei Mädchen und einem Knaben, der früh, noch als Baby, an Meningitis starb. Ich erinnere mich an den Tag, an dem er in einem Raum des oberen Stockwerks in unserem Haus getauft wurde. Mein Vater war in Hochstimmung, da er sich immer einen Sohn gewünscht hatte. Achtzehn Monate nach seiner Geburt aber starb dieser Junge, William Henry Graham. William Henry war in einer ornamentverzierten Kristallschale meiner Großmutter getauft worden, und diese Schale steht heute in der Vitrine meines Wohnzimmers.

Ich erinnere mich, daß mein Vater uns oft Geschichten aus der griechischen Mythologie erzählte. Diese Erzählungen, diese Wortgemälde beflügelten auch tagsüber meine Gedanken, und manchmal regte mein Vater vor dem Schlafengehen meine Phantasie mit der Erlebniswelt dieser nur im Mythos existierenden Menschen an. Ich erinnere mich an seine Erzählungen von Achilles, den seine Mutter im Fluß der Unterwelt gebadet hatte, als ob es seine Taufe wäre. Vielleicht war es eine Taufe, die für ihn zum Lebensschicksal, zum Schutzschild wurde. Ich erinnere mich, wie ich über seine Schwachstelle am Fuß nachdachte, wie jene Ferse,

William Henry Graham, mein Bruder.

dieser winzige Teil des Körpers, ihm zum Verhängnis geworden war. Und dann hatte ich das Verlangen, ihn abermals ins Wasser einzutauchen, um ihn zu schützen.

Ich war noch ganz klein, als ich die ersten Tierbekanntschaften meines Lebens machte, und nach allem, was mir meine Mutter und mein Vater erzählten, drangen sie ziemlich dramatisch in mein Leben ein. Ich war wohl noch in den Windeln, als meine Eltern mich zum ersten Mal in den Zirkus mitnahmen. Ich war vollkommen überwältigt von all dem Treiben, der Aktivität um mich herum und über mir, von der Traumwelt, in der sich die Akteure bewegten – Conférencier, Akrobat, Clown. Aber ich geriet richtig aus dem Häuschen, als wir einen Rundgang bei den Tieren machten. Angetan hatte es mir ein Elefant an einer Kette, der mit seinem Wärter in einem von Seilen begrenzten Areal stand. Irgendwie hatte ich es im Gedränge und der großen Aufregung geschafft, mich sowohl der Aufsicht meines Vaters als auch der meiner Mutter zu entziehen. Jeder dachte vom anderen, dieser hätte mich fest an der Hand, aber ich befreite mich, krabbelte über Dreck und Sägespäne, kroch unter den Seilen durch und bewegte mich schnurstracks auf den Elefanten zu. Das war das seltsamste und faszinierendste Wesen, das ich jemals gesehen hatte. Seine großen, schweren und feuchten Augen blickten zu mir herunter – seine herabfallenden Lider erschienen mir wie langsam sich senkende Vorhänge. Sein riesiger Rüssel begann zu pendeln, als sich plötzlich mein Vater, nachdem er bemerkt hatte, was geschehen war, in Panik über das Seil schwang, mich am Hosenboden schnappte und zurückzog. Als der Wärter das sah, rannte er sofort zu meinem Vater und ermahnte ihn atemlos: »Das hätten Sie nicht tun sollen. Das Tier hätte dem Kind niemals etwas zuleide getan, aber es hätte Sie töten können.«

Danach haben mich meine Eltern wohl nicht mehr in den Zirkus mitgenommen und mich noch weniger aus den Augen gelassen. Doch in diesem kurzen Augenblick hatte ich Bekanntschaft mit einem Lebewesen gemacht, das kein Mensch war – einem Wesen eigener Art, geheimnisvoll und doch von dieser Welt. Tiere bekamen eine ganz besondere Bedeutung in meinem Leben. Später sollte ich noch einmal Auge in Auge einem Elefanten gegenüberstehen.

Das war in Ceylon, als meine Truppe und ich, zusammen mit unserem künstlerischen Leiter und Sponsor, Impresario Donovan Andre, auf dem Weg zu einer Vorstellung der Tanztruppe Kandy waren. Die Hitze hatte uns alle ziemlich mitgenommen, und die Truppe zeigte keinen großen Unternehmungsgeist. Wir kamen zu einem Freilichttheater mit gewaltigen Felsskulpturen, deren Entstehungsgeschichte im dunkeln liegt. Hinter einem zu dieser Jahreszeit trockengelegten Reisfeld lag, fast ganz im Verborgenen, ein sehr kleiner Tempel. Das Dach fehlte zwar, aber dafür besaß er einige fremdartige und wundervolle Holzschnitzereien; besonders interessierte mich die Darstellung einer Frau, die große Ähnlichkeit mit einer Holzskulptur in meiner Wohnung hatte. Sie war schon so lange dem Regen ausgesetzt gewesen, daß sie vollständig von Feuchtigkeit durchdrungen war – fast ein Symbol für unsere menschliche Existenz.

Die Tänzer hatten sich zerstreut, und ich war allein. Da hörte ich plötzlich Schritte. Ich spürte, es waren keine Menschenschritte, und so drehte ich mich sehr behutsam um. Langsam und schwerfällig bewegte sich ein Elefant auf mich zu. Ich war allein. Er war allein. Ich konnte mich nicht bewegen. Ich fühlte mich wie gelähmt. Während er auf mich zukam, schaute er mit seinen ernsten, schweren Augen auf mich herab. Ich sah zu ihm auf und sagte mir: »Wenn es so sein soll, dann soll es so sein. Ich kann nirgendwohin fliehen.«

Der Elefant bewegte sich sehr langsam in meine Richtung, bis er über mir stand, nicht mit seinem ganzen Körper, aber mit seinem Kopf – dieser riesige Kopf beugte sich zu mir herab und seine ausdrucksvollen Augen begegneten den meinen. Wir standen und starrten einander in die Augen, es schien mir wie eine Ewigkeit. Dann drehte er sich um, trottete zurück und verschwand so wie er gekommen war einfach im Dschungel. Er hatte mich nicht berührt. Mir war, als ob ich einen Menschen oder Freund getroffen hätte, jemanden aus meiner Vergangenheit, und das war für mich eine aufregende und wertvolle Erfahrung zugleich. Allein der Gang, der gewaltige Elefantenrücken, der dünne pendelnde Schwanz, jene schwingenden großen Ohrlappen! Er war ein Lebewesen aus einer anderen Welt, vergleichbar allen Lebewesen unserer Phantasiewelt.

Elefanten sind für mich stets etwas Besonderes gewesen, und ich habe immer eine ganz besondere Beziehung zu ihnen gehabt. Heute engagiere ich mich für die Rettung der Elefanten vor dem Aussterben, vor den Menschen, die Elefanten wegen der Schönheit ihrer Stoßzähne töten, damit sie ihnen als Schmuck dienen oder zur Zierde gereichen – lebendes Elfenbein. Das ist auch einer der Gründe dafür, daß ich heute Vegetarierin bin. Als Kind jedoch aß ich gerne Fleisch, Kartoffeln und alle Arten von Gemüse. Aber heute kein Fleisch, kein Fisch, nichts dergleichen. Tiere leben als Naturgewalten, als in sich ruhende Lebewesen. Tiere verdienen das Leben. Sie sind sehr, sehr schön. Das Leben verdient zu haben, ist äußerst aufregend. Ein Tier äußert seinen Lebenswillen fast immer, solange es lebt.

Der Körper eines Tieres ist niemals häßlich, solange es nicht domestiziert wird. Das gilt auch für den menschlichen Körper. Die Zivilisation hat bewirkt, daß wir nicht mehr die Möglichkeit und den Wunsch haben, das harte Leben unserer Vorfahren zu ertragen, aber anstelle der körperlichen Herausforderungen, die unsere Vorfahren regsam und beweglich bis in die Fingerspitzen hielten, begegnen wir um das Hundertfache gestiegenen geistigen Herausforderungen, die einem vergleichbaren Zweck dienen: unseren Puls zu beschleunigen und unsere Energien zu stärken. Für Menschen, die sich so offen wie Kinder geben können, besitzt der Tanz eine unerhörte Kraft. Er ist ein geistiges Kriterium.

Nachmittags ging Lizzie mit mir manchmal in den Park, aber selbst zu dieser Tageszeit war Pittsburgh dunkel, als ob die Stadt vollständig in Abenddämmerung und Dunkel eingesponnen gewesen wäre. Eines Tages sahen wir Schwäne im Teich. Besonders schön erschien mir der einzige schwarze Schwan unter all den weißen. Wir standen am Rande des Wassers, und ich schwenkte, sehr zum Mißfallen Lizzies, mein Taschentuch in seine Richtung, bis er nah genug herangeschwommen war, um es mir aus der Hand zu schnappen. Er war ein Tier mit makellosem Hals und glänzendem Federkleid und natürlich, wie ich bald merkte, gefährlichem Biß. Lizzie schob mich hinter ihren Rücken, um mich von dem schwarzen Schwan zu trennen. »Laß die Schwäne zufrieden«, tadelte sie mich. »Sie sind böse.«

Die unberechenbaren Eigenschaften des schwarzen Schwans haben mich mein ganzes Leben in Bann gezogen. Der schwarze Schwan vermag einen Menschen zu hypnotisieren – vielleicht wegen seines schlangenförmigen Halses, den er so tanzen lassen kann wie die Kobra den oberen Teil ihres Rumpfes. Sein Hals, der die Fähigkeit zu fließen besitzt, ist wunderschön, aber er kann auch eine tödliche Waffe sein. Ich glaube, Marius Petipa hatte die Schwäne beobachtet, bevor er sein Ballett *Schwanensee* choreographierte. Sieht man den Schwan im Wasser seine Kreise ziehen, kann man die Pirouetten nachvollziehen, die er für den Schwarzen Schwan kreierte. In der Natur gilt der schwarze Schwan als der gefährlichste aller Schwäne. Wenn es so etwas wie Reinkarnation gibt, würde ich gerne auf die Welt zurückkehren und den Schwarzen Schwan tanzen. Die einzige Änderung, die ich mir in der Choreographie wünschte, wäre die Darstellung des Magiers Rotbart, der über alle Schwäne gebietet. Ich sehe in ihm nicht die böse Kreatur, als die er oft dargestellt wird, sondern einen schönen, edelmütigen und perfekt gekleideten Mann. Er hätte das Vermögen, alle Frauen, alle Schwäne, die sich ihm nähern, zu verführen. Von der Sexualität geht immer noch der stärkste Zauber und die größte Verlockung in unserem Leben aus.

Während meiner Kindheit in Pittsburgh fuhren meine Mutter und mein Vater öfter nach Kalifornien, um dort nach zukünftigen Wohnmöglichkeiten für die Familie Ausschau zu halten. Sie überließen dann Lizzie das Regiment, und Lizzies Wort war uns Gesetz. Meine Schwestern und ich hatten ein großes Kinderzimmer mit Holzklötzen, mit denen wir Städte bauten – richtige Häuser mit Fenstern und Türen und viele Dinge mehr. Ich hatte das Gefühl, daß das Spiel mit Holzklötzen, diese hölzernen Phantasiebilder, das Gestalten einer anderen, bewohnbar zu nennenden Landschaft mich sehr vieles lehrte von dem, was heute als Choreographie bezeichnet wird. Ich erlebte in Pittsburgh niemals einen Tanz. Das Wort Tanz kannte man dort überhaupt nicht. Ich meine jetzt nicht den Tanz als solchen, das ist ein vollkommen anderes Gebiet der Kunstform Tanz. Ich spreche auch nicht von der Tanztechnik. Ich meine den Bühnenaufbau und die Präsentation einer Geschichte auf der Bühne, die Abstrahierung einer Idee, einer Emotion, so wie man sich der Worte einer Sprache bedient, um ein Gedicht vorzutragen, einen Brief zu schreiben oder einen Gedanken zu formulieren, der einem durch den Kopf geht. Lizzie beherrschte zu dieser Zeit unser Haus. Sie saß manches Mal mit uns auf dem Fußboden. Sie hatte eine weiche, bezaubernde Stimme und sang uns oft Lieder vor aus damals bekannten Musicals. Sie war eine Theaterenthusiastin.

Ich war ein Kind und hatte noch niemals ein Theater von innen gesehen, aber Lizzie sehr wohl, und sie erregte meine Phantasie mit Beschreibungen sowohl der Bühne als auch der dazugehörigen Musik. Das Spielzimmer war unser erstes Theater, in dem wir kunstvolle mehrstöckige Bauten und Städte aus Holzklötzen konstruierten. Lizzies Aufgabe war es, Mary, Geordie und mich zu beschützen, indem sie auf einer Seite eine Barriere zur Welt errichtete und uns auf der anderen Seite eine große und wundervolle Uraufführung bescherte. Ich erinnere mich an eines ihrer Lieder aus einem Musical jener Zeit. Es begann: »Ich bin nur ein Vogel in einem güldenen Käfig, eine Augenweide anzusehen.« Ein anderes, welches mich nicht weniger beeindruckte, das ich aber lange vergessen hatte und das mir jetzt wieder eingefallen ist, lautete folgendermaßen:

Wirbel mich noch einmal herum, Willie
Herum, herum, herum.
Musik so träumerisch
zauberhaft und weich
laß meine Füße den Boden nicht berühren.

Die Musik wurde fortan ein wichtiges Element in unseren kleinen Theateraufführungen. Einmal überraschte ich Mary, Geordie und Lizzie mit einer Einladung zu einer von mir ausgedachten Vorführung in mein Zimmer, die ich an einem bestimmten Tag und zu einer festen Uhrzeit anberaumt hatte. Als Vorhang diente mir ein Bettlaken, das ich von einer Seite des Raums zur anderen gespannt hatte. Als dieser sich hob, stand ich allein vor meinem Publikum und sang folgendes Lied. Es war mein großer Auftritt:

Idaho, oh halt, nicht so schnell, mein Lieber,
Mein Pferd hält nicht durch, mein Lieber,
Reite bitte langsam.

Meine Mutter war in einer Hinsicht eine außergewöhnliche Frau, denn sie erkannte und förderte den Hang ihrer Kinder zum Theater, obwohl wir niemals in einem Theater gewesen waren. So nähte sie uns kleine Kleider mit Schleppen, und wir hatten jede erdenkliche Art von Talmi, mit dem wir spielen durften. Meine Geschwister und ich spielten ständig Verkleidung. Wir verwendeten Schleier, Halstücher und alles, was sich für unser Theater eignete.

Ich habe seit meiner Geburt das Publikum gebraucht. Mein Vater und meine Mutter waren sozusagen mein erstes Publikum. Ich verhielt mich so, daß ich den Eindruck erweckte, ich würde mich nach ihren Wünschen richten – aber in Wirklichkeit benahm ich mich völlig anders. Ich hatte meinen eigenen Kopf und meine eigenen Vorstellungen.

Wenn ich die Bilder aus meiner Kindheit an mir vorüberziehen lasse, glaube ich, daß ich ein überspanntes Kind war. Aber damals wurde ich ganz und gar nicht für überspannt gehalten. Meine Interessen waren nur anders gelagert als die meiner Schwestern. Sie waren unkomplizierter als ich, aber ich war artiger als sie. Ich weiß auch, daß mir als Ältester bestimmte Privilegien von meinem Vater und meiner Mutter eingeräumt wurden, mehr jedoch von meinem Vater.

Geordie und Mary gelang es immer, sich aus der Verantwortung zu stehlen, denn wenn es Aufruhr bei uns im Hause gab, war ich gewöhnlich die Ursache. Ich war immer die Initiatorin der nicht alltäglichen Dinge, die wir ausheckten. Außerdem wurde mir gewöhnlich die Schuld in die Schuhe geschoben, da ich als dunkler, fremdländischer Typ immer am schuldigsten auszusehen schien.

Einmal funktionierte ich das Puppenhaus im Spielzimmer zum Haus von Little Red Riding Hood um. Und so bauten wir mit unseren Mitteln ein Dorf, einen Wald, einen Weg in den Wald hinein und einen zweiten, auf dem Little Red sich aus dem Wald in die Sicherheit ihres Hauses retten konnte. Doch etwas schien mir zu fehlen. Ich fand, der Spielzeugherd wäre mit Feuer sehr viel realistischer, und ich legte deshalb ein brennendes Streichholz hinein. Augenblicklich kamen Rauch und Flammen, und nachdem Lizzie in das Zimmer gestürzt kam, um ein Glas Wasser über die Flamme zu gießen, sagte sie: »Ich weiß, meine kleine Geordie hat das nicht getan, dieses Kind ist ein Engel.« Es war immer nur Martha. Geordie blieb bei allen Dingen verschont. Wenn sie ihre Gebete aufsagte oder vielmehr dazu aufgefordert wurde, half Lizzie ihr immer auf die Sprünge: »Jetzt lege ich mich zum Schlafen nieder«, und anstatt den Satz zu wiederholen, sagte Geordie dann: »In Ordnung.« Mit anderen Worten, *du* mußt das Gebet sprechen, und das taten Lizzie und ich dann auch. Geordie hatte bis zu einem gewissen Zeitpunkt ein bequemes Leben, aber später bekam sie deshalb Schwierigkeiten. Sie hatte einfach nicht gelernt, selbständig zu handeln.

Vielleicht veranlaßte der Zwischenfall mit Red Riding Hood meine Eltern, mich mit ins Theater zu nehmen – ein richtiges Theater, außerhalb unseres Spielzimmers und natürlich außerhalb unseres Hauses. Wir hatten Ferien und waren wie so oft mit der ganzen Familie im Pferdewagen nach Atlantic City gefahren, wo wir in einem Hotel übernachteten. Die Kinder aßen in einem Kinderspeiseraum, die Eltern im Speisesaal für Erwachsene. Mein Vater kam immer zu uns Kindern in den Speiseraum, um zu prüfen, ob wir auch das Essen bekommen hatten, was er für uns bestellt hatte, und um zu kontrollieren, ob wir dem mit uns am Tisch sitzenden Kindermädchen gehorchten. Ich hielt die Einrichtung eines Hotels, in dem ich unter einem Dach und trotzdem von meinen Eltern getrennt war, für sonderbar.

Ich erinnere mich daran, wie ich einmal mit einigen Kindern unter der Strandpromenade im kühlen Schatten saß. Wir hörten Schritte über uns, und durch die Promenadenplanken fiel die Sonne und malte Streifen auf den Boden. Und dann sahen wir unser Kindermädchen im Badeanzug ans Wasser gehen und waren schockiert! Erwachsene waren immer sehr schockierend, wenn sie nicht vollständig bekleidet waren.

Hier in Atlantic City kaufte mein Vater gewöhnlich asiatisches Porzellan. Er war verrückt nach kleinen Chinoiserien. Nicht nur Statuetten oder andere hauchdünne Kunstobjekte, sondern Gebrauchsgeschirr wie Suppenterrinen, verschiedene Tabletts und Schüsseln, die wir im Haushalt gebrauchen konnten. Er begeisterte sich immer mehr für die Chinesen und begann sich stark für den

Lizzie hält William fest, und ich sitze zwischen meinen Schwestern in der Brandung. Atlantic City, New Jersey.

Orient zu interessieren. Er war es auch, der für meine erste Begegnung mit dem Orient sorgte und die Liebe zu ihm in mir weckte.

Einmal führte mein Vater uns, Mary, Geordie und mich, nach dem Essen auf die Promenade von Atlantic City, die für mich Vergnügen und Nascherei bedeutete. Er kaufte jedem von uns ein Hokey-Pokey-Eis, und wir gingen weiter, bis wir zum Theater kamen. Damals war ich ungefähr sechs Jahre alt, auf dem Programm stand ein Kasperletheater. Ich saß auf einem grünen Samtkissen, auf einem jener altertümlichen verstellbaren Sessel, in dem meine Beine weit nach vorne ausgestreckt lagen, wenn ich mich bequem anlehnte. Ich saß mit anderen Kindern in einem Halbkreis und die Eltern standen entweder hinter den Kindern oder saßen auf Erwachsenen-Sesseln. Als der Vorhang aufging, lag sie vor mir – die andere Welt, die es zu erforschen galt, in die ich eintauchen und die ich mir zu eigen machen konnte. Da war eine Welt aus dem Nichts entstanden, eine Welt, die der von Lizzie beschriebenen ähnelte und doch so ganz anders war. Ich dachte: »Oh, diese Welt, diese Welt. Ich werde sie entdecken!«

Das war Neuland für mich, insofern ich darin ganz eintauchen konnte, Neuland, das zwar nicht so weitläufig war, wie das Land im Westen von uns oder all das, was später im Kosmos erobert werden würde, aber Neuland für die Phantasie – vielleicht eine besonders schwierig zu erobernde Landschaft. Ich war fasziniert.

Ich hatte nun meine eigene Welt. Und meine eigene Welt war die Lady of Shalott, Dinge, die ich las, Bücher, aber auch Visionen, die durch sie angeregt wurden. In meinem Zimmer stand ein kleiner Holzstuhl, verziert mit Zeichnungen von jungen Katzen auf der Rückenlehne. Ich liebte diesen Stuhl so sehr, daß ich ihn auch noch Jahre, nachdem ich viel zu groß für ihn geworden war, behielt. Wenn immer ich ein neues Wort von meinen Eltern oder Lizzie gehört hatte, ging ich zu meinem Stuhl und sagte das Wort solange, bis ich es richtig sprechen konnte. Ich wollte mich nicht in Verlegenheit bringen lassen oder meinem Vater Schande bereiten, wenn ich herumstotterte oder etwas falsch aussprach. Auf diese Weise, glaube ich, lernte ich den großen Lebenshunger kennen: Stück für Stück, Wort um Wort.

An einem Sonntag, als meine Eltern an der Westküste waren oder zumindest irgendwo zwischen Pittsburgh und Kalifornien, führte uns Lizzie in ein Gebäude, kein Theater, sondern einen Ort der Erbauung, des Geheimnisses und der Gnade – in eine römisch-katholische Kirche. Als wir gemeinsam hineingingen, war es, als ob wir in eine große Stille einträten, als ob wir in ein großes Geheimnis eingelassen würden. Ich war von den üppigen, königlichen Gewändern der Geistlichen angetan. Ich war angetan von dem Zeremoniell, dem Ritus und der Gottesdienst-Ordnung. Ich war eingenommen von der nahezu unverständlichen Botschaft, die diesen Ort durchdrungen zu haben schien.

Mein Vater war bis zum Alter von neun oder zehn Jahren römisch-katholisch erzogen worden; das war die Zeit des amerikanischen Bürgerkriegs. Er und seine Eltern waren damals von ihrem Wohnort Hannibal in Missouri nach Norden gezogen, weil sein Großvater bei den Unionstruppen der Südstaaten diente. In unserer Familie gab es – das habe ich zuvor noch niemals erwähnt – auch Sklaven. Sie wurden nicht verkauft und immer wie Familienmitglieder behandelt. Ich bin natürlich nicht stolz darauf, daß wir Sklaven hatten, aber Mitte des 18. Jahrhunderts war das im Süden gang und gäbe.

Während des Bürgerkriegs kamen eines Tages Soldaten der Konföderierten, um meinen Urgroßvater abzuholen, da er auf der anderen Seite kämpfte. Sie wollten seiner unbedingt habhaft werden und wurden an der Tür von meiner Urgroßmutter in Empfang genommen, die sich dort mit ihren Kindern, den Sklaven und ihrem Gewehr postiert hatte. Sie sagte: »Gentlemen, Sie dürfen hereinkommen, aber der erste Mann, der eintritt, stirbt.«

Sie war eine Meisterschützin und hätte zum Schutz ihrer Familie auch getötet. Zur damaligen Zeit hatte eine Südstaatlerin einfach zu lernen, perfekt mit dem Gewehr umzugehen, denn es war eine Zeit gewalttätiger und plötzlicher Übergriffe, und meine Urgroßmutter mußte ständig um ihre Familie bangen. Mir gefällt der Gedanke, daß auch in meinen Adern noch etwas Blut von ihr fließt, obwohl ich niemals in die Lage gekommen bin, ein Gewehr halten oder damit schießen zu müssen.

Ich glaube, es war in einem der ersten Jahre nach der Jahrhundertwende, als wir nach Hot Springs in Arkansas in die Ferien fuhren, um dort einige Verwandte aus der väterlichen Linie zu besuchen. Onkel William, der Bruder meines Vaters, lebte dort und besaß ein herrschaftliches altes Haus. Das Beeindruckendste auf dieser Reise war der Moment, als ich der großen Herrscherin der Küche, einer ehemaligen Sklavin, vorgestellt wurde. Die Familie meines Vaters liebte sie sehr, und mein Vater gab mir genaue Anweisungen, wie ich mich verhalten und was ich sagen sollte, aus Angst ich könnte mich schlecht benehmen. Ich ging an der Hand meines Vaters in die Küche. Sie war eine stattliche, ganz in Weiß gekleidete Frau und saß in einem Schaukelstuhl mitten in der Küche. Die Strahlen der Nachmit-

Lizzie, ich, Tante Re und ihr Mann, Mary, Mutter, Vater, Geordie und ein indianischer Führer in Hot Springs, Arkansas.

tagssonne schienen ihren Schoß zu erleuchten, als ich ihr entgegenging. Sie hielt hier Hof und wurde von uns allen respektiert.

Jahre später, noch vor Beginn der Bürgerrechtsbewegung, war ich mit meiner Truppe in den Südstaaten auf Tournee und wir traten im Spelman College auf. Ich sagte den Frauen des nur von Schwarzen besuchten College, daß wir uns bei der Abendvorstellung sehen würden. Sie wehrten ab: »Oh nein, wir können nicht ins Theater gehen, es ist nur für Weiße.« Ich ging sofort zu unserem Impresario. Es war seine erste ausverkaufte Vorstellung, und ich sagte zu ihm: »Ich habe gehört, daß die Abendvorstellung ausverkauft ist.« »Ja«, antwortete er, »das erste Mal.« »Das ist ja wundervoll, aber ich benötige zwanzig Karten für die Abendvorstellung.« Er fragte mich warum, und ich sagte: »Für die Studenten des Spelman College, oder es findet keine Vorstellung statt.« »Unmöglich«, stöhnte er. Ich wies meine Truppe und meine Tänzer an, sich für die Abreise fertig zu machen, da es heute abend keine Vorstellung geben werde. Der Impresario geriet in Panik und änderte seine Meinung. Ein paar Minuten später hatte ich die Karten für die Frauen des Spelman College.

Ich glaube, mein Vater hat sich nie ganz von den Lehren der katholischen Kirche befreien können. Ein in der Wolle purpurrot Gefärbter verliert auch bei noch so häufigem Waschen niemals diese Farbe. Ich erinnere mich, daß ich einmal nicht zur Sonntagsschule gehen wollte. Sie wurde mir allmählich langweilig. Mein Vater betrat mein Schlafzimmer, postierte sich auf dem rosafarbenen Orientteppich, den er in Atlantic City gekauft hatte, und befahl mir: »Du gehst in die Sonntagsschule.«

Ich antwortete ihm: »Ich interessiere mich nicht für Religion.«

Er erwiderte: »Dein Glaubensbekenntnis interessiert mich nicht. Du kannst dieses wählen, wenn du erwachsen bist. Ich aber bemühe mich erst einmal darum, aus dir eine gebildete Frau zu machen, die später in der Lage ist, sich für ihren eigenen Glauben zu entscheiden.«

Vielleicht ist das einer der Gründe, warum die Kirche niemals eine Rolle in meinem Leben spielte. Bis heute frage ich grundsätzlich keinen Menschen nach seinem Glauben, weder nach seiner politischen Meinung – die ja eine Art Glaubensbekenntnis ist – noch nach seinen sexuellen Vorstellungen, die auch mit Weltanschauung zusammenhängen. An diesem Tag jedenfalls ging ich mit meiner Familie in die Kirche. Meine Schwestern und ich wurden in den kleineren Raum geschickt, in dem die Sonntagsschule untergebracht war.

In Pittsburgh beherrschte die presbyterianische Kirche – die Zweite Vereinte Kirche der Presbyterianer Alleghenys – unser Leben, denn sie war die Kirche, der meine Mutter und Großmutter angehörten. Ich empfand sie als dunkel und ziemlich trist, nur ein kleiner Blumenstrauß schmückte die Kanzel. In der Rückschau erscheint es mir, als habe die meiste Zeit meiner Kindheit ein und dasselbe verblühte und duftlose Arrangement dort geprangt. Da war immer derselbe Geistliche, der jeden Sonntag eine lange Predigt hielt und mich veranlaßte, auf meinem Sitz herumzurutschen. An einem Sonntag begann er eine Predigt mit Ausführungen über Kinder in der Hölle, über die der Teufel Herrschaft erlangt hatte. Meinen Vater, ein regelmäßiger Kirchgänger, packte der Zorn. Wir waren alle zu einem Familientreffen in der Kirche zusammengekommen, und als der Prediger das schreckliche Schicksal dieser Kinder in der Verdammnis zu beschreiben begann, sprang mein Vater von seinem Sitz auf, zeigte mit seinem Finger auf ihn und protestierte: »Mein Herr, Sie sind ein Lügner.« Er ließ seine Familie aufstehen und eilte mit uns auf die Straße.

Ich wurde in die presbyterianische Gemeinde aufgenommen und ging in die presbyterianische Kirche, aber Glanz, Erhabenheit, Prunk und Würde, von der der Hl. Augustinus spricht, waren nur in der katholischen Kirche präsent, nicht in der presbyterianischen. Sie war so furchtbar intellektuell, von ihr gingen keinerlei sinnliche Freuden und Anregungen für ein kindliches Gemüt aus, daß sie mich mit einer Art Grauen erfüllte. Nur Mrs. Bellman war ein Lichtblick; sie erhob sich meist während des Gottesdienstes von ihrem Platz in der Kirchenbank, in unmittelbarer Nähe der Sitze meiner Familie, wandte sich der Gemeinde zu und ließ uns ein Lied singen:

Neunundneunzig lagen sicher
im Schutz ihres Pferches.
Nur eines hatte sich in den Bergen verirrt
weit entfernt von den Pforten der Herrlichkeit.

Ich genoß es, in ihrer Nähe zu sitzen, wenn sie aufstand und sang. Ihre Stimme war erfüllt von Schönheit und gottgleicher Fürsorge, was den Gottesdienst für mich erträglich machte. Ich erinnere mich noch immer an das kurze Lied, das wir Kinder in der Kirche als Beitrag zum Gottesdienst sangen:

Münzen fallen, fallen
vom Himmel über uns.
Sie alle gehören Jesus,
Ihm werden sie gegeben.

Ich hatte auch meinen ersten Auftritt in dieser Kirche, obwohl er ziemlich unvorbereitet kam, besonders für meine Eltern und Großeltern. Ich hörte die Melodie eines Liedes, das mein Vater häufig gespielt hatte (wie oft hatte er »Gilbert und Sullivan« zu Hause gespielt und gesungen, um sich aufzumuntern), und begann auf dem Schoß meiner Mutter hin und her zu rutschen. Ich glaube, sie hatte gerade meine Schwester Mary geboren und ihr müssen meine plötzlichen Bewegungen ziemlich unangenehm gewesen sein. Jedenfalls setzte sie mich neben sich in die Kirchenbank, und kurze Zeit später stand ich auf und begann in meinem weißen Kleid durch das Seitenschiff zu tanzen. Ich glaube nicht, daß vor mir schon einmal jemand in dieser Kirche getanzt hatte. Betretenes Schweigen in der Gemeinde, nur ein plötzlicher Seufzer aus dem Mund meiner Mutter. Sie war fassungslos über meinen Auftritt.

In diesem Alter war ich alles andere als artig. Ich war dickköpfig, und meine Eltern konnten mich, wenn es draußen noch hell war, nur dann ins Bett bekommen, wenn sie mich zu »Lilywhite's Party« nach oben lockten. Wenn ich dann auf den weißen Laken und Kissen einschlief, wurde mir bewußt, daß ich ausgetrickst worden war.

Während dieser ersten Lebensjahre in Pittsburgh hörte ich zwar aufmerksam zu, wenn mir mein Vater etwas zu sagen hatte, konnte aber alles ebenso schnell wieder vergessen, wenn mir danach war. Obwohl er davon überzeugt war, seine Kinder erziehen zu müssen, erhob er niemals seine Stimme, wenn ich ungezogen war. Auch schlug er mich niemals. Statt dessen sagte er nur: »Oh, Martha, du enttäuschst mich sehr.« In gewisser Weise war das schlimmer als alles andere, und immer wenn er diese wenigen Worte sprach, war das fast vernichtend für mich.

An einem Vorweihnachtsabend waren meine Schwestern und ich zu Bett geschickt worden, aber ich schlich mich früh am Weihnachtstag in das Kinderzimmer und entdeckte all die wunderschönen, in buntes Weihnachtspapier verpackten und mit gestreiften Seidenschleifen verzierten Geschenke unter dem Weihnachtsbaum. Wir gingen immer mit der ganzen Familie in den Wald, um einen Baum auszusuchen, und wenn wir uns auf einen geeinigt hatten, fällte ihn mein Vater und schmückte ihn dann zu Hause mit Kerzen. An diesem Morgen hatte er mich gehört und fand mich dort, wo ich nicht hätte sein dürfen. Er stellte mich

Mary, Geordie und ich.

zur Rede, was ich da täte. Statt einer Antwort rannte ich zum Fenster, als ob der Weihnachtsbaum und all die Geschenke überhaupt nicht existiert hätten und sagte: »Oh, mein Herz ist voller Freude beim Anblick der so zauberhaft tanzenden Schneeflocken.«

Ich konnte trotz des Neuschneeschleiers draußen in der Fensterscheibe vor mir das Spiegelbild der skeptischen Züge meines Vaters erkennen, der mit verschränkten Armen lediglich sagte: »Oh, Martha…«

Ich tat in diesen frühen Lebensjahren in Pittsburgh immer wieder das, was ich mir in den Kopf gesetzt hatte. In dieser Hinsicht war ich ein ungezogenes Kind. Ich begann, meinen Vater nach vielen Dingen auszufragen. Das gefiel ihm offensichtlich. Ich glaube, daß er diese Eigenschaft, die er sich für einen Sohn gewünscht hätte, förderte. Mein Vater sagte immer zu mir: »Wenn du einen Skandal inszenieren willst, Martha, dann inszeniere gleich einen handfesten.«

Mein Vater begann mit mir umzugehen, als ob ich einige Jahre älter sei. Er liebte die Wissenschaft und die Medizin; ihm hatten es aber auch schöne Frauen und Rennpferde angetan. Er sah so gut aus mit seinem blonden Haar, daß er Goldie Graham genannt wurde.

Als ich fast noch ein Kind war, wettete ich mit Vater bei Pferderennen. Ich war noch zu jung, um zu begreifen, was ein Rennpferd oder eine Rennbahn waren. Mein Vater setzte auf ein Rennpferd – ich glaube, es waren Traberrennen –, und wir saßen dann am Rande der Rennbahn und warteten darauf, ob wir gewonnen hatten. Wir verfolgten die Rennen bei gutem und bei schlechtem Wetter – bei aufgeweichter Rennbahn und spritzendem Matsch. Ich liebte den Ausdruck der Vollkommenheit, der Geschlossenheit, mir gefiel, wie die Tiere in ihrer athletischen Geschmeidigkeit zum Inbegriff des edlen Pferdes schlechthin wurden. Und ich wußte zu schätzen, daß mir die Möglichkeit eröffnet wurde, mich auf meine eigene Weise inspirieren zu lassen. Das war Neuland, in das ich vorstoßen konnte, eine neue Art von Abenteuerlust. Manchmal war uns das Glück hold, manchmal auch nicht. Wie auch immer, ich lernte, daß ich meine eigenen Chancen wahrnehmen mußte.

Ich glaube, ich war das Lieblingskind meines Vaters. Er hatte sich einen Sohn gewünscht, und ich hatte am ehesten die Eigenschaften, die er sich für einen Sohn gewünscht hätte. Als ich vor einigen Jahren mit dem Karikaturisten Charles Addams auf einer Party zusammentraf, beglückwünschte er mich zu meiner Arbeit und ich ihn zu der seinen. Dann sagte er zu mir: »Oh Martha, ich bin ein impulsiver amerikanischer Junge. Genau wie Sie!«

Ich war 14 Jahre alt, als meine Eltern von einer ihrer Reisen in den Westen zurückkehrten und uns mitteilten, daß sie ein Haus für die Familie in Kalifornien gefunden hätten und wir nach Santa Barbara umziehen würden. Was für ein seltsamer und exotischer Name im Vergleich zu Pittsburgh! Dort würde es keine Kohle geben, keine Nachmittags-Finsternis, keine Notwendigkeit, das Gesicht mit einem Schleier zu verhüllen und auch keine Rußschicht auf unserem Haus. Der Westen hatte es meinen Eltern angetan, besonders meinem Vater, und ich begann, mir ein anderes Leben als mein bisheriges vorzustellen – fern von meinem Schlafzimmer, meiner Nachbarschaft, dem Teich mit dem schwarzen Schwan, aber auch fern von den Vergnügungen und Zerstreuungen, die Atlantic City geboten hatte.

In Santa Barbara – einem Ort des Lichtes, der Sonne und frischen Luft.

Wir packten, und Lizzie half uns, unsere Sachen zusammenzustellen und diese, damit nichts verlorenging und nichts zerbrach, in große Kisten zu verpacken. Großmutter zog natürlich mit uns um. Unerwarteterweise jedoch gab mein Vater seine Praxis in Pittsburgh nicht auf. So lange ich zurückdenken kann, reiste er quer durch den Kontinent von Kalifornien nach Pennsylvania. Wie oft er hin- und herreiste, vermag ich nicht mehr zu sagen.

Es gab nur einen Zug von Pittsburgh nach Kalifornien. Wir erschienen also mit unseren Fahrkarten auf dem Bahnhof, um von hier aus unsere Reise gen Westen anzutreten. Die Fahrt quer durch die Vereinigten Staaten war sehr schön und sehr heiß, sie dauerte neun Tage. Das Panorama, das an unserem Fenster vorüberglitt, änderte sich ständig – das Klima, die Landschaft und, oh ja, der Himmel!

Meine Großmutter, die immer sehr viel auf Äußeres gehalten hatte, war für die

Hitze völlig falsch gekleidet. Einmal hielt der Zug in einem Staat des mittleren Westens und wir durften aussteigen. Großmutter, die zu Hause immer steif in ihrem großen, hölzernen Sessel gesessen hatte, die Hände im Schoß gefaltet, breitete ihren Rock auf dem Gras aus und ließ sich, erschöpft von der Hitze, nieder. Schweiß hatte ihren hohen Kragen durchfeuchtet. Ich fand es unglaublich, daß sie da auf dem Boden hockte und sich so gänzlich anders gab. Alles würde sich von nun an ändern, schien mir.

Ich wurde auf der Reise krank. Ein Schlafwagenschaffner, der mich mochte, trug mich die Gänge des Zuges hinauf und hinunter. Da ich den größten Teil der Reise krank war, schleppte mich dieser brave Schaffner die meiste Zeit in diesen neun Tagen auf seinen Armen umher.

Weiter im Westen hielten wir in einer ziemlich gottverlassenen Stadt – was für ein weitläufiges Land, welch unermeßliche Weiten! Über uns ein später Nachmittagshimmel, dessen Sonnenglut die Landschaft in Farben tauchte, die ich nie zuvor gesehen hatte. In dieser Stadt gab es Bergteer-Gruben, und die ganze Familie wandelte auf den Spuren prähistorischer Tiere. Ich erinnere mich an die enorme Größe der Abdrücke – ich setzte meine kleinen Füße ehrfürchtig in die Fußabdrücke einiger Vorfahren des Menschen, die gelernt hatten, ihre Körper aufzurichten, und die sich dadurch gleichzeitig von der Geschichte ihrer Vorfahren immer weiter entfernt hatten. Aber Hände, die in der Evolutionsgeschichte des menschlichen Körpers erst sehr spät auftraten, waren noch nicht ausgebildet. Wie unbedeutend kam ich mir an diesem Tage vor!

Im Zug pendelte ich dauernd von einem Waggon zum anderen. Manchmal trug der Schaffner mich, manchmal ging ich aus eigener Kraft. Wenn ich am Ende des letzten Waggons stand, lag im Osten die Heimat, die ich nun verließ und die natürlich jetzt Hunderte, wenn nicht gar Tausende von Meilen entfernt war. Und wenn ich in den ersten Waggon kam, breitete sich vor meinen Augen der Westen aus. Das war wirklich Neuland.

Die große Hitze und all der Staub – ich weiß nicht, wie wir das überstanden haben. Aber wir haben es überstanden. Ich erinnere mich an eine Episode während eines Aufenthaltes irgendwo in Neu-Mexiko. Indianer kamen an unseren Zug, um etwas zu verkaufen oder uns auch nur anzuschauen. Ich verschaffte mir gerade etwas Bewegung und merkte, wie mich ein kleines Mädchen, nicht älter als ich, solange anstarrte, bis ich begriff, daß es ihr die Weintrauben angetan hatten, die ich in der Hand hielt und aß. Sie hat noch nie Weintrauben gesehen, dachte ich, oder wenn sie sie gesehen hat, dann durfte sie sie niemals probieren. Ich fühlte das, als ich ihr unaufgefordert die Trauben reichte. Ich kann bis heute nicht vergessen, wie sie probierte, was ganz sicher die ersten Trauben ihres Lebens waren; sie aß sehr langsam und bewußt und hatte meine Gegenwart bald ganz vergessen.

Der Zug fuhr mit uns aus unserer Vergangenheit über die Gegenwart in unsere Zukunft. Die Eisenbahnschienen vor mir glänzten, wenn wir geradeaus fuhren oder durch einen neu durchbrochenen Berg! Es waren diese Schienen, die das Land umfingen und ein lebendiger Teil meiner Erinnerung wurden. Parallele Linien, deren Sinngehalt unerschöpflich war, deren Endpunkt im Unendlichen lag. Dieses Erlebnis wurde die Keimzelle meines Stücks *Frontier*.

48   Als wir in Santa Barbara ankamen, begaben wir uns sofort in unser neues Haus, das meine Eltern von Mrs. Alexander gemietet hatten. Es war gelb und alles an ihm war bezaubernd. Ich erinnere mich, daß ich von diesem neuen Haus so angetan war, daß ich alle Schubladen des Geschirrschranks aufriß, um nachzuschauen, was Mrs. Alexander für uns dagelassen hatte. Ich zählte jeden Haushaltsgegenstand – Gabeln, Messer und Löffel.

Meine Mutter öffnete die Fenster und ließ eine frische Brise vom Meer herein, und sofort begannen die dünnen sonnendurchfluteten Gazevorhänge im Wind zu flattern. Ich stand da und saugte diesen Augenblick ganz in mich ein.

Kalifornien war eine Welt voller Blumen, hier lebten Menschen aus Asien, Menschen spanischen Bluts, und das Leben hier unterschied sich grundlegend von dem in Pittsburgh. Für mich brach eine Zeit des Lichts, der Freiheit und der Abenteuerlust an. Ich war wie verzaubert.

Mein Interesse für den Orient rührte nicht nur von der Schönheit der Chinoiserien in unserem Haus, sondern wurde auch durch den Kontakt mit chinesischen Menschen angeregt. Es waren wundervolle Menschen. Sie beschenkten uns, und sie brachten uns Fische zum Essen. Seltsamerweise habe ich immer eine größere Nähe zu Asien als zu Amerika verspürt.

Die Chinesen haben ein Sprichwort, von dessen Wahrheitsgehalt ich immer überzeugt war: »Wenn du traurig oder ärgerlich oder niedergeschlagen bist, sollst du nicht auf die Straße gehen – Gefühle sind ein ansteckendes Leiden.« Man überträgt sie auf andere.

Die spanischen und amerikanischen Bevölkerungsteile Santa Barbaras kommunizierten niemals eng miteinander. Viele Spanier waren stolz, sagen zu können, daß ein Nicht-Spanier noch niemals ihr Haus betreten hatte. Dieses Fehlen von Kommunikation sorgte hin und wieder für unfreiwillige Komik. Als ein Name für das

Frontier, *28. April 1935.*

neue städtische Krankenhaus Santa Barbaras gesucht wurde, wählte einer der Stadtoberen – zur grenzenlosen Freude der spanischen Kolonie – einen Namen aus einem spanischen Verzeichnis, der »einfach wundervoll klang«. Er hatte aber auch nicht das geringste Verlangen, seine Bedeutung kennenzulernen. Er klang eben einfach Spanisch. Der Name lautete *Sale Si Puedes* – »Verlasse es, wenn du kannst«.

Als wir das erste Mal zu einer Felsklippe in Santa Barbara fuhren, standen wir auf einem hochgelegenen Felsüberhang, von wo wir auf den tiefblauen Pazifik herabblickten. Von hier aus schienen wir bis ans Ende der Welt schauen zu können. Ich ließ mich vom Sonnenlicht berauschen. Mit weit ausgebreiteten Armen begann ich zu laufen und fiel zu Boden, aber es störte mich nicht im geringsten, mein Gleichgewicht zu verlieren. Ich rannte und fiel, rappelte mich auf und rief immer wieder: »Es ist so wundervoll hier.« Das warme Sonnenlicht, die saubere Land-

schaft umfingen mich, und ich sog in mich auf, soviel mein Körper nur eben auf-
zunehmen vermochte.

Wenn ich heute im Studio sitze, denke ich manchmal über das Bewegungsmo-
ment nach; darüber, was die Tänzer heute tun, und was ich damals tat. Ich beob-
achte, wie der Körper sich beim Atmen bewegt. Wenn er einatmet, ist das eine
Entspannung, wenn er ausatmet, ist das eine Anspannung. Der Mensch atmet ein
und atmet aus, ein und aus. Es handelt sich hier um den physischen Einsatz des
Körpers in der Bewegung.

   Meine Technik basiert auf der Atmung. All mein Schaffen war bestimmt vom
Rhythmus des Lebens, gleichbedeutend für mich mit unserem Atemrhythmus.
Wann immer man das Leben einatmet oder ausatmet, ist Entspannung oder
Anspannung im Spiel. Das ist die Existenzgrundlage für unseren Körper. Der
Mensch kommt mit diesen beiden Bewegungsabläufen auf die Welt und bewahrt
sie sich bis zu seinem Tode. Aber erst wenn der Mensch beginnt, sie bewußt
einzusetzen, sind sie in dramaturgischer Hinsicht wertvoll für den Tanz. Der
Mensch muß diese Energie in seinem Körper zum Leben erwecken. Energie ist
die treibende Kraft, die die Welt und das Universum trägt. Sie beseelt die Welt
und alle Dinge in ihr. Ich erkannte schon früh in meinem Leben die Existenz dieser Art von Energie, eine Art belebender Funke oder wie immer man das nennen
will. Es kann die Buddha-Natur sein, es kann irgend etwas anderes, es kann alles
sein. Alles beginnt mit dem Atmen. Ich bin sicher, daß es den Zustand des Schwe-
bens gibt. Das ist kein Okkultismus, ich spreche von der Praxis. Ich bin sicher,
daß ich in der Luft wandeln könnte, aber mein Herz ist nicht dafür geschaffen,
dem Druck dieses Fluges standzuhalten, der Bewegung, die dadurch erzeugt wird
und das Herz belastet.

Von einem Steilufer aus konnten wir den Ozean überblicken und sahen die Delphine, die dieses spezielle Gebiet aufsuchten. Es gab keine Hafendämme, die sie in
ihrer Bewegungsfreiheit hätten einengen können. Oh, mein erster Delphin! Ein
lebendes Wesen, das aus der bewegten Meeresoberfläche emporschnellte. Ein
Bogen in Grau, alles an ihm erschien mir so wunderbar – diese unnachahmliche
wellenförmige Anmut des Tierkörpers. Wie das Tier in die Luft emporschnellte
und dann wieder ins Wasser eintauchte. Die Menschen konnten die Delphine regelrecht berühren und mit ihnen zusammen schwimmen. Ich tat das nicht, da sie
zu weit von meinem Aussichtspunkt entfernt waren. Sie erfüllten mich mit einer
besonderen Art von Bewunderung. Sie waren einfach liebenswert.

Wenn ich in der Sommerhitze ans Wasser und an den Strand ging, trug ich einen Badeanzug – der allerdings ganz anders aussah als alle Badeanzüge, die man heute am Strand sieht. Mein Körper war weitgehend bedeckt, ich trug Hosen, eine Art Unterhose, mit einem dazu passenden Oberteil aus dem gleichen dunklen Material. Es war zwar Haut zu sehen, aber man war nicht im geringsten freizügig. Man zog sich an, um beim Baden anständig auszusehen, und man trug dieses Kostüm auch niemals zu irgendeiner anderen Gelegenheit.

Eine der ersten Familien, die wir als Nachbarn kennenlernten und die wir bald als unsere Freunde betrachteten, war die Familie von Alfred Dreyfus. Mr. Dreyfus war so weit wie möglich von Frankreich fortgezogen, wo er – zu Unrecht – wegen Landesverrats verurteilt worden war. Er brachte seine ganze Familie nach Santa Barbara und engagierte sich beruflich im Immobiliengeschäft. Meine Schwestern und ich spielten mit seinen Kindern. Wenn Mrs. Dreyfus und meine Mutter sich offiziell zum Tee trafen, hatten wir Kinder unseren eigenen Tee-Nachmittag. Wir entwickelten zur Familie Dreyfus ein besonderes Verhältnis.

Wenn meine Freundin Inez Harmer zu uns kam, spielten wir Verkleiden. Wir mußten unsere eigenen Theaterinszenierungen auf die Beine stellen, denn die einzigen Theaterdarbietungen für uns waren die Fiestas, zu deren Anlaß Riesen-Pampasgräser in die Mähnen der Festzugs-Pferde geflochten wurden. Inez und ich konnten Stunden damit zubringen, uns wie Damen von Welt zu gebärden.

Während der ersten Zeit in Santa Barbara engagierten wir uns in einer presbyterianischen Gemeinde, und als ich ein wenig älter war, begann ich in der Sonntagsschule zu unterrichten. Eltern brachten ihre kleinen Kinder zu mir in einen unteren Raum der Kirche, während sie oben in der Kirche den Gottesdienst besuchten. Ich spielte etwas Klavier und sang dazu. Über Religion sprach ich nicht viel, da ich offengestanden kein großes Interesse daran hatte. Oben hingegen war man sehr stark daran interessiert. Es war eine Versammlung von frommen, bigotten Presbyterianern. Und fromme, bigotte Presbyterianer langweilten mich natürlich zu Tode.

Ich fragte einmal einen kleinen Jungen, den ich im Alten Testament unterrichtete: »Wohin brachten sie Josef?« Er war ebenfalls ein kleiner Rebell und antwortete: »Oh, sie steckten ihn in eine Nußschale.« Das hatte nichts mit Josef zu tun, nichts mit Pharao, nichts mit dem, was oben in der Kirche geschah. Ich werde mich an seine Antwort immer deswegen erinnern, weil er mir etwas so Unerwartetes antwortete, einfach den Gedanken aussprach, der ihm gerade durch den Kopf ging.

Einmal schaute mich kurz vor Ende des Unterrichts ein erst sechsjähriger süßer kleiner Junge bettelnd an: »Bitte Miss, dürfen wir nächste Woche eine Geschichte mit jungen Maiden hören?« »Maid« war bei uns eine Bezeichnung für imaginäre und schöne Dinge und eine Anspielung auf *Let down my golden hair*. Wer weiß, was »Maiden« sind? Teils glaubt man an sie, teils weiß man, daß sie nur Fiktion sind. Ich unterrichtete vier oder fünf Kinder gleichzeitig und unterhielt diese Kinder nach besten Kräften, bis der Gottesdienst oben beendet war und die Kinder wieder zu ihren Eltern gingen.

Ich begann, zu Hause Klavierunterricht zu nehmen, was mir große Freude bereitete. Ein junger Mann aus der Stadt kam zu einer bestimmten Zeit in unser Haus und unterrichtete mich ungefähr eine Stunde. Ich widmete diesen Musikstunden meine ganze Aufmerksamkeit und empfand das Üben nicht, wie viele andere mir bekannte Menschen, als lästige Arbeit. Ich nahm ein einzelnes Notenblatt, bog dieses zurecht und legte es vor mich auf die Notenablage des Klaviers. Sobald ich meine Hände in Position gebracht hatte, begann ich zu spielen. An heißen Tagen ließ ich gern die Tür zum Garten offen. Als ich Klavier zu spielen begann, reichten meine Füße noch nicht ganz auf den Boden.

Es gab in Santa Barbara einen wunderschönen Eichenhain, der zum Treffpunkt vieler Familien wurde. Einmal hatte meine Familie sich um den dortigen Picknick-Tisch zum Samstag-Nachmittag-Lunch versammelt. Plötzlich stand ich ohne besonderen Anlaß auf dem Tisch – ich folgte einfach einer Regung in mir – und begann zu tanzen. Wir hatten keine Musik, und doch spürte ich eine innere Bewegung. Meine Mutter unterbrach erschrocken die Unterhaltung mit meiner Tante, drehte sich um und bedeutete mir, daß ich aufhören sollte.

Ich lernte in Kalifornien auch Lotte Lehmann kennen, die nicht viel älter war als ich. Sie besaß eine unglaublich schöne Stimme. Ich erinnere mich, daß ich einmal einem Konzert von ihr auf einer großen Rasenfläche beiwohnte. Als Publikum waren Studenten und Freunde gekommen, und da stand sie nun in ihrem bezaubernden Kleid im warmen Wind. Lotte nahm etwas Eßbares zwischen ihre Lippen, und die über sie hinwegschwebenden Vögel stießen zu ihr herab, um sich den Happen im Fluge zu holen. Keiner der Vögel berührte ihre Kehle, aus der sie ihre begnadete Stimme zauberte. Sie kamen wegen der Beute. Wir kamen, um das zu beobachten. Ich weiß, das klingt unglaubwürdig, was es auch war, aber genau so hat es sich zugetragen.

Ich glaube, Vögel gehören zu den besonders schönen Lebewesen in unserem Tierreich. Sie tun dem Menschen solange nichts zuleide, wie der Mensch ihnen nichts tut. Vögel symbolisieren in meinen Stücken das Böse – sie sind so schön und deshalb so unheilvoll. Der Chor in meinem Tanz *Night Journey* wird durch Vögel verkörpert, kein anderes Tier kann dem Menschen so quälende Gedanken bereiten wie der Vogel. Es gibt Augenblicke im Leben, die man am liebsten vergessen möchte, an die man sich aber dennoch erinnert, und dann befinden wir uns auf einer Reise durch die Nacht. Wenn der Mensch im Alter sein Leben in der Erinnerung noch einmal durchlebt, nicht in seiner Jugend, dann erinnert er sich an Dinge, die er nicht hätte tun sollen, die er aber dennoch tat.

Bei Emily Dickinson heißt es: »Hoffnung ist jene gefiederte Erscheinung, die sich auf unserer Seele niederläßt.« Sie kann wie ein Geier sein. Es gibt glückliche Tage, da hat man sie, und schlechte Tage, da fehlt sie einem. Es ist schmerzhaft, sich an zu viele Dinge zu erinnern.

Lizzie nahm von nun an meine Schwestern und mich mit in die Mission Santa Barbara, die die Königin unter den Missionen genannt wurde. Von Franziskanern gegründet, gehörte sie zu den schönsten Missionen Südkaliforniens. Ich erinnere mich, wie die Schwestern von St. Claire, fromme Anhängerinnen des Hl. Franz von Assisi, im Gebet versunken vor dem Altar knieten. Wir mußten dann immer besonders still sein. Doch die Stille hier schien mir ganz anders als die in der Kirche von Pittsburgh oder die in der presbyterianischen Kirche hier in Kalifornien. Etwas von dem einströmenden Sonnenlicht und der Farbe des sonnendurchfluteten Gemäuers durchdrang den Gottesdienst und verlieh ihm eine besondere Art von Lebendigkeit.

Feiertage waren immer ein freudiges Ereignis, wenn wir sie im Kreise einer katholischen Gemeinde oder im Kreise von Jesuiten verlebten. Man beging die Feiertage bei Kerzenlicht und mit dem Austausch von netten Geschenken. Ein Jesuitenpater besuchte uns jede Woche. Er aß niemals etwas bei uns und versuchte nie, uns zu bekehren. Er kam in unser Haus als Gast. Ich freute mich immer auf seinen Besuch, denn er war so ausgeglichen und vergnügt. Wenn ich ihn in der Stadt traf, blieb er stehen, und ich blieb auch stehen, er bekreuzigte sich, und wir gingen weiter.

Einmal fuhren wir mit Lizzie nach Nieder-Kalifornien, um dort einer Hl. Messe beizuwohnen. Sie wurde von einem Priester und zwei Frauen zelebriert, die als

Meßdienerinnen fungierten. Nach Ende des Gottesdienstes wurden die Pforten weit geöffnet, draußen warteten Indianer hoch zu Roß und feuerten Schüsse in die Luft. Das bedeutete, daß sie uns in ihrem Reservat willkommen hießen. Ich werde nie das gedämpfte Licht in der Kirche vergessen, den Gottesdienst und den Augenblick, da die Pforten geöffnet wurden, so daß plötzlich das Licht von außen eindrang. Die Indianerfrauen hatten sich in ihren Festgewändern in einer Laube versammelt und beobachteten die Männer, die in Formation tanzten.

In unmittelbarer Nähe der Kirche stand ein verkohlter Holzpfahl, dem ich mich nicht nähern durfte und von dem ich bald erfuhr, daß er mit Kult und Mord in Zusammenhang stand. Es hieß, daß früher einmal eine amerikanische Frau in diesen Landesteil gekommen war, um die Indianer zu unterrichten. Sie hatte dafür Geld von der Regierung erhalten, aber als das Geld verbraucht war und sie die Indianer nichts mehr lehren konnte, hatten sie sie dort am Pfahl verbrannt. Obwohl ich das nicht miterlebt hatte, ist mir der verkohlte Pfahl immer lebendig geblieben.

Als wir ein zweites Mal dorthin kamen, war in einem nahegelegenen Indianerdorf gerade jemand gestorben. Meine Schwester Mary ging an der Hand des katholischen Priesters dorthin. Dann brachten Dorfbewohner den hölzernen Sarg vor die Kirchentür, und eine alte Frau ganz in Schwarz sang trauernd: »Heiliger, heiliger Sohn.«

In Santa Barbara war ich so eigenwillig wie immer, und als der Ältesten teilte man mir, wie zuvor in Pittsburgh, bestimmte Aufgaben zu, um mich durch Pflichten einzubinden. Es gehörte etwa zu meinen Aufgaben, die Schnecken auf den Calla-Lilien in unserem Garten in einen Korb einzusammeln.

Im Garten hinter unserem Haus wuchs die in der Nacht blühende Rank-Ceree, die Königin der Nacht, eine Kakteenart, die einen ähnlichen Duft besitzt wie Jasmin. Diese Pflanzen waren die große Freude meiner Mutter. Mary, Geordie und ich gingen häufig spät am Abend hinaus, um die nur bei Mondlicht blühenden Blumen zu bewundern. Wir waren barfuß in unseren Nachtgewändern und trugen abgedunkelte Kerzen – jedes hellere Licht hätte die Blüten wieder geschlossen.

Ich atmete die Nachtluft im Garten tief ein, und wenn wir so über die Pflanzen gebeugt dastanden, konnte ich die schönen Gesichter meiner beiden Schwestern betrachten – ihre Gesichtsknochen und ihre Augen ganz nah sehen. Mary war eine Schönheit. Sie hatte blondes Haar und blaue Augen und schon als Kind sehr lange Beine. Als Mary etwas älter war und einmal nach Chinatown in San Francisco fuhr, hatten meine Eltern furchtbare Angst, daß sie gekidnappt und zur Prostitution gezwungen würde. Das war damals keine Seltenheit, und so wie Mary aussah, hatten meine Eltern auch allen Grund, das zu befürchten. Einmal – Mary trug ihren schönen grünen Mantel – verfolgte sie ein Mann im Zug bis nach Santa Barbara. Er hielt Ausschau nach einer Frau, und Mary entsprach genau seinen Vorstellungen.

Auch Geordie war sehr schön. Sie hatte dunkles und gelocktes Haar und große braune Augen. Ich war eine Mischung aus südländischem und einheimischem Typ, hatte ein langes Gesicht, glatte Haare und war außerdem sehr mager – nicht gerade das, was man unter einem hübschen Kind verstand. Ich hielt mich in gewisser Hinsicht für eine Außenseiterin, da ich weder blondes noch lockiges Haar hatte.

Die Blüten der Königin der Nacht waren zart weiß, voller Geheimnis, da sich ihre Blüten nur nachts öffneten – auffällig duftend, unergründlich. Diese nächtlichen Ausflüge in den Garten hinterließen bei mir einen unmittelbaren und nachhaltigen Eindruck. Ich wünschte mir, eines Tages in einem solchen Kleid auf der Bühne aufzutreten, einem Gewand, das von der Erinnerung an jene Nächte und ihrem Blütenzauber inspiriert war. Und dieser Wunsch verwirklichte sich in Form des blütenweißen Gewandes, das ich als Jungfrau in meinem 1931 entstandenen Stück *Primitive Mysteries* trug. Der Stoff war eine Art Organza, wodurch Dynamik, Leben und Leichtigkeit vermittelt wurden, als sei die Trägerin in eine Wolke gehüllt.

Mary, Mutter, ich und Geordie in Santa Barbara.

Am Abend vor der Erstaufführung von *Primitive Mysteries* klappte der Tanz nicht. Ich wollte die Tänzer nach Hause schicken und sagte ihnen, dieser Tanz würde morgen nicht auf das Programm gesetzt. Ich hielt ihn für einen Fehlschlag und schloß mich drei Stunden in meinem Umkleideraum ein. Aber dann intervenierte der Komponist Louis Horst, mein Musikdirektor. »Louis«, widersprach ich, »Sie vernichten mich. Sie brechen mir das Herz.« Er bat die Mädchen zu bleiben. Er lockte mich aus der Garderobe mit den Worten: »Sie müssen rauskommen, sich den Tänzern zeigen und tanzen. Wir werden das Stück zusammen bearbeiten.« Am nächsten Abend stand *Primitive Mysteries* als letztes auf dem Konzert-Programm. Mehrere Frauen in schwarzen Gewändern betraten in Gruppen die Bühne, und dann kam ich in meinem weißen Organza-Kleid. Der Tanz war eine Hymne auf die Jungfrau Maria, dann Hosianna und die Kreuzigung. Am Anfang bewegten wir uns ohne Musik. Dann setzte Louis' Musik ein. Sie umfing uns.

Primitive Mysteries, *2. Februar 1931.*

Mein Vater besaß mit einem anderen Arzt zusammen eine Olivenhain-Ranch in Montecito, einer Stadt südlich von Santa Barbara. Großmutter brachte uns immer im Pferdewagen dorthin, obwohl wir ein Auto besaßen. Ich erinnere mich an einen Olivenbaum in diesem Hain, dessen einer Ast ziemlich hoch über dem Boden hing, etwa ein Meter achtzig bis zwei Meter zehn über dem Boden, und auf diesen kletterte ich eines Tages mit meinem Seil. Es war ein brütend heißer Tag, und durch meine Kletterübung schien ich noch näher an die Hitze- und Lichtquelle zu gelangen. Dann richtete ich mich auf und begann langsam Seil zu springen und wurde schließlich immer schneller.

Meine Mutter hatte mich vom Haus aus beobachtet und kam zu dem Baum gerannt, auf dessen Ast ich stand. Sie verharrte dort vollkommen reglos, wie versteinert vor Angst, daß ich aufhören und runterfallen könnte, wenn sie mich ansprach. Ich fiel aber nicht. Ich war zu sehr auf meine Bewegungen konzentriert. Als ich fertig war, ließ ich das Seil fallen und kletterte unversehrt vom Baum herunter. Doch wurde es mir danach nicht mehr erlaubt, allein mit einem Seil das Haus zu verlassen, aus Angst ich könnte wieder auf den Baum klettern und mich wilder Hüpferei hingeben. Meine Mutter war ständig in Sorge, ich könnte wieder etwas anstellen; das beweist auch ihr Gesichtsausdruck auf zahlreichen Fotos – und sie hatte allen Grund dazu.

Nach meiner Seilübung setzte ich mich eine Zeitlang unter einen Olivenbaum in den Schatten. Ich zog einen Olivenzweig zu mir herab und ließ das wertvolle Öl über meine Hände und Arme laufen und nahm auch etwas davon auf die Zunge. Es sog sich in meine Kleidung ein – und schien sogar in meine Haut einzudringen. Obwohl ich nach dem Seilspringen wieder ruhig atmete, bewegte sich damals etwas tief in meinem Innern. Ich erinnere mich noch heute an diesen gleißenden Sonnentag und daran, wie das Olivenöl die Farbe meiner Haut verstärkte und veränderte.

Wir hatten auf der Ranch auch ein Go-cart, was unheimlich aufregend war. Wir spannten einen Esel davor, und dieser zog dann das hölzerne Gefährt. Mary hatte während der Fahrt ständig Angst, besonders vor dem Tier, ich aber ermunterte den Esel ständig, schneller zu laufen, indem ich mit der Peitsche seinen Rücken berührte. Das machte Mary dann noch mehr Angst.

Eines Tages schlenderte ich mit meinen Eltern die Main Street von Santa Barbara hinunter, wir gingen an der Mission vorüber Richtung Strand. Da sah ich in einem der Geschäfte ein Plakat hängen, auf dem ein Ballettabend von Ruth St. Denis angekündigt wurde. Das war 1911, glaube ich, und Miss Ruth, wie ich

In Santa Barbara.

sie später nannte, hatte gerade erfolgreich in San Francisco gastiert. Sie bereiste nun die Städte an der kalifornischen Küste und sollte in Kürze in Los Angeles auftreten. Auf dem Plakat war sie als Frau mit langen blonden Haaren abgebildet und trug ein exotisch aussehendes Kostüm. Dieses Bildnis sprang mir nicht nur in die Augen und beflügelte meine Fantasie, es wurde geradezu zur fixen Idee für mich.

Obwohl meine Eltern schon weiter zum Strand hinuntergegangen waren, rief ich sie zurück und zeigte ihnen das Plakat. Ich bat sie, mit mir nach Los Angeles zu fahren, und nach einiger Zeit willigte mein Vater ein, denn meine Mutter hatte immer eine Abneigung gegen Los Angeles verspürt und wollte nichts mit dieser Stadt zu tun haben.

Als der Tag der Aufführung gekommen war, fuhren mein Vater und ich nach Los Angeles, nicht per Auto oder Pferdewagen, sondern mit der Fähre, die von Santa Barbara aus startete und in vielen kleinen Küstenorten anlegte, bevor sie unser Reiseziel, die große Stadt erreichte.

Ich hatte für den Theaterbesuch im Mason Opera House ein dunkles Kleid angezogen und einen Hut aufgesetzt, den mein Vater mir gekauft hatte. Zuschnitt und Ausschmückung dieser Kopfbedeckung waren ziemlich matronenhaft, eher passend für eine fünfzigjährige Frau. Ich hielt mich für sehr elegant gekleidet, war aber unbestritten für meine Jugend völlig unangemessen herausgeputzt. Mein Vater hatte mir ein Veilchensträußchen an mein graues Kleid gesteckt, und in dieser Aufmachung erfüllte sich in jener Nacht mein Schicksal. Der Vorhang öffnete sich. Das Publikum saß still. Miss Ruth tanzte ein Programm, das ihre berühmten Soli – »The Cobras«, »Radha« und »Nautch« enthielt. Ebenfalls auf dem Programm stand ihr bekannter Tanz »Egypta«.

Ich war gefesselt von Ruth St. Denis als Tänzerin; sie war mehr als exotisch – heute weiß ich, sie war eine göttliche Gestalt. Ich wußte sofort, ich würde Tänzerin werden. Ich erfuhr, daß Miss Ruth als Farmerskind in New Jersey aufgewachsen war und als Kind Geld verdient hatte, indem sie von ihr selbst auf der Farm Pin Oaks gesammelte Wasserkresse verkauft hatte. Das gesparte Geld erlaubte es ihrer Mutter, die Tochter beim Aufbau ihrer Tanzkarriere zu unterstützen und sie auf verschiedene Abstecher und Probeauftritte nach New York zu begleiten. Ich entschied mich an diesem Abend, Tänzerin zu werden, und als ich erfuhr, Miss Ruth habe eine Tanzschule, kam ich zu dem Entschluß, diese zu besuchen. Aber ich mußte erst noch meine Schulzeit auf der High School in Santa Barbara beenden. Was immer auch über mich und meine Erziehung gesagt worden ist, meine Eltern waren niemals dagegen, daß ich Tänzerin werden wollte. Sie sagten nicht: *»Nein, du darfst keine Tänzerin werden.«* Sie störten meine Pläne niemals. Ich durfte alles tun, was ich wollte. Ich hatte mich nun einmal für diesen Weg entschieden – für den Weg, in Schönheit und Leidenschaft zu leben, vielleicht als ein Wesen von einem anderen Stern. Ich bin mir in dieser Hinsicht immer treu geblieben. Wenn ich leidenschaftlich war, war ich leidenschaftlich. Und als ich in späteren Jahren eine Dame war, versuchte ich diesem Anspruch gerecht zu werden. Jede Rolle, die ich spielte, spielte ich in der nach meinen Vorstellungen leidenschaftlichen Variante.

Ich stellte auch nicht irgendwelche Familientraditionen durch meinen Wunsch, Tänzerin zu werden, in Frage. Ich ging normalerweise barfuß und saß mit meiner Mutter barfuß auf unserer Veranda. Sie war sehr angetan von dem Gedanken, daß ich Tänzerin werden wollte und betrachtete mit Wohlwollen meine nackten Füße.

Zur Zeit meines High-School-Abschlusses.

Wenig später traf ich im Zug in Santa Barbara den presbyterianischen Geistlichen. Er setzte sich zu mir und sagte: »Ich hoffe, daß du dich nun wirklich entschlossen hast, Lehrerin für die Kinder in der Sonntagsschule zu werden. Du kannst mit ihnen so gut umgehen.« Ich wehrte ab: »Oh nein, ich werde Tänzerin.« Er stand abrupt auf, drehte sich auf dem Absatz um und ging fort. Damit war der Fall erledigt. Er sprach nie wieder ein Wort mit mir.

Auf der High School hatte ich das Fach englische Literatur. Eines Tages übernahm überraschend unser Schulleiter Mr. Olney den Englisch-Unterricht in unserer Klasse. Wir lasen gerade leise jeder für sich in den Textbüchern, als plötzlich Mr. Olney verlauten ließ, Martha Graham solle vor die Klasse treten, um aus *Idylls of the King* von Alfred Lord Tennyson vorzulesen. Ich war erschrocken.

Ich ging also nach vorne und begann laut die heroische Erzählung von König Arthur und seiner Tafelrunde vorzulesen. Es sei daran erinnert, daß der erste Teil dieser lyrischen Dichtung nur 35 Jahre vor meiner Geburt entstanden war. Sie beginnt mit einer Widmung an Prinz Albert, der ein großer Bewunderer der *Idyllen* war, aber ein Jahr vor ihrer Veröffentlichung starb. Und so las ich laut:

> *»Ich widme ihm diese Zeilen – da er sie liebte,*
> *als fände ich zufällig unbeabsichtigt*
> *ein Bildnis von ihm – widme ich,*
> *widme ich, weihe ich ihm unter Tränen –*
> *diese Idyllen.«*

Ich war wie verzaubert vom Fortgang der Erzählung, ebenso erging es der Klasse und auch Mr. Olney. In gewisser Weise wurde ich selbst eine dieser Idyllen. Ich tauchte in sie ein, wurde aber nicht zur Gefangenen. Sie waren nur eine Geschichte für mich, und ich war die Geschichtenerzählerin.

In der High School war ich auch Mitglied der Basketball-Mannschaft. Alle Mädchen im Team hatten die gleiche braune Uniform. Ich trug mein langes Haar zu einem Zopf geflochten, der über meinen Rücken hüpfte, wenn ich über den Hallenboden spurtete, um einen Korb zu landen. Ich glaube, diese Sportart lag mir, da ich einen großen Bewegungsdrang besaß. Viele meiner Freundinnen konnten zu dieser Zeit schon tanzen, ich noch nicht. Das ist, glaube ich, einer der Gründe dafür gewesen, daß ich als erste Sportart Basketball gewählt hatte.

Ich war verantwortliche Redakteurin des High-School-Jahrbuchs *The Olive and Gold*. Unter meinem kleinen ovalen Foto stand:

Gelehrig, großzügig, strebsam –
Den edelsten Maßstäben wahrhaftig und treu.

In jenem Jahr meiner Chefredakteurszeit führten wir *Prunella* von Laurence Houseman und Granville Barker in der Schule auf. Ich spielte die Rolle der Privacy, die ängstliche und doch zärtliche Tante. *The Olive and Gold* druckte die folgende Kritik aus der *Morning Press* vom 6. April 1913 ab:

»Die Interpretation der ›Privacy‹, der Tante, die verloren im Garten auf Prunellas Rückkehr wartet, war eine gelungene schauspielerische Leistung. Die Stimmlage von Miss Martha Graham paßte exakt zur Rolle, und sie war bemüht, nicht zu überzeichnen, als sie entdeckte, daß der Mann, der ihr Haus gekauft hatte, derselbe war, der auch Prunella verführt hatte. Ernsthaftigkeit und künstlerische Angemessenheit zeichneten jeden Augenblick von Miss Grahams bewundernswerter Darstellung aus.«

In der Rückschau ahne ich, wie erbärmlich ich gewesen sein muß.

Von heute auf morgen änderte sich unser ganzes Leben. Mein Vater starb während eines Aufenthaltes bei uns in Kalifornien. Das war die größte Tragödie meiner Teenagerzeit, ja meiner Kindheit insgesamt. Erinnerungen an William, meinen jüngeren Bruder, der als Kind gestorben war, wurden wieder wach. Alles schien abermals so düster wie in Pittsburgh. Wir blieben als reiner Frauen-Haushalt zurück – Mutter, Lizzie, Geordie, Mary und ich.

Einige Jahre nach seinem Tod wurde auch unser Geld knapp. Meine Mutter mußte in ein weniger luxuriöses Haus umziehen und Untermieter aufnehmen. Es war eine ziemlich schlimme Zeit. Sofort nach dem Tod meines Vaters hatte der Ranch-Miteigentümer meines Vaters seinen Anteil an Montecito an einen korrupten Interessenten verkauft. Dieser hatte das Betriebskapital veruntreut, und wir standen ohne Geld da.

Fünf Jahre nachdem ich mit meinem Vater das Tanzkonzert von Ruth St. Denis gesehen hatte, fuhr ich zu meinem ersten Sommerkursus nach Los Angeles. Nach Beendigung der High School hatte ich schon die Cumnock School of Expression

Zweite von links mit Schülerinnen und Lehrerin an der Cumnock School of Expression, 1916.

besucht, wo Literatur, Kunst und Theaterwissenschaft den größten Teil des Lehrplanes füllten. Der Unterricht dort war jedoch überhaupt nicht mit dem in Denishawn zu vergleichen.

Die Denishawn-Schule lag zehn Minuten vom Hauptgeschäftsviertel von Los Angeles entfernt, ganz isoliert auf einem Hügel, der von hohen Eukalyptusbäumen umstanden war. Ich besitze heute noch das Programm meines ersten Kurses an der St. Paul Street, es war der zweite Sommerkurs der Schule. In der Broschüre hieß es: »Das einzigartige Angebot von Denishawn ist der Tanz als fertiges Kunstprodukt, Orchestermusik, Kostüme, Lichteffekte, Requisiten und Bühnenbilder eingeschlossen.«

Zunächst wurde ich in einen von grünen Vorhängen dominierten Raum geführt. Anwesend war nur ein stattlicher Mann am Klavier, der eine Zigarre rauchte und schwieg. Ich wartete also, und plötzlich erschien Ruth St. Denis. Sie forderte mich auf: »Tanz mir etwas vor.«

Ich erwiderte: »Miss St. Denis, ich habe niemals zuvor getanzt und habe keine Ahnung vom Tanzen.«

»Du wirst doch irgend etwas vormachen können«, meinte sie. »Nein, ich kann nicht.«

Sie wandte sich an den Mann am Klavier, den sie mit Louis anredete, und bat ihn, etwas zu spielen, irgend etwas, einen Walzer. Ich erinnere mich nicht mehr, wie ich Takt für Takt der Musik umsetzte, aber ich bewegte mich, bewegte mich wild. Ich tanzte einfach drauflos. Ich glaube nicht, daß sie von meiner Interpretation der Musik sehr beeindruckt war, und als Louis geendet hatte, gab sie mich zur Ausbildung in die Obhut ihres Mannes Ted Shawn.

Zu den Unterrichtsfächern im Lehrplan von Denishawn gehörten unter anderem theatralischer Ausdruck – basierend auf der Technik von François Delsarte; formbildende Bewegungen – das Erlernen der Ausdrucksfähigkeit und das Studium der Körperlinien; und schließlich Klavierunterricht bei Louis Horst, dem musikalischen Direktor von Denishawn. Wir hatten außerdem Ballettunterricht bei Miss Edson, die der Teufel in Person war. Als ich mit meinen Ballettstunden begann, war ihre Truppe gerade unterwegs und tanzte »The Spirit of Champagne« in Paris. Ich dachte: »Ich möchte nicht ›Spirit of Champagne‹ tanzen, sondern viel lieber trinken.«

Es gab außerdem ein sogenanntes Denishawn Hilfswerk des Roten Kreuzes, wo wir Mädchen lernten, »unseren Beitrag zu leisten«. Wir wurden in Kunstgewerbe unterrichtet – Entwerfen und Herstellen von Kostümen, Schmuck, Requisiten und Bühnenbild.

Miss Ruth und Ted gaben zu dieser Zeit eine Tanz-Show für ihre Schule und für die Studenten der University of California, mit Tänzen über Ägypten, Griechenland und Indien. Sie fand auf dem Campus von Berkeley, im berühmten, von William Randolph Hearst in Auftrag gegebenen griechischen Theater statt. Es erschien mir, als stünden Scharen von Tänzern und Tänzerinnen auf der Bühne, die in immer neuen Kostümen tanzten, da sie sie ständig wechselten. Ich trat im ersten Teil des Programms auf, in »Ägypten«, als eine von mehreren Tänzerinnen mit der Triangel.

Ruth St. Denis war wie eine Göttin. Sie war ein tief religiöser Mensch, und sie hatte schauspielerisches Können. Als wir sie einmal in einem ostindischen Tanz auf der Bühne sahen, ließ sie eine Rose fallen. Wir dachten alle, das wäre ein Versehen, doch es war Absicht. Die Tatsache, daß sie genau nach Plan die Rose an dieser Stelle fallen ließ, war... wie soll ich sagen, ich war jedenfalls vollkommen hingerissen. Dieses Detail war bis ins letzte geplant. Ich lernte zu begreifen, daß manchmal die Planung von solchen Kleinigkeiten den Zauber, den eigentlichen Zauber von Darbietungen ausmacht.

Miss Ruth besaß eine große Ehrfurcht vor dem menschlichen Körper, eine

Ruth St. Denis.

Liebe zur Schönheit und ein Wissen von Dingen, das nicht jeder in Tanzkreisen besaß (damals waren es die Lehren Isadora Duncans, die ich niemals erlebt habe), und außerdem einen Hang zum Ballett.

Ich genoß auf der Denishawn-Schule einen sehr strengen Unterricht. Denishawn war eine Lehranstalt für die Künste. Jeden Nachmittag las uns Miss Ruth, in einen leuchtenden Sari gehüllt, aus den Schriften von Mary Baker Eddy und aus dem *Christian Science Monitor* vor. Dabei streichelte sie für gewöhnlich ihr Lieblingstier, einen wunderschönen Pfau namens Piadormor und sprach wieder und wieder seinen Namen aus. Es war wie eine Litanei – und auf diese Weise beruhigte sie ihn. Wir Studenten saßen auf einer schmalen Brükke, die zwei Teiche miteinander verband, in denen Karpfen herumhuschten und Lotus blühte. Piadormor ließ sich auch von mir aufnehmen, und wenn ich mit ihm sprach, öffnete er sein wundervolles Federrad.

Mit Piadormor, dem Pfau von Miss Ruth.

Miss Ruth las uns manchmal auch aus ihren eigenen Gedichten vor. Unvergeßlich geblieben ist mir das folgende Gedicht, das sie als Inschrift für ihren Grabstein wählte:

> *Die Götter haben bestimmt*
> *Ich solle Tänzerin werden*
> *Und in einer geheimen Stunde*
> *Tanze ich zu unbekannten Rhythmen*
> *Des kosmischen Orchesters im Himmel*
> *Und Du erkennst die Sprache*
> *Meiner wortlosen Gedichte*
> *Und wirst zu mir kommen.*
> *Dafür tanze ich.*

An anderen Tagen trug Miss Ruth einen wunderschönen japanischen Kimono und hatte ein Band um ihren Kopf geschlungen. Sie sprach Kauderwelsch mit uns, und wir sprachen Kauderwelsch mit ihr. Anders ausgedrückt, wir erfanden unsere eigene japanische Welt, unser eigenes Vokabular. Wir lernten zu improvisieren. Sie und Ted Shawn hatten sich ihr eigenes Theater geschaffen, das viele Asiaten, die in Los Angeles wohnten, zu Vorstellungen besuchten.

Miss Ruth hatte sich zum Programm gemacht, mit Denishawn den Geist Amerikas zu verkörpern und dadurch den amerikanischen Bedürfnissen besser zu entsprechen als mit einem fremden Stil. Immerhin vermittelte Denishawn auch ausländische Techniken, wir waren jedoch nicht an sie gebunden, wenn Individualität gefragt war.

Da ich als ziemlich dunkler Typ etwas asiatisch aussah, kam Miss Ruth die Idee, mich als japanischen Jungen auszugeben. Ich hatte Miss Ruth bei einem Tanz assistiert, der die japanische Ikebana-Kunst zum Thema hatte. Sie war von meinem Auftritt angetan und wünschte nun, mich als eine Denishawn-Entdeckung – als asiatischen Jungen bekannt zu machen. Ich war damals kein Kind mehr und Miss Ruth wollte meine Brüste einschnüren. Ich sagte zu ihr: »Aber Miss Ruth, meine Brüste werden zu sehen sein, wie soll das gehen?« Darauf wußte sie keine Antwort. Als meine Mutter davon Wind bekam, untersagte sie das ganz energisch. Sie sagte zu Miss Ruth: »Martha hat keine Ähnlichkeit mit einem japanischen Jungen!«

Miss Ruths Mutter kam oft nach Los Angeles, um ihre Tochter zu besuchen. Ich hatte damals keine konkreten Aufgaben als Tänzerin, und deshalb ging man davon aus, daß ich viel Zeit hätte. Miss Ruth wies mich also an, mich um ihre Mutter zu kümmern, die schon etwas verwirrt war, was sich besonders beim Essen bemerkbar machte. Miss Ruths Mutter war immer sehr gepflegt gekleidet, aber wenn sie zum Frühstück, Mittag- oder Abendessen erschien, hatte sie stets fünfzehn Sicherheitsnadeln am Revers ihres Kostüms. Sie zerkleinerte ihr Essen stets sorgfältig, und sobald sie einen Bissen genommen und langsam gekaut hatte, nahm sie eine Sicherheitsnadel von der linken Seite ihres Revers und befestigte sie an der rechten. Es war meine Aufgabe sicherzustellen, daß keine der Sicherheitsnadeln dabei in ihr Essen fiel. Miss Ruth machte sich Sorgen, sie könnte eventuell die Sicherheitsnadel auf ihrem Teller übersehen, wenn sie den nächsten Bissen nahm. Und das dreimal täglich!

Manchmal rief mich Miss Ruth in ihr Zimmer, um ihr beim Haarewaschen zu helfen. Sie hatte wundervolles langes, blondes Haar. Ich hatte nichts dagegen. Es war eine Ehre für mich, wenn ich für Miss Ruth etwas tun konnte.

Im Alter von 22 Jahren: mein Denishawn-Debut als Isis-Priesterin in einer von Ted Shawn und Miss Ruth geschaffenen Inszenierung.

*Effektvoll fotografiert für eine
Broschüre über Denishawn.*

In Denishawn machten wir uns nach und nach mit den mythologischen Vorstellungen fremder Völker vertraut. Ich erinnere mich, daß wir oft burmesisch gekleidet waren – mit einem stark durchscheinenden Rock, der sehr asiatisch wirkte, kurzer weißer Jacke und Sandalen.

In meiner Anfangszeit in Denishawn unterrichtete ich Kinder. Die Schulleitung ging wohl nicht davon aus, daß ich jemals tanzen würde, da ich nicht sehr gut aussah. Ich war weder blond noch hatte ich lockiges Haar, wie es den Idealen der Denishawn-Schule entsprach. Als ich zweiundzwanzig Jahre alt war, hielt man mein Können zwar für ausreichend, zu unterrichten, nicht jedoch für ausreichend, als Tänzerin aufzutreten. Sie sahen überhaupt kein darstellerisches Talent in mir. Aber da ich fotogen war und Ausstrahlung besaß, veröffentlichten sie ein Foto von mir als Tempeltänzerin in ihrer Werbebroschüre.

Miss Ruth hatte einen eigenen, ganz in Grün gehaltenen Raum mit vielen grünen Vorhängen. Wir alle wohnten zusammen im Denishawn-Haus. Obwohl man mir nicht gestattete zu tanzen, tat ich es heimlich. Eines Nachts schlich ich mich von meinem Zimmer über die Treppen in Miss Ruths Studio. Es war wohl so um zwei Uhr nachts, es war stockfinster und das Haus mäuschenstill. Ich tanzte und übte allein in völliger Dunkelheit. Charles Weidman, der später in Denishawn und im Neighborhood Playhouse in New York mein Partner war und später zusammen mit Doris Humphrey sein eigenes Tanztheater gründete, erinnerte mich nach vielen Jahren an diese Begebenheit. Er war die Treppe heruntergekommen und sah mich tanzen, sprach mich aber nicht an. Ich dachte mir neue eigene Bewegungen aus, versuchte ungewohnte und schöne Bewegungen zu kreieren. Ich tanzte und probte bis zur Morgendämmerung in völliger Dunkelheit. Wenn meine Zeit als Tänzerin käme, wollte ich vorbereitet sein.

Ich lebte in der Angst, man würde mich aus Denishawn entlassen, denn ich hatte niemals das Gefühl, daß sie an mich glaubten. Ich bewunderte alles an Miss Ruth – ihren Gang, ihr Tanzen. Miss Ruth bedeutete mir alles, aber ich gehörte zu Teds Kreis auf der Schule und er war wirklich keine besonders große Leuchte.

Ted Shawn hatte das Solo *Serenata Morisca*, einen maurischen Tanz choreographiert, und man hatte mir die Aufgabe zugeteilt, ihn in vier Stunden in den Klassen der Schule zu lehren. Eines Tages stand Ted vor der Entscheidung, welche Tänzer bei der geplanten Tournee eingesetzt werden sollten, denn die für die Hauptrolle vorgesehene Tänzerin war krank geworden. Er ließ seine Blicke über die Tänzerinnen auf der Bühne schweifen und sah dann zu mir herüber. »Zu dumm, daß Martha nicht tanzen kann, sonst könnte sie jetzt für sie einspringen.« Mutig faßte ich die Gelegenheit beim Schopf und erklärte, ich könne die *Serenata Morisca* tanzen.

Daraufhin er: »Wirklich, Martha? Du hast doch nie getanzt. Du hast bei mir keinen Unterricht gehabt. Woher solltest du das können?«

Ich sprang auf, zog mir hastig einen Rock über und tanzte die *Serenata Morisca*. Als ich geendet hatte, ging ich zu ihm und fragte, ein wenig außer Atem: »Das war doch gar nicht so schlimm, oder?«

Er antwortete: »Nein, so habe ich mir die Darbietung immer vorgestellt. Das war gekonnt. Du bekommst die Rolle in San Diego.«

Mit Charles Weidman in Denishawn.

Ich bekam den Auftrag, auf einer Galaveranstaltung eines U-Boot-Stützpunktes in San Diego aufzutreten. Ich glaube, die Tatsache, daß ich mir das zutraute und dann den Tanz einfach vorführte, hatte Ted die Sprache verschlagen. Es schokkierte und erstaunte ihn gleichermaßen und zwar so sehr, daß er mir die Zusage gab.

Das war der Beginn meiner Tanzkarriere, und dieser Tanz gehörte auch bei den *Greenwich Village Follies* zu meinem Repertoire. In Denishawn tanzten Doris Humphrey und ich abwechselnd diese Rolle, das war der einzige Tanz, in dem wir beide jemals eingesetzt waren. Wenn Doris die *Serenata Morisca* tanzte, ging sie nach der Diagonale links von der Bühne ab. Wenn ich die Rolle tanzte, machte ich auf der Bühnenmitte eine Drehung bis auf den Boden wie in einem ostindischen Nautch-Tanz. Das ist die schwierigere Form, die Bühne zu verlassen und das Publikum zu beeindrucken. Ich war so von mir überzeugt, daß ich überhaupt nicht darüber nachdachte. Ich tat es einfach.

Doris und ich hatten gänzlich verschiedene Ansichten über Choreographie, ein Wort, dessen Bedeutung ich erst in New York lernte. In Denishawn stellten wir einfach nur die Tänze zusammen. Doris aber war der Ansicht, daß man alles nach Regeln und Schemata lehren könne. Ich bin immer der Meinung gewesen, daß Tanz ein wenig tiefer liegen und verinnerlicht werden müsse. Ich glaube, wir waren in gewisser Hinsicht Rivalinnen. Unsere Rivalität steigerte sich bis zu dem Punkt, an dem mich Doris »eine exotische Treibhaus-Pflanze« nannte oder mich noch direkter als »diese Schlange« betitelte. Ich hoffte immer, sie würde damit zumindest eine Kobra gemeint haben. Ich nahm nicht allzu große Notiz von ihr, sieht man einmal davon ab, daß ich mir immer gewünscht habe, eine so untadelige Choreographin wie sie zu sein. Denn in Denishawn war Martha diejenige, die tanzte, und Doris war diejenige, die Tänze für die Bühne choreographierte.

Doris' Buch *The Art of Making Dances* wurde ein großer Erfolg, und ich freute mich für sie, fühlte mich aber ein wenig abgestoßen von einigen ihrer Thesen. Das Kapitel, das mir total gegen den Strich ging, trug den Titel »Der Mittelpunkt der Bühne«. Für Doris war er nur eine geographische Angabe inmitten des Tanzgeschehens. Als ich das las, dachte ich: »Aber der Mittelpunkt der Bühne befindet sich doch dort, wo ich bin.« Zugestanden, Doris beleuchtete den Mittelpunkt der Bühne, wo immer seine Lage war, so klar, wie nur wenige Künstler es vermocht hatten.

Ted begann, immer größeren Gefallen an mir zu finden und vertraute mir sogar einige private Dinge an. Er war einst Student auf einer Methodistenanstalt gewesen und über den Gesellschaftstanz bei Tanzteeveranstaltungen zum Ballettanz gekommen. Ted umgab sich gern mit Männern und hatte gutaussehende männliche Tänzer in seiner Truppe und in Denishawn. Wann immer er einen Streit mit einem seiner Freunde hatte – und er hatte Freunde, obwohl er und Miss Ruth einander wirklich tief zugetan waren –, war er niedergeschlagen. Die Proben wurden dann unterbrochen, und es war meine Aufgabe, ihn aufzuheitern.

»Oh Ted«, sagte ich dann immer, »ärgern Sie sich nicht über ihn. Er versteht Sie nicht und hat auch kein Recht dazu, Sie so zu beleidigen.« Ted war so außer sich, so erregt, daß ich ihn immer wieder aufmuntern mußte. »Ted«, sagte ich dann, »Sie sind viel zu gut für ihn. Es wäre das beste, wenn er ginge.« Und dies tröstete ihn dann für eine Weile, bis wieder etwas vorfiel. Ich haßte diese Rolle, aber ich wollte in Denishawn bleiben. Mein einziger Wunsch war zu tanzen.

Ted hatte seine eigene Methode, Tänzer für Denishawn zu rekrutieren. Sie mußten ihm Aktfotos von sich schicken und weiß Gott, was noch, und diese kamen aus allen Regionen des Landes. Ich fand das ziemlich abstoßend und hatte zuvor in Santa Barbara auch niemals so etwas kennengelernt.

Ted war eitel und besessen von dem Wunsch, sich durch Aktfotos und den Tanz zur Schau zu stellen. Zu einem späteren Zeitpunkt, als er mit Miss Ruth, der Denishawn-Truppe, meinen Schwestern und Doris Humphrey auf Asien-Tournee war, besuchten sie eine Kabuki-Aufführung. Kabuki ist für jeden Künstler aus der Tanz- oder Theaterwelt gleichbedeutend mit einem Besuch in einem heiligen Schrein. Jedem aus der Künstlertruppe, angefangen von Miss Ruth bis zum jüngsten Ensemble-Mitglied, wurde erlaubt, den Weg zum »Blumendurchgang« – *hanamichi* – zu gehen, durch den die Götter die Bühne betreten. Götter. Alle, mit Ausnahme von Ted. Die Japaner hatten ihn tanzen sehen und meinten, er sei als Künstler unrein. Das war eben der Unterschied zwischen Miss Ruth und Ted. Miss Ruth war eine Göttin, wenn sie tanzte. Ted war ein als Gott verkleideter Tänzer.

Ich hatte gelernt, das *hanamichi* sei in einer Zeit entstanden, als das Kabuki- und No-Theater noch in ausgetrockneten Flußbetten aufgeführt worden waren. Für mich symbolisierte das den Fluß unseres Lebens, die Wandlungen und die Dynamik, die die Menschen im Leben vorwärts trägt. Heraklit hat das so ausgedrückt: »Niemand setzt seinen Fuß zweimal in denselben Fluß.«

Einmal ging ich nach der Teilnahme an einer Schulaufführung in die Küche und hörte einen der Lehrer zu Ted sagen: »Martha ist die beste Tänzerin, die du je haben wirst. Achte sie und paß auf sie auf.« Ich war so erschrocken und bestürzt, daß ich die Küche verließ, da ich nicht wußte, was als nächstes kommen würde.

Als Ted einmal einen neuen Tanz choreographierte und Miss Ruth als Tänzerin einsetzen wollte, wehrte diese ab und sagte: »Nein, ich bin zu alt, ich kann diesen Part nicht tanzen.«

Ted erwiderte daraufhin: »Nun, es ist wirklich zu schade, daß Martha eine Jungfrau ist und diesen Tanz nicht darstellen kann.«

Das machte mich schrecklich wütend und ich sagte: »Mr. Shawn, Sie wollen gar nicht sagen, ich sei Ihrer Meinung nach eine Jungfrau, sondern eigentlich ganz etwas anderes.«

»Martha«, erwiderte er, »wir sollten hier nicht mit ernsthaften Dingen Scherze treiben.« Das machte mich nur noch wütender.

Miss Ruth war tief religiös. Als wir einmal allein waren, sagte sie: »Martha, ich möchte dir ein kurzes Stück aus der Bibel vorlesen, das mir eine sehr alte Frau an-

MARTHA GRAHAM

A delightful study of Martha Graham, a student of Ruth St. Denis
and Ted Shawn at their Denishawn School. Miss Graham is
shown in an authentic Oriental costume for one of her
charming renditions

Serenata Morisca, *1917: Endlich durfte ich tanzen.*

vertraute, als ich noch ein junges Mädchen wie du war.« Es waren die letzten Zeilen aus dem Buch des Propheten Habakuk: »Denn der Herr ist meine Kraft, er wird meine Füße machen wie Hirschfüße und wird mich über die Höhen führen. Vorzusingen, beim Saitenspiel.« Ich habe mir diese Zeilen unzählige Male zum Trost rezitiert und auch anderen vorgetragen.

Als ich einmal in Israel in einem jüdischen Stück auftrat, war ich die einzige Nicht-Jüdin. Aus heiterem Himmel machte ich einen Scherz und fügte noch hinzu: »Aber ich bin nur eine Schickse.« Alle lachten befremdet.

Ich sagte: »Aber nennen mich denn nicht alle so im privaten Kreis?«

Jemand antwortete: »Ich habe schon alles erlebt, ich habe gehört, daß ein Mädchen sich Schickse nannte und gleichzeitig aus dem Alten Testament zitierte.«

Baal Shem, *28. November 1926.*

Als ich *Baal Shem* zur Musik von Ernest Bloch tanzte, kam eine Frau, ganz und gar nicht-jüdisch aussehend, zu mir hinter die Bühne und beglückwünschte mich zu meiner Interpretation der heiligen jüdischen Schriften. Sie schaute mich an und sagte: »Miss Graham, Sie haben sich so perfekt mit der Rolle einer jüdischen Heldin identifiziert. Ich habe empfunden, Sie als Jüdin können sich stärker mit Menschen Ihrer eigenen Rasse identifizieren, als es jemandem von uns gelänge.«

Ich entgegnete ihr: »Ich fühle mich sehr geehrt, aber ich bin keine Jüdin.«

Sie schenkte mir ganz offensichtlich keinen Glauben, als ich mich bei ihr für das Kompliment bedankte. Als sie sich zum Gehen wandte, nahm sie meinen Arm und sagte noch an der Tür: »Meine Liebe, verleugnen Sie niemals Ihr Erbgut.«

Ich glaube fest an das Leben und die Unantastbarkeit des menschlichen Wesens. Mir ist die Nationalität eines Menschen völlig gleichgültig. Mich erfüllt dieser unstillbare Drang zum Leben, und in mir brennt der Wunsch zu erfahren, was das Leben für uns bereithält. Es spielt für mich überhaupt keine Rolle, ob man in Timbuktu lebt oder sonst wo. Der Mensch lebt auf dieser Welt, als ein Individuum, und er ist wundervoll. Dieser Glaube ist für mich sakrosankt.

Ich lernte Louis Horst, diesen stattlichen Mann und äußerst geistvollen Musiker und Komponisten, in Denishawn kennen. Er sollte einen wichtigen Einfluß auf mein Leben haben. Sein Vater war auch Musiker gewesen, Orchestermusiker. Als Louis mit seiner Mutter das erste Mal zu einem Tanzkonzert ging, saßen sie auf dem Balkon des Theaters und Louis rief laut zu seinem Vater hinunter: »Papa, Bier, Bier!«

Louis war nach Denishawn gekommen, um für ungefähr zehn Tage Miss Ruths musikalischen Begleiter zu vertreten. Er blieb zehn Jahre. Einmal probten wir einen Tanz, den wir musikalische Variationen nannten. Und ich bewegte mich am Klavier, dem heute noch in meinem Besitz befindlichen Klavier, vorbei, auf dem Louis Teile von Schuberts *Unvollendeter* spielte. Ich sollte eine Oboe darstellen, da ich eine tiefe Klangfärbung in meiner Stimme hatte und den Anschein von Melancholie. Louis kritisierte mich: »Du bist aus dem Takt mit dieser Oboe! Identifiziere dich klarer damit und beziehe dich mehr auf den Klang der Oboe!«, und damit sprach er einen eindeutigen Tadel aus. Ich war sehr wütend. Wenn Louis etwas kritisierte, nahmen wir Tänzer das sehr ernst. Er war ein bedeutender Mann insofern, als er glaubte, der Tanz sei mehr als nur Musik oder Tanz, sondern Ausdruck für das Leben selbst. Er ermunterte alle Tänzer, ihr Bestes zu geben. Er war überzeugt, der Tanz sei Musik, und das, was der Tänzer durch den Tanz ausdrücke, sei das Symbol für Musik. Die Identität von Musik und Tanz war, wie ich ihn verstand, das große Thema seines Lebens. Er duldete keinerlei Mittelmäßigkeit. Wenn er sie irgendwo auszumachen glaubte, dann schlug er zu. Er glaubte an den Tanz und an die Tatsache, daß ich etwas nicht Alltägliches und Wundervolles zu vermitteln vermochte, dessen ich mir überhaupt nicht bewußt war.

Wenn er es gut mit einem Tänzer meinte – dann war seine noch so wohlmeinende Kritik am schwersten zu ertragen. Denn wenn ihm etwas bei mir mißfiel, weil er meinte, ich könnte es besser, sagte er: »Das ist nicht gut genug. Hör auf und fang noch mal von vorne an.«

»Aber Louis, Sie richten mich zugrunde. Sie brechen mir das Herz!« antwortete ich.

»Noch mal«, befahl er.

»Sie brechen mir das Herz«, rief ich dann wieder, und schließlich ließ er von mir ab mit den Worten: »Dann laß es jetzt sein«, und er wandte sich mit Verachtung ab.

Louis war der Meinung, daß die Begleitmusik den Tanz nicht dominieren oder in irgendeiner Weise die Tanzbewegungen in den Schatten stellen dürfe. Er wollte nicht, daß in irgendeiner der Kompositionen, die ich später für meine Tänze bei ihm in Auftrag gab, Saiteninstrumente eingesetzt würden. Er bevorzugte Klavier, Schlag- und Blasinstrumente. Er verbannte die Saiteninstrumente aus seiner Musik, da er meinte, sie seien zu zart und zu romantisch – mit anderen Worten tödlich für den zeitgenössischen Tanz.

Im Körper des Tänzers werden nicht die gleichen Empfindungen ausgelöst, wenn man anstatt zu den Klängen von Blasinstrumenten zu den Klängen von Saiteninstrumenten tanzt. Es ist sogar ein Unterschied, ob man zu den Klängen der Flöte oder des Fagotts tanzt. Es treffen immer andere Impulse auf den Körper. In gewisser Weise ist der Ton wie eine Mauer für den Tänzer, an die er sich während des Tanzes anlehnt.

Louis war von mitreißender Lebensfreude und besaß einen ausgeprägten Sinn für Humor. Häufig erfand er Namen für uns. Ich hieß die Freudlose Martha, Doris Humphrey Dorisch Humphrey, weil sie immer griechische Tänze tanzte. Als wir später nach New York gingen, taufte er Agnes de Mille Kummer-Agnes, da er meinte, Agnes hätte die Neigung, Kummer auf sich zu ziehen und dann zuweilen die Märtyrerin zu spielen. Er nannte Helen Tamiris Tam Tam Tamiris, da sie einmal einen Tanz tanzte, von dem er nichts hielt – er sei mehr ein Striptease gewesen, sagte er, besonders deswegen, weil sie beim Abgang von der rechten Bühnenseite ihr einziges Attribut der Sittsamkeit, einen Seidenschal, hatte fallen lassen... Louis war wütend.

Später, in New York, wohnte Louis schräg gegenüber von mir. Er besaß eine museumsreife Sammlung von Kachina-Puppen und andere indianische Stücke, obwohl er selbst nicht das war, was er als einen Amerikaner bezeichnet hätte. Er hatte ziemlich europäische Gewohnheiten, aber er wurde schließlich ein Amerikaner. Er ging ganz in dieser Rolle auf und bestand darauf, daß wir uns als Amerikaner fühlten. Louis kannte den Südwesten Amerikas gut und nahm mich dorthin auch mit. Durch ihn lernte ich viel über die Indianer, denn er hatte tiefes Verständnis für ihre Leidenschaftlichkeit und besaß ein großes Wissen über das bedeutende indianische Vermächtnis an Amerika. Deswegen habe ich auch niemals europäische Tänze gelernt. Er hatte nichts damit im Sinn. Er bestand darauf, daß wir in der Zeit zu leben hätten, in die wir hineingeboren seien, und an dem Ort, an dem wir uns befänden, und das war Amerika. Er war meiner Meinung nach einer der großen amerikanischen Künstler unseres Jahrhunderts.

Meine Zeit in Los Angeles war vom Finanziellen her gesehen sehr schwierig. Ich besaß ein gutes, aus plissierter weißer Seide hergestelltes Kleid. Jeden Abend bevor ich zu Bett ging, wusch ich es und hing es zum Trocknen auf, und morgens bügelte ich es. Das störte mich nicht, denn es gab anderes, worüber ich mir Sorgen machte, nicht über meine fehlende Kleidung.

Ich trug dieses Kleid auch, als ich zum Vortanzen für Cecil B. DeMilles Film *Male and Female* geschickt wurde. Nach meiner Ankunft zog ich das Kostüm einer babylonischen Priesterin an – einen mit schwarzen Perlen verzierten BH und ein eng anliegendes Gewand, bei dem der Bauch nackt blieb. Ich hatte starkes Augen-Make-up angelegt und trug eine große, gelockte Perücke.

Das Aufnahmestudio bot einen verwirrenden Anblick. In einer der hinteren Ecken hatte sich eine schöne junge Frau, die neunzehnjährige Gloria Swanson, auf einer Chaiselongue ausgestreckt und studierte ihre Rolle. Löwen strichen um sie herum. Ich war zu Tode erschrocken. Einer trottete unmittelbar an mir vorbei, als ob er schlafwandele, und fiel dann wie ein Kartenhaus seitwärts zusammen, aber mit einem lauten dumpfen Schlag. Ich ging zu diesen halbwachen Tieren und merkte, daß sie betäubt und harmlos waren. Nach dem Vortanzen für Mr. DeMille wünschte ich mir, ebenfalls betäubt worden zu sein.

Mr. DeMille saß am Ende eines viereinhalb Quadratmeter roten Teppichs. Er war gekleidet wie ein typischer Zirkusdirektor, alles stimmte, einschließlich

Gerte und Megaphon. Neben ihm stand eine leicht zitternde Sekretärin, die einen Notizblock in der Hand hielt. Mr. DeMille sagte nichts zu mir, sondern gab seiner Sekretärin die Anweisungen. Er sprach mich nicht direkt an, obwohl ich jedes Wort verstehen konnte, das er sagte.

»Sagen Sie ihr, daß sie sich umdrehen soll.« Und die Sekretärin gab das an mich weiter.

»Mr. DeMille möchte, daß Sie sich umdrehen.« Ich drehte mich um.

»Sagen Sie Ihr, daß sie auf die Knie fallen soll.« Ich fiel.

»Sagen Sie Ihr, sie soll einen Tanzschritt machen.« Ich machte einen.

Ich bekam die Rolle, aber bis heute weiß ich nicht, ob ich wirklich das Tanzmädchen in der Traumsequenz dieses Films bin.

Viele Jahre später bot mir Paramount Pictures eine große Geldsumme für den Kauf der Rechte an der Martha-Graham-Story. Cyd Charisse sollte mich darstellen und Tony Martin Louis Horst spielen. Natürlich ist es schwierig, in der Welt der Künste Geld aufzutreiben, und man benötigt viel Geld, um eine Truppe und eine Schule zu unterhalten, und wir hatten das Geld nötig. Aber obwohl mich die Versuchung lockte, entschied ich dann doch: »Nein, und nochmals nein. Meinen Ruf kann ich in fünf Minuten selbst zerstören. Dazu brauche ich keine fremde Hilfe.«

Ted Shawn choreographierte gerade ein Stück über eine indianische Prinzessin auf der Grundlage seiner Studien der Maya-, Azteken- und Tolteken-Kultur. Er wählte mich für die Titelrolle der Xochitl aus.

Ted selbst übernahm die Rolle des Königs Tepancaltzin, der mich später zu entführen versuchte. Es war eine sehr aufwendige Produktion, Ted trug einen ausgefallenen Kopfputz aus Federn und Blumen. Ich glaube, Ted wählte mich für die Hauptrolle, weil er meinte, ich hätte einige verrückte Ideen und könnte ein Mädchen wie Xochitl, »die Blume«, darstellen. Xochitl war die schönste aller keuschen Tolteken-Mädchen, ihr Vater braute einen berauschenden Wein aus Agavenblüten. Als Xochitls Vater in Begleitung seiner Tochter dem König den Wein darbrachte, trank der König davon und bat die geheimnisvolle Xochitl zu tanzen. Und dann begannen seine Annäherungsversuche.

Ich erinnere mich daran, wie oft Ted die Einstudierung einzelner Passagen dieses Stückes wiederholte. Immer wieder kam er auf die gleichen Stellen zurück, erklärte aber nie genau, was ihm vorschwebte, bis ich schließlich die Geduld verlor:

»Mr. Shawn, wenn Sie uns nur einmal erklären würden, was Sie sich vorstellen, dann könnten wir das ausführen.«

Niemand hatte ihm das jemals so deutlich gesagt.

Als Miss Ruth mich so reden hörte, kam sie zu mir und sagte: »Deine Kritik ist sehr hilfreich für Teddy.«

Es gibt eine Szene in *Xochitl*, in der ich mich weit zurücklehne, um den König aufzureizen. Das ist die Entführungsszene, die einzige Stelle, an der ich bemerkte, daß der König es auf mich abgesehen hatte. Ich war das schönste Mädchen – im Stück – und benutzte Fächer als Waffe meiner Verführungskunst. Ich trug eine Schale mit Wein. Er verfolgte mich über die ganze Bühne und erschien mir sehr groß und stark und machte mich zornig. Es war eine Entführung, oder vielmehr eine versuchte Entführung, und ich bemühte mich, meine geballte Energie zu bündeln, um Zorn und Entrüstung auszudrücken, obwohl ich wußte, daß ich bei Ted so sicher wie in den Armen Christi war.

Zugegeben, er brachte eine überzeugende Darstellung – eine zu überzeugende. An einer Stelle faßte er mich und ließ mich auf den Kopf fallen, so daß ich einige Minuten ohnmächtig war. Als ich wieder zu mir kam, biß ich ihn in den Arm, so daß Blut kam. Er rannte von einer Ecke der Bühne in die andere, vor und zurück, sein Blut tropfte. Das war ein großer Skandal in der Schule. Ich glaube, seit diesem Vorfall begann man mir ein leidenschaftliches Temperament zuzuschreiben.

Ich war damals voller Leidenschaft. Die Kritiker schrieben, ich sei wie Feuer auf der Bühne gewesen, und das ist immer noch, nach all den Jahren, die schmeichelhafteste Kritik für mich. Ich hätte damals alles dafür gegeben, aufzutreten. Das Theater war eine wundervolle Welt. Ich tanzte jeden Part so, wie Ted ihn choreographiert hatte. Ich war fast wie ein Tier in meinen Bewegungen. Ich wollte ein ungezähmtes, schönes Geschöpf sein, vielleicht aus einer anderen Welt – aber sehr, sehr leidenschaftlich.

Xochitl hatte im Juni 1920 in Long Beach in Kalifornien Premiere. Als ich einige Monate später zu Hause in Santa Barbara war, gab ich den *Santa Barbara News* ein Interview: »Bis jetzt sehe ich den einzigen Wert meiner Arbeit – sofern sie künstlerischen Wert besitzt – in der absoluten Aufrichtigkeit. Ich würde nichts tanzen, was ich nicht auch in mir fühle. Ein Tanz muß mich vollständig beherrschen, soweit, daß ich den Blick für andere Dinge verliere. Später mag man meine Arbeit einmal als Kunst bezeichnen, jetzt ist sie es noch nicht.«

Louise Brooks war ein Mitglied der Denishawn-Truppe, eine atemberaubende Schönheit. Sie trug immer eine Pagenkopf-Frisur. Einfach alles, was sie tat, war schön. Ich war hingerissen von ihrer Schönheit und von allen ihren Bewegungen. Ich erinnere mich, daß ich sie, auch als sie mir noch nicht vorgestellt worden war, am anderen Ende des Raums beobachtete. Sie stand dort inmitten einer Mädchengruppe; alle waren völlig gleich gekleidet, Louise jedoch stach augenfällig hervor, sie war die *Besondere*. Sie hatte eine besondere Art von Stärke, von innerer Kraft, die sich jedem in ihrer Gegenwart sofort mitteilte. Sie war eine Einzelgängerin und schrecklich selbstzerstörerisch. Natürlich war es nicht sehr hilfreich, daß jedermann es ihr so schwer machte. Ich glaube, ich fühlte mich ihr als Außenseiterin wesensverwandt. Ich freundete mich mit ihr an, und sie beobachtete mich immer, wenn ich auftrat, beobachtete mich auch in der Umkleidekabine. Sie sagte später einmal: »Ich habe gelernt mich zu bewegen, indem ich Martha Graham beim Tanzen beobachtete.«

Louise war sehr jung, um die sechzehn, und hatte die Angewohnheit, sehr enge Schuhe zu tragen. Das machte mich wütend, und bevor wir eines Abends zum Tanzen auf die Bühne gingen, nahm und schüttelte ich sie durch und brüllte sie an, daß sie sich mit derart engen Schuhen die Füße ruinieren würde.

Einmal saß ich mit Louise an der Seite der Bühne, als ein Anruf von Ted Shawn kam. Wir waren ohne ihn unterwegs auf Tournee, und er rief an, um uns mitzuteilen, daß unsere Leistung unbefriedigend sei. Er befahl uns, nach Los Angeles zurückzukehren. Ich weiß nicht mehr, wer den Anruf entgegennahm und uns seine Botschaft mitteilte, ich weiß nur noch, daß es sich um so ein altertümliches, an der Wand hängendes Kurbeltelefon handelte. Ich erregte mich: »Zur Hölle mit ihm. So lasse ich nicht mit mir reden.«

Ich stand auf, ging zu der Wand, an der das Telefon befestigt war, riß das Kabel aus der Wand und warf das Telefon auf die Bühne. Ich glaube, daß Louise und die anderen Tänzer ziemlich erschrocken waren, aber wenn man mich herausforderte, ging mein Temperament einfach mit mir durch. Ich war eine Teufelin! Ich konnte schreckliche Wutanfälle bekommen, die meine Umgebung meine »schwarzen irischen Zornesausbrüche« nannten. Ich hatte ein sehr unberechenbares Temperament, sehr unberechenbar. Auch heute noch, obwohl ich das nicht oft zum Ausdruck bringe. Ich habe gelernt, es zu zügeln. Doch wenn es notwendig ist, dann kann ich meinem Temperament noch immer freien Lauf lassen.

Einmal bereiteten Louise und ich uns auf unseren Auftritt vor; ich steckte Blumen in mein Haar, ordnete die Make-up-Flaschen vor mir und entschied mich gerade, welche Cremes ich nehmen wollte. Wir hatten unsere eigene Denishawn-

83

Xochitl, *Juni 1920.*

Mit Robert Gorham in Xochitl, *1921.*

Körpercreme, um unsere Haut abzudecken, und da sie speziell für uns angefertigt wurde, mußten wir unsere eigenen Make-up-Flaschen mit auf Tournee nehmen. Louise saß zu meiner Rechten im Umkleideraum, andere Mädchen waren auch noch da.

Auftritt im Freien mit Ted Shawn in Malagueña, *1921.*

Ich kann mich nicht mehr genau erinnern, woran ich dachte, als mich plötzlich die Wut packte – ich nahm eine der Flaschen und warf sie gegen den Spiegel, der in tausend Teile zerbarst. Ich sagte nichts, Louise sagte nichts. Ich sammelte lediglich meine Sachen zusammen und setzte mich vor einen anderen Spiegel. Fröhlich gestimmt trug ich nun mein Make-up auf, dann gingen wir auf die Bühne.

Manchmal kamen Lizzie und meine Mutter nach Los Angeles, um mich auf der Schule zu besuchen. Einmal hielten wir uns gerade in meinem Zimmer auf, als wir plötzlich von entsetzlichen Schreien aus dem Nachbarhaus aufgeschreckt wurden. Als ein krachendes Geräusch hörbar wurde, schauten wir uns in der Dunkelheit fragend an. Lizzie wandte sich an meine Mutter und sagte: »Dort drüben im Raum wird gerade jemand ermordet.« Wir waren natürlich morgens sehr gespannt, wer aus dem Haus kommen würde. Lizzie stand eine Zeitlang am Fenster, aber wir erfuhren nicht, was sich nebenan ereignet hatte.

Obwohl ich aktiv in der Truppe tanzte, gehörte es zu meinen Aufgaben, Miss Ruth während unserer Tourneen durch die verschiedensten Staaten sonntags zum Gottesdienst zu begleiten. Wo auch immer, ob in Kansas oder Ohio, Miss Ruth gelang es immer, die Kirche ausfindig zu machen, und so saß ich regelmäßig am Sonntagmorgen mit steifem Rücken neben ihr in der hölzernen Kirchenbank und ließ meine Gedanken zwischen der Gegenwart und der Erinnerung an die presbyterianischen Gottesdienste meiner Kindheit umherschweifen. Ich fragte mich, was die Einheimischen von Miss Ruth und mir halten mochten, zwei überspannten Damen ohne jegliche Anstandsdame in ihrer Begleitung.

Ich erinnere mich noch an einen besonders langweiligen Sonntagsgottesdienst. Wir waren in einer kleinen Stadt, es regnete, und der Himmel schien uns nicht nur unter Wasser zu setzen, sondern auch in einen Grauschleier einzuspinnen. Der Gottesdienst war, um es vorsichtig auszudrücken, unerträglich. Miss Ruth klappte ihr Gebetbuch zu, sammelte ihre Sachen zusammen und stand mitten im Gottesdienst auf, um die Kirche zu verlassen. Sie beugte sich zu mir herüber und flüsterte mir in perfekter Bühnenlautstärke zu: »Martha, diese Leute werden es erst zu etwas bringen, wenn sie sich etwas theatralischer geben.«

Sie sehnte sich nach jener besonderen Art von Theatralik, die ihr Freund King Vidor meinte, als er mir vorschlug, an einem Auftritt der Erweckungspredigerin Aimee Semple McPherson in ihrem Angelus Tempel in Los Angeles teilzunehmen. Ich war sehr skeptisch, ging aber dennoch hin. Sie betrat die leere Bühne, ganz in Weiß gekleidet, mit einem Dutzend karminroter Rosen im Arm. Als sie an den Bühnenrand gekommen war, rief sie ins Publikum: »Steht auf und küßt mich«, dabei ließ sie die Rosen zu Boden gleiten. Selbst ich erhob mich ergriffen von meinem Sitz.

Miss Ruth besaß die gleiche Eigenschaft, die Nijinsky nachgesagt wurde: Im normalen Leben waren sie ziemlich unauffällig, aber auf der Bühne verwandelten sie sich in einen Gott beziehungsweise eine Göttin. Miss Ruth saß oft mit mir zusammen im Bus auf dem Weg ins Theater und knackte Erdnüsse aus einem großen Beutel, wobei die Schalen sich auf ihrer gesamten Kleidung verteilten; sobald sie aber das Theater betrat, brachte sie ihr Make-up in Ordnung, schlüpfte in ihr Kostüm und verwandelte sich in eine Göttin. Natürlich war es manchmal nicht einfach zu entscheiden, welche Göttin sie darstellte. Ein Teil dieser Verwirrung resultierte daraus, daß Pearl, ihre Garderobenfrau, immer leicht benebelt war und dann nicht wenige Dinge durcheinanderbrachte.

Ich stand einmal seitlich am Bühnenrand, als sich Miss Ruth auf ihren Auftritt zu einem ihrer berühmtesten Soli, »The Black and Gold Sari«, vorbereitete. Ohne

Auf Tournee mit Denishawn: Ted und Miss Ruth oben auf der Treppe, ich stehe zu ihrer Rechten. Louise Brooks, auf dem Kopf einen Hut mit vier weißen Streifen, steht in der Mitte, Louis Horst steht schräg rechts hinter ihr. Robert Gorham und Charles Weidman sitzen vorn im Bild.

jemals einen ostindischen Tanz gesehen zu haben, hatte sie dieses Solo ganz aus ihrer Intuition heraus kreiert und brachte es dann zu einer Zeit in Indien auf die Bühne, als das Tanzen in Indien auf dem Tiefpunkt angelangt war. Ihr Tanz wurde ein Riesenerfolg, und man bat sie, Indien bei der Wiedereinführung der Tanzkunst zu helfen. Aber das lag noch in der Zukunft. An diesem Abend führte unmittelbar vor Miss Ruths Auftritt eine kleine Mädchengruppe einen einfachen Tanz auf der Bühne vor. Plötzlich drehte sich Ruth zu mir um und sagte: »Martha, ich kann nicht auf diese Bühne gehen. Sie ist tot und kalt. Suche Pearl, sie soll dir einen grün-goldenen Sari zum Anziehen geben, dann geh du erst auf die

Bühne und tanze irgend etwas. Am Schluß tanzt du zu mir herüber, begrüßt mich mit Salaam und dann komme ich auf die Bühne.«

So ging es mehrere Wochen lang, bis ich an einem Abend in Cleveland eine Ruth mit Salaam begrüßte, die von der mehr als gewöhnlich betrunkenen Pearl falsch herausgeputzt worden war. Ich schaute zu Miss Ruth auf und sah sie von Kopf bis Fuß japanisch ausstaffiert – Schärpe, Perücke, Holzschuhe. Wir beide stöhnten und tauschten Blicke des Entsetzens aus. Als sie wegstürzte, um ihren schwarz-goldenen Sari anzuziehen, zischte sie mir zu: »Geh zurück auf die Bühne und mach irgend etwas.« Es wäre ein leichtes für mich gewesen, ihr Solo zu tanzen, ich kannte es in- und auswendig. Ich tat es aber nicht und nach einer Zeit, die mir wie eine Ewigkeit erschien, tauchte Miss Ruth seitlich an der Bühne auf und ich sprach mit großer Erleichterung mein Salaam. Aufgrund dieser Erfahrungen habe ich möglicherweise heute keine Geduld mit jungen Tänzern, denen man jeden Schritt mit dem Löffel eintrichtern muß.

In Pasadena unterhielt sich Miss Ruth einmal mit einer matronenhaften Dame der Gesellschaft, die ziemlich viel Blau auf ihrem Kopf trug. Miss Ruth war gerade intensiv mit dem Problem beschäftigt, den richtigen Haarschmuck für ihr Solo »Der Pfau« zu finden. Als ich Miss Ruth beobachtete, merkte ich, daß sie dem Gespräch überhaupt nicht folgte, ihre Augen waren auf den Hut dieser Matrone gerichtet, auf dem Paradiesvogelfedern und andere gefiederte Dinge prangten. Plötzlich unterbrach Miss Ruth die Unterhaltung und sagte: »Sie haben doch nichts dagegen, oder?« Und damit griff sie nach den Federn auf dem Hut der Dame. »Sie passen genau zu meinem neuen Tanz.«

Miss Ruth war mit ihren Gedanken ständig woanders. Ich erinnere mich an einen Abend in Detroit, als sie im Anschluß an die ihr dargebrachten begeisterten Ovationen ins Rampenlicht trat, dem Publikum ausführlich dankte und sagte: »Für den Rest meiner Bühnentage werde ich in Erinnerung an den mir bereiteten Empfang dem wundervollen Publikum von Chicago in meinem Herzen immer einen besonderen Platz bewahren.«

Aber wer hätte ihr einen Vorwurf daraus machen können. Wir hatten so viele einmalige Abendvorstellungen, probten nachmittags und kehrten nur noch einmal zur Abendvorstellung ins Theater zurück. Doch nach einer gewissen Zeit sieht jede Stadt gleich aus.

Miss Ruth wünschte sich immer »ein wenig mehr Theatralik«, auch bei den Kostümen. Das bedeutete endloses Aufnähen von Plättchen, Pailletten und Applikationen, Stunde um Stunde. Schließlich, ich weiß nicht mehr, welcher Teufel mich ritt, ich war müde und erschöpft, murrte ich: »Entweder ich bin Tänzerin oder Näherin. Ich kann nicht beides sein.« Sie schaute mich schockiert an. Ich war immer so entgegenkommend und ehrfürchtig gewesen. Sie antwortete: »In Ordnung, Martha«. Ich mußte nie wieder nähen.

Wir ergingen uns gerade in Grübeleien, als Alexander Pantages zu uns hinter die Bühne kam, um mit uns einen möglichen Vertrag zu besprechen. Er war damals der größte unabhängige Besitzer von Varieté-Theatern in den USA. Pantages war in Griechenland geboren und in jungen Jahren in die Vereinigten Staaten gekommen, nachdem er in Kairo und auf einem Mittelmeer-Dampfer gearbeitet hatte. In den Staaten angekommen, ging er zuerst nach San Francisco, und als der Klondike-Goldrausch in den neunziger Jahren des vergangenen Jahrhunderts begann, war er an den Yukon gekommen und hatte dort sein Glück gemacht.

Mr. Pantages war ein wenig zu freundlich. Er versuchte mich zu küssen, was mich jedoch abstieß.

Ich sagte: »Wenn ich Sie, Mr. Pantages, fragen würde, ob Sie mich küssen wollten und Ihnen dies nicht gefiele, dann würden Sie es doch auch nicht tun, oder?«

Ich war damals so jung und unerfahren.

Er antwortete: »Nein, ich glaube, ich würde es nicht tun. Was wollen Sie aber?«

»Mr. Pantages«, antwortete ich, »ich möchte auf den Gipfel, und ich möchte dorthin niemanden mitnehmen.«

Er erwiderte: »Komm, Kleines, ich unterzeichne deinen Vertrag jetzt.« Und er unterschrieb den Vertrag.

Ich kannte damals den Gipfel der Berühmtheit nicht so wie heute. Damals schritt ich einfach voran und tanzte, tanzte und tanzte. Tanzen war meine Leidenschaft. Ich wuchs und wurde als darstellende Künstlerin anerkannt, als Tänzerin. Der Gipfel kann sehr hart und wundervoll zugleich sein. Aber der Weg dorthin bringt auch eine Menge Kummer mit sich.

Als die Denishawn-Truppe in London auftrat, war ich mit von der Partie. Es war Teds Idee, Miss Ruth meine Rolle als Xochitl übernehmen zu lassen. Obwohl sie ihre eigenen Vorstellungen über den Tanz hatte und was sie mit ihrem Körper zum Ausdruck bringen wollte, bestand Ted darauf, daß spanische Tänze und Walzer getanzt werden mußten. Er brachte sie dazu, etwas zu tanzen, was sie niemals hätte tanzen dürfen. Das war in gewisser Weise sehr schädlich für sie. Es war gegen ihre Überzeugung.

Ich erhielt einige wundervolle Kritiken für meine Auftritte. Miss Ruth jedoch nicht. Ich hatte ständig Angst, daß sie meine Kritiken finden würde, deshalb versteckte ich sie. Einmal hielt ich gerade einige Zeitungsausschnitte in der Hand, als ich Miss Ruth die Treppe herunterkommen hörte. Ich versteckte mich, da ich befürchtete, weggeschickt zu werden, wenn sie die Kritiken jemals zu Gesicht bekäme. Ich höre heute noch ihre Schritte leiser werden, während ich mich absolut still verhielt.

Ich schlief in einem Zimmer unmittelbar neben Miss Ruths Zimmer, das durch eine nicht bis zur Decke reichende Trennwand von meinem abgetrennt war. Ich lag wach, weil ich hörte, wie Miss Ruth sich in den Schlaf weinte. Die schlechten Kritiken brachten sie um. So hatte sie sich das Tanzen nicht vorgestellt. Ted besaß weder die tänzerischen, noch die kreativen oder künstlerischen Fähigkeiten von Miss Ruth. Ich dachte wieder an die Schritte auf der Treppe, die wie ein immer schwächer werdendes Flüstern verhallt waren. Die große innere Kraft, die Miss Ruth besaß, wurde immer schwächer. Es war ein sehr tragischer Augenblick. Ich fragte mich, ob ich wohl jemals so leiden würde.

Unsere Vorstellungen in London erreichten den absoluten Tiefpunkt, als sich Ted in den Kopf setzte, Doris Humphreys Rolle in *Soaring* zu übernehmen, einem Tanz, der die Geburt der Venus aus dem Schaum des Meeres darstellte. Der Tanz begann damit, daß ein hauchdünnes Seidentuch über fast die gesamte Bühnenbreite gespannt und an beiden Ecken von blonden Mädchen mit Prinz-Eisenherz-Pagenköpfen gehalten wurde. Ich war eine von ihnen. Wir hoben und senkten das Seidentuch und gaben dadurch den Blick frei auf die schemenhaften Umrisse des darunter liegenden Körpers von Doris, der sich je nach Stellung des Seidentuches auf und ab zu bewegen schien. An dem Abend, als Ted die Rolle von Doris tanzte, spielte ich meinen Part und schaute nicht ein einziges Mal auf den Hauptakteur. Es war einfach zu schrecklich, um wahr zu sein. Und außerdem lief ich ständig Gefahr, lachen zu müssen.

Als wir nach New York zurückkehrten, führte mich Ted eine mir bekannte Straße hinunter, ging mit mir um die Straßenecke und da sah ich sie, die Leuchtschrift über dem gläsernen Theatereingang: MARTHA GRAHAM IN XOCHITL. Das war das erste Mal, daß ich meinen Namen öffentlich geschrieben sah. Mein einziger Gedanke war, wenn das Vater und Mutter sehen könnten.

Meine Schwester Geordie tanzte mit mir in *Xochitl* als eines von sechs der mit Fächern tanzenden Mädchen. Wir fuhren zusammen über Land auf Tournee. An

Xochitl-Postkarte mit Künstlerwerbung,
Theatersaison 1920–1921.

einer Haltestelle wollte uns der Schaffner aus dem Zug werfen. Er hatte die Polizei alarmiert, weil er wegen unserer Kleidung, unseres Schmucks und dunklen Typs überzeugt war, wir seien Zigeuner.

»Nein«, sagte ich zu dem Beamten, der in den Zug gestiegen war, »ich und meine Schwester werden nicht aussteigen, wir sind keine Zigeuner.«

»Wir sind Töchter des Arztes Dr. George Graham«, warf Geordie ein.

Schließlich glaubte man uns, und wir durften mit der Truppe im Zug bleiben. Der Schaffner entschuldigte sich bei uns, aber jene dramatischen Augenblicke verfolgten uns noch Monate.

Ein heute nicht mehr existierendes Tanzmagazin der zwanziger Jahre brachte einmal eine Titelgeschichte, in der es hieß, Geordie und ich wären nicht die direkten Verwandten Miles Standishs, sondern Abkömmlinge rumänischer Einwanderer. Geordie und ich erschienen in der Redaktion und gebärdeten uns dort wie die Furien der Unterwelt. Obwohl meine schlimmsten Schimpfworte waren: »Verflucht!« und »Zur Hölle!« – sie sind es auch heute noch –, stauchte ich sie noch deftiger zusammen. Und Geordie ging mit einer besonders pikanten irischen Beschimpfung ab: »Ich spucke auf euch.« Das war einer ihrer Lieblingsflüche.

Als ich von Denishawn wegging, um mich den *Greenwich Village Follies* anzuschließen, übernahm Geordie meine Rolle als Xochitl. Als sie einmal auf Amerika-Tournee waren, hatte Geordie extrem hohes Fieber, aber Ted und Ruth ließen sie auftreten und die Rolle der Xochitl tanzen; sie hatten keine Ersatztänzerin. Obwohl Geordie glühte, tanzte sie, brach aber hinterher zusammen und wäre fast gestorben. Ich habe das Miss Ruth und Ted nie verziehen.

Damals ging ich in New York in das Century Theatre an der Upper Westside, um Eleonora Duse zu sehen, die in einem Programm mit Ibsens *Gespenstern* und Gallarati Scottis *Così Sia (Dein Wille geschehe)* auftrat. Wir hatten nie viel Geld, gingen deshalb nur in die Matinee-Vorstellungen und saßen ganz oben auf dem Balkon. Die Duse spielte eine Mutter, deren Baby mit dem Tode rang; sie würde alles geben, wenn nur sein Leben gerettet werden könnte. Sie betete zur Madonna der Barmherzigkeit und legte ihren Rosenkranz um den Arm ihres Sohnes: »Schenke mir das Leben dieses Kindes! Dafür bin ich bereit, alles zu tun, alles hinzunehmen.« Doch tragischerweise wandte sich ihr Sohn später gegen sie. Eleonora Duse saß in einem großen Sessel und machte eine Geste, die mich zu Tränen rührte. Am Ende erkannte sie die Vergeblichkeit all ihres Strebens und ließ nur ihre Hand sinken. Sie hatte alles für das Leben dieses Kindes gegeben, und nichts war ihr geblieben.

Produzent der *Greenwich Village Follies* war John Murray Anderson. Er sah mich während einer Denishawn-Tournee, die uns durch das ganze Land führte, in New York tanzen. Ich habe heute noch die Zeitungsausschnitte unserer New-York-Auftritte. Die Kritiker schrieben, ich sei die einzige in Ruth St. Denis' Truppe, die mit Leidenschaft und Glut tanze. Das schmeichelte natürlich weder Miss Ruth noch Ted allzusehr. Für sie war ich immer noch der Einfaltspinsel.

Eines Tages kam John Murray Anderson ins Studio, um sich alle Tänze von mir anzuschauen. Er ließ mich mein ganzes Repertoire vortanzen. Er war ein sehr netter, sehr warmherziger, aber auch sehr entschlossener Mann. Er unter-

Meine jüngste Schwester Geordie
in einem ostindischen Kostüm in Denishawn.

richtete wunderbar, und ich habe viel von ihm gelernt. Er lehrte mich die theatralische Gefühlsäußerung in jeder Beziehung. Er war ein großartiger Direktor mit einem großen Traditionsbewußtsein, aber sein Schaffen ist nie wirklich gewürdigt worden.

Denishawn traf Vorbereitungen für die berühmt gewordene Asien-Tournee, und wir waren alle angetan von der Aussicht, dorthin zu fahren. Geordie wurde ausgewählt, doch mir sagte man, ich sähe zu exotisch aus und wäre keine gute Repräsentantin für Denishawn. Sie wollten eine »typisch amerikanische Truppe« entsenden – blond und blauäugig. Die Wasserstoffperoxyd-Flaschen wurden für diejenigen hervorgeholt, die nicht von Natur aus das waren, was sie »amerikanisch« nannten. Aber für mich war es undenkbar, meine Haare blond zu färben. Das Ensemble brach nach Asien auf, und ich blieb allein zurück. Ich hatte keine

Angst und dachte daran, was Vater mir gesagt hatte, als ich noch jünger war: »Martha, du bist ein Pferd, das am besten auf matschigem Geläuf galoppiert.«

Nachdem ich für John Murray getanzt hatte, saß er allein im Studio, während ich einen Pullover über mein Tanzkostüm zog. Als ich zurückkam, sprachen wir eine Weile miteinander, und dann bot er mir eine Rolle im Programm der *Greenwich Village Follies* des Jahres 1923 an. Ich wußte nicht, was ich sagen sollte.

Denishawn ging auf Asien-Tournee. Meine Mutter und Lizzie brauchten Hilfe in Santa Barbara; sie konnten nichts in der Geldangelegenheit ausrichten, das im Zusammenhang mit Vaters Besitz unterschlagen worden war. Ich dachte einige Minuten über das Angebot nach und sagte dann: »Ja, Mr. Anderson, ich nehme gern an.« Es war eine schmerzhafte Entscheidung, und ich hoffe, niemand denkt, daß ich mich aus freien Stücken den *Follies* angeschlossen habe: Ich hatte keine andere Wahl.

Ich mußte damals sehr sorgfältig mit meinem Geld wirtschaften. Man wurde nicht für Proben bezahlt, sondern nur für Auftritte, und ich besaß gerade genug Geld, um täglich mit dem Bus zum Columbus Circle ins Studio zu fahren und wieder zurück in die 14. Straße, oder um den Bus zur Fahrt zum Mittagessen zu nehmen und dann zu Fuß zurückzulaufen. Ich entschied mich immer für das Mittagessen, und ich war sicher, irgendwie würde ich schon die Kraft haben, zurückzulaufen. Selbst Schreibpapier war wertvoll. Bis heute kann ich es nicht vertragen, wenn jemand ein Blatt Papier nicht beidseitig beschreibt oder ein Stück Papier ungenutzt fortwirft. Es sollte mich nicht wundern, wenn die Schauspieler des Neighbourhood Playhouse das Bild, das sie von mir hatten, aus dieser Eigenheit ableiteten. Ich nahm manchmal ein Stück Papier, riß es langsam in der Mitte durch und sagte, das sei die Tragödie eines Stück Papiers.

Und dann hatte ich mich gegen Mr. Anderson zu behaupten. Solange er einen mochte, war alles in Ordnung. Aber wenn er dies nicht tat, dann war man ruiniert. Während einer Probe mußte eine Gruppe Showmädchen in knappen Kostümen und mit Straußenfedern an den Kopfbändern über die Bühne paradieren. Mr. Anderson unterbrach die Mädchen und sagte: »Ihr seht aus wie die Pferde des Direktors vom Bestattungsinstitut, nur waren die Vollblüter.« Ein anderes Mal knurrte er sie an: »Meine Damen, ein bißchen mehr Schamhaftigkeit, wenn es möglich ist.« Die mir bis heute liebste Anekdote ist seine Antwort auf eine Beleidigung durch eine Dame der Gesellschaft. Er plante seine Rache bis ins Detail.

Jeden zweiten Montag hatte er die Opernloge neben besagter Dame. Er schickte sein irisches Hausmädchen Rose zum besten Visagisten und Haarstylisten, lieh sich für sie die schönsten Juwelen und setzte sie in den Mittelpunkt der Loge. Für jeden sah sie aus wie eine Zuschauerin königlichen Geblüts. Zweifellos auch für die Dame der Gesellschaft, die ihre Augen nicht von ihr abwenden konnte. Am nächsten Tag rief sie Mr. Anderson an und bat ihn, seinen Gast mit zum Tee zu bringen. Er antwortete: »Sie meinen mein Hausmädchen. Oh, sie wird sich sehr freuen zu kommen. Natürlich nehmen wir die Einladung an.«

Er suchte mich aus, das Mädchen in der Produktion »The Garden of Kama« zu spielen; es ist ein Stück, das auf indischer Liebeslyrik basiert. Ich stellte eine Fee als Partnerin des Prinzen dar. Ich trug Sari und Choli. Ich hätte auch noch in Denishawn sein können mit dieser Kostümierung.

Dieses Stück war ganz für die *Follies* gemacht. Ich stürmte eine Treppenflucht hinauf – wie dramatisch –, riß eine Tür auf und drehte mich mit dem Rücken zum Publikum. Ich hob den Dolch und stieß ihn mir in die Brust, dann ließ ich den Dolch sinken und fiel, wie ich meinte, gekonnt zu Boden. Das andere Solo war »Serenata Morisca«, mein erstes Denishawn-Solo, und das letzte hieß »Moonlight Kisses«. Ich tanzte in einem fließenden gelben Chiffon-Gewand, während die großen Liebespaare der Geschichte, Romeo und Julia, Tristan und Isolde, Antonius und Kleopatra und andere, bei Mondschein von einer Brücke herabstiegen.

Wir gingen mit »The Garden of Kama« auf Tournee, und eine der Städte, in denen wir auftraten, war Boston, das wir »Stadt Boston« nannten. Und wenn man in Boston war, hatte man sich gut zu benehmen. Die puritanischen Gesetze wurden damals streng beachtet, und deshalb durften die Showgirls nicht in ihren Original-Kostümen auftreten, die aus knapp sitzenden Cholis bestanden. Jeden Abend kam ein Polizist, um die Mädchen zu kontrollieren und darauf zu achten, daß sie nicht zu eng geschürzt auftraten. Dieser stattliche und bullige Polizist ordnete an: »Laßt sie etwas mehr anziehen, so daß sie anständig aussehen.«

Ich war die erste Tänzerin zu dieser Zeit und die Showmädchen haßten mich.

In Chicago gaben sie mir den Spitznamen »Prinzessin«, vielleicht deswegen, weil ich normalerweise nicht mit ihnen sprach; ich war ziemlich arrogant. Mir gefiel es einfach nicht, bei den *Follies* zu sein, aber ich hatte keine andere Wahl. Ich ging niemals am Ende der Vorstellung im Kostüm die Stufen in den Zuschauerraum hinunter. Ich war kein Sing- oder Showmädchen. Es kam deshalb auch nicht überraschend, als eines der Showmädchen, das ihre Blößen bedecken mußte, mich anschaute und dann den Polizisten fragte: »Und was ist mit der da?« Ich dachte, jetzt sei ich dran. Ich trug sehr viel weniger als die anderen und begann zu zittern, da es hinter der Bühne so kalt war. »Nein, bei ihr ist das in Ordnung«, sagte er. »Sie ist eine Künstlerin.«

Als wir kurz darauf nach New York zurückkehrten, wollten sie mich in eines ihrer knappen Kostüme ohne Body darunter stecken.

»Nein«, sagte ich, »ich trage meinen Body.«

»Aber Sie haben ihn auch nicht in Denishawn getragen.«

»Das war etwas anderes«, sagte ich. »Das war Kunst.«

96 Während der Zeit bei den *Follies* waren nicht alle Aufregungen auf die Bühne beschränkt. Als meine Mutter hörte, daß ich mich den *Follies* anschließen würde, kam sie aus Kalifornien zu Besuch. Sie war mein Schutz. Sie schlief bei mir im Zimmer und achtete streng darauf, daß ich eine anständige Frau blieb. Ich hatte eine sehr gute Erziehung genossen und stand etwas außerhalb des Kreises der normalen Mädchen bei den *Follies*. Alle glaubten, ich sei zu brav. Zu behütet durch meine Mutter.

Es schien, als ob Irene Delroy, die schöne Unverdorbene der *Follies*, keine so gute Erziehung genossen hätte. Sie wurde die Geliebte von Frankie Fay, einem bekannten Gangster. Er gestattete es nicht, daß irgend jemand sie berührte oder sich ihr auch nur näherte. Und den gleichen Beschützerinstinkt entwickelte er mir gegenüber. Wir waren in seinen Augen sakrosankt. Irene, eine ausgesprochene Schönheit, hatte keine anderen Affären, und trotzdem war er krankhaft eifersüchtig. In Boston schlenderten Irene und ich einmal die Straße hinunter, als zwei junge Harvard-Studenten auftauchten, uns in ihre Arme schlossen, hochhoben und mit uns so die Straße hinunterspazierten. Meine Mutter begleitete uns und starb fast vor Scham und Angst, da wir ständig unter dem Schutz des Gangsters standen. Man berichtete ihm anschließend den Vorfall.

»Hat der Mann dich berührt?« fragte er Irene.

»Hat der Mann dich berührt? Ich bringe ihn um«, sagte er zu mir.

Er war niemals böse auf Irene oder mich. Er wurde nur böse auf jeden Mann, der sich uns näherte.

Ich begleitete sie ständig als ihre Anstandsdame. Frankie bestand darauf, daß ich sie begleitete, wenn sie in die Stadt gingen, und ich traute mich nicht, nein zu sagen. Wie kann man einem Gangster etwas ausschlagen? Frankie nannte mich eine Dame. Er wollte, daß ich seine Freundin beeinflußte, auch eine solche zu werden.

Frankie trug immer eine Pistole. Auf viele seiner Kumpels wurde geschossen, während sie im Lokal waren. Wenn wir alle zusammen ausgingen, legte Frankie seine Pistole auf den Tisch. Die Kellner sagten nichts, obwohl sie sich dem Revolver gegenübersahen. Und die Stimmung des Abends war, um es vorsichtig auszudrücken, angespannt.

Es war die Zeit der Prohibition, und wir gingen normalerweise in illegale Clubs. Sobald wir im Türrahmen erschienen und man Frankie Fay erkannte, wurden wir in den Club eskortiert und bekamen einen Tisch in vorderster Reihe. Das war eine völlig andere Welt als die von Santa Barbara. Diese Clubs oder die Lokale, die als Clubs bezeichnet wurden, waren finster und verräuchert, und es herrschte eine merkwürdige Atmosphäre von Gefahr und Verlockung.

Die Feindschaft der Tanzmädchen schien zu wachsen. Für das Finale, wenn das gesamte Ensemble auf der Bühne war und die Mädchen in das Publikum hinabstiegen, wie bei *Ziegfeld Follies*, trugen die Mädchen raffinierte, kurze Kleider. Das Geraschel der dicht mit Perlen besetzten Hüllen trugen sie vor sich her in den

Zeitungs-Cartoon von den Greenwich Village Follies.

Raum. Die Produktionsleiter versuchten ständig, mich dazu zu bringen, eines dieser Kleider überzuziehen und mich dem Finale anzuschließen. Eines Abends brachte mir der Bühnenmanager verschiedene Drinks, die ich jedesmal in den Topf einer Pflanze neben meinem Ankleidetisch schüttete, sobald er gegangen war. Ich hätte ein Holzfaß sein müssen, um all den Alkohol vertragen zu können. Ich weiß nicht, was er sich erwartet hatte, aber der Alkohol brach meinen Willen nicht. Jedes Mal gab es den gleichen Dialog – der Bühnenmanager brachte das Kleid für das Finale vor die Tür meines Ankleideraums und ich sagte: »Bringen Sie es wieder zurück. Ich bin kein Showgirl.« Für eine Weile hatte ich Ruhe, doch dann rollten sie einen Kleiderständer mit Kostümen vor die Tür. Man sagte mir, wenn ich mir nicht eines von diesen Kostümen aussuchen würde, werde einer meiner Tänze vom Programm gestrichen.

»Bitte sehr«, antwortete ich. »Aber für meine Solos gibt es immer nur stehende Ovationen.«

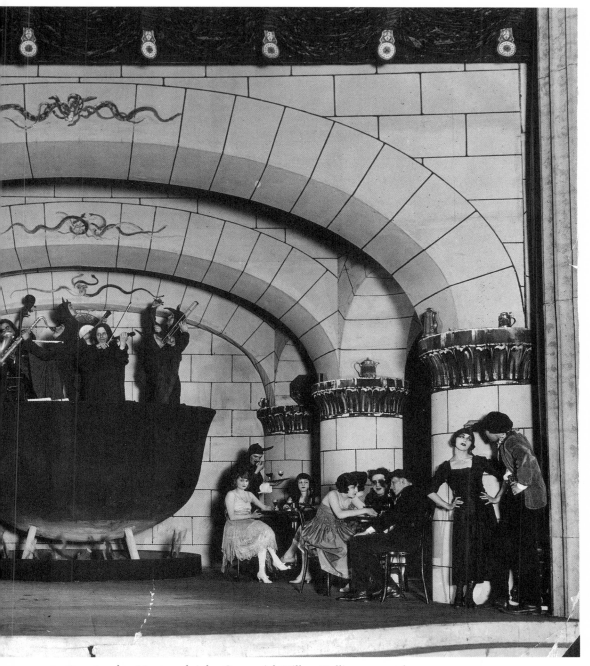

In einer Apachen-Nummer bei den Greenwich Village Follies, *ganz rechts.*

Und so nahmen sie meine Solos für ein paar Abende aus dem Programm, bis der Bühnenmanager wieder in meinem Umkleideraum auftauchte. Er sah mich mit funkelnden Augen an und sagte: »Ihre Solos sind wieder im Programm.«

»Mit dem Body?« erkundigte ich mich.

»Mit dem Body«, stimmte er knurrend zu.

Auf unseren Tourneen mit den *Greenwich Village Follies* fuhren wir durch das ganze Land. Das vielleicht größte Kompliment erhielt ich, als ich im Süden des Landes auftrat – mit drei Soli an einem Abend in »Silk and Incense«: Ein Kritiker schrieb, daß ich unter den anderen Tänzerinnen den Eindruck einer wildwachsenden Blume in einem Narrenhaus erwecken würde.

Ein anderer Kritiker schrieb, er habe das Gefühl, daß Martha Graham selbst ohne Musik, ohne Bühne und ohne Beleuchtung noch wie die ostindischen Tempeltänzerinnen für ihre Gottheiten tanzen würde. Ich war das, was die Inder eine Dewadasi, eine Tempeltänzerin, nannten.

Ich ging mit den *Greenwich Village Follies* nach London, wo unsere Vorstellungen ein Bombenerfolg wurden. Wir reisten mit einem Varieté-Theater, und unsere Darbietung stand unmittelbar vor der Nummer »Miss Mary und ihre Schimmel« auf dem Programm. Einmal stand ich an der Bühnenseite und bereitete mich gerade auf meinen Auftritt vor, als ich plötzlich einen dicken schwabbeligen Kuß auf meine nackte Schulter gedrückt bekam. Ich drehte mich um: Es war eines von Miss Marys wundervollen Show-Pferden.

Es gab auch eine Papageiendame mit Namen Ethel, die immer bis zu ihrem Auftritt im Käfig blieb. Wir hatten alle zusammen nur einen dunklen Raum hinter der Bühne zur Verfügung. Die arme Ethel rupfte sich alle Federn aus – die letzten, die ihr aufgrund ihres hohen Alters noch verblieben waren. Immer wenn Ethel die Musik hörte, die das Signal für ihre Vorstellung gab, versuchte sie, aus ihrem Käfig zu entkommen: Sie brannte vor Begierde vor ihrem Auftritt. Kurz bevor ich auf die Bühne mußte, wandte ich mich an einen Bühnenarbeiter in meiner Nähe und sagte: »Ich verstehe jetzt, was Ethel durchmacht.«

Eine unserer Stationen auf Tournee mit den *Follies* war Chicago. Ich erinnere mich, daß ich an einem Nachmittag in das Art Institute ging. Ich betrat einen Raum, in dem die ersten modernen Gemälde, die ich je gesehen hatte, ausgestellt waren – Bilder von Chagall und Matisse –, und etwas an diesen Bildern sprach mich an. Auf der anderen Seite des Raumes entdeckte ich ein wunderschönes Gemälde, das damals als abstrakte Kunst bezeichnet wurde, eine aufregende neue Kunstform. Ich wurde fast ohnmächtig, da ich in diesem Augenblick verstand, daß ich nicht allein verrückt war und daß andere Menschen die Welt und die Kunst so wie ich sahen. Es war ein Bild von Wassily Kandinsky, auf dem ein roter Blitzstrahl quer über das Bild fuhr. Ich dachte: »Ich werde eines Tages das gleiche tun. Ich werde einen ähnlichen Tanz wie dieses Bild kreieren.«

Und das tat ich auch. Damals war mir nicht bewußt, daß dieses Bild einen so großen Einfluß auf mich haben würde; es war eine Art Blitz der inneren Vertrautheit. Auf dem Programm stand der Tanz *Diversion of Angels*. Es war 1948 während eines verregneten Sommers im Connecticut College, und ich glaubte, kein Engel werde sich bei diesem Wetter hervorwagen. *Diversion* beschreibt die Liebe zum Leben und die Liebe zur Liebe, die Begegnung und Trennung von Mann und Frau. Es tritt eine Frau in Weiß auf, die die reife Liebe verkörpert. Sie kann sich nur in Harmonie mit ihrem Partner, ihrem Liebhaber bewegen. Dann tritt auch noch ein Mädchen in Gelb auf, das die jugendliche Liebe verkörpert, und eine Frau in rotem Gewand, die als erotische Liebe über die Bühne huscht. Alle drei symbolisieren einen bestimmten Aspekt in ein und derselben Frau; das Mädchen in Rot war jener Blitzstrahl auf Kandinskys Bild, das ich vor so langer Zeit im Chicago Art Institute gesehen hatte.

Es ist sehr schwierig, den Part der Frau in Rot zu tanzen. Sie muß eine seltsame Verletzlichkeit verkörpern, eine gewisse Atemlosigkeit und feinsinnige Erotik. Viele Menschen erfassen dies nicht, sie wanken ständig nur von der einen Seite der Bühne zur anderen. Notwendig ist aber eine dauernde Neuentdeckung des gegenwärtigen Augenblicks.

Ich zitiere den Darstellern der *Diversion of Angels* gern einen Satz aus dem Ersten Buch Mose, der Schöpfungsgeschichte: »...da sahen die Gottessöhne, wie schön die Töchter der Menschen waren, und nahmen sich zu Frauen, welche sie wollten.«

»Ihr seid die Gottessöhne«, pflege ich zu sagen, »Engel, alle miteinander.«

Der moderne Tanz folgte den Gesetzen der modernen Malerei und Architektur und verbannte alle dekorativen Bestandteile und übertriebenen Phantastereien. Der Tanz hatte nicht »schön« zu sein, sondern realitätsbezogen.

Appalachian Spring *mit Erick Hawkins, Merce Cunningham und May O'Donnell,*
30. Oktober 1944.

Ich hatte meine erste Unterweisung in Lichteffekten bei den *Follies*, als wir einen
Galaabend für die Sponsoren vorbereiteten, eine Art Varieté-Vorstellung. Jeder
Darsteller ging mit fürchterlich komplizierten Instruktionen zum Beleuchtungs-
techniker: »Leuchte mich in sanftem Blau an, schwäche dann zu einem blassen
Weiß ab«, und so weiter. Eine Tänzerin kam mit einem ganz klaren Wunsch:
»Paß auf, wenn ich auf die Bühne komme, schalte Nr. 16 Lavendel ein und folge
mir mit dem Punktstrahl.« Er machte es so, und sie hatte die besten Lichteffekte
der gesamten Show.

Jean Rosenthal, die auf dem Sektor der Bühnen-Lichteffekte große Neuerungen
einführte, kam als junges Mädchen zu mir, um Tänzerin zu werden. Es war uns

beiden schnell klar, daß das nicht ihr Metier war. Ich schlug ihr vor, Beleuchterin zu werden, und sie arbeitete und experimentierte viele Jahre mit mir. Das Rosenthal-Blau, jener vibrierende Hintergrund, der bald zum Standard-Hintergrund jeder Theaterproduktion wurde, kam das erste Mal auf die Bühne, als Jean ihn 1944 für mich, als ich erstmals *Appalachian Spring* tanzte, kreiert hatte. Ich brauchte einen klaren blauen amerikanischen Himmel – ohne Reflexe und ganz schlicht, ohne Kitsch und Effekte; Jean schuf ihn für mich.

Jean erkrankte an Krebs, und als sie bereits vom Tode gezeichnet war, erwies sie mir noch einen bemerkenswerten Freundschaftsdienst. Im April 1969 hatte ich, so weit man das von einem Kunstwerk überhaupt sagen kann, mein Ballett *Archaic Hours* abgeschlossen, und Jean holte sich die Erlaubnis der Ärzte, in einem Krankenwagen ins Theater zu fahren. Sie saß auf einer Bahre zusammen mit mir im Bühnengang und überwachte das letzte Stück, das sie je als Beleuchterin geleitet hat.

Jean machte gern Scherze über die Beleuchtungsarbeit mit mir. Sie sagte, ich bräuchte mir niemals Sorgen zu machen, richtig beleuchtet zu werden, denn ich würde ohnehin immer da tanzen, wo das Licht sei. Jeans Beleuchtungseffekte waren perfekt, und trotzdem sehnte ich mich nach der Zeit zurück, da es noch keine brillanten Beleuchtungseffekte und keine falschen Augenwimpern gab, als Sarah Bernhard ihre Wimpern noch mit einfachen Leuchteffekten bearbeitete (ich tat dies erst sehr spät in meiner Karriere). Diese Leuchteffekte wurden erzielt, indem man über einer Flamme erhitztes flüssiges Kerzenwachs auf die Wimpern aufbürstete. Sobald das sanfte Licht darauffiel, gab das einen Effekt, als ob man Kristalle trüge.

Sarah Bernhard beeindruckte mich sehr stark. Als ich sie auf der Bühne sah, hatte sie gerade die Amputation eines Beines hinter sich und trat in ihrem Kostüm für ihre Rolle in »L'aiglon« auf. Sie deklamierte ihre große Rede auf dem Schlachtfeld von Wagram, und ihre Stimme war zauberhaft, weit mehr als zauberhaft, wenn eine Steigerung überhaupt möglich ist. Sarah Bernhards Stimme war aus Gold.

Die Tänzer der *Greenwich Village Follies* wurden ständig gebeten, in Privatvillen aufzutreten, und das lehnte ich meistens ab. Ich zierte mich zeitweise zu stark, aber einmal reizte es mich doch, zusammen mit einer weiteren Tänzerin in einem der privaten Marmorpaläste in Newport, Rhode Island, aufzutreten. Obwohl ich kein Geld hatte, war ich entschlossen, in großem Stil vorzufahren. Ich lieh mir Geld von meiner Garderobiere für eine Limousine mit Chauffeur, und sie war einverstanden, mit mir als meine Angestellte dort hinzufahren. Als wir vorfuhren, wies der Butler mir als Künstlerin den Dienstboteneingang zu. Ich lehnte kategorisch ab und erklärte ihm, daß ich das Haus so betreten würde, wie ich es für angemessen hielte, und zwar zusammen mit den anderen Gästen, andernfalls würde ich auf der Stelle nach New York zurückfahren. Die andere Tänzerin folgte der Aufforderung des Butlers, ich aber betrat die Villa durch den Haupteingang. Nach Ende der Veranstaltung kehrte sie nach New York zurück, während man mich einlud, über Nacht zu bleiben und am nächsten Abend das Dinner mit meinen Gastgebern einzunehmen.

Jahre später kehrte ich einmal nach Newport zurück und wurde im Haus auf den Klippen meiner Freundin Doris Duke mit großem Luxus und großer Aufmerksamkeit überhäuft. Hätte Miss Ruth Doris kennengelernt, sie hätte sie sicher wegen ihres exotischen Aussehens und ihrer geschmeidigen Bewegungen zu einer Denishawn-Tänzerin gemacht.

Während meiner Zeit bei den *Follies* aß ich immer allein zu Abend, da ich niemand hatte, in dessen Gesellschaft ich mich wohl gefühlt hätte. Ich ging immer in ein chinesisches Restaurant und bestellte mir dort mein Essen. Einmal sagte ein junger Kellner zu mir: »Sie sind chinesischer Abstammung.«

»Nein.«

»Ist Ihr Vater Chinese?« wollte er wissen.

»Nein.«

»Ist Ihre Mutter Chinesin?«

Ich verneinte abermals. Dann fragte er: »Woher kommen Sie?«

»Aus Kalifornien.«

»Ah, Sie kommen aus San Francisco, dann sind Sie Chinesin.«

Er nahm seinen Teller, setzte sich wie ein Freund zu mir, und wir aßen zusammen. Ich wurde als Chinesin akzeptiert. Ich kann mir das nicht recht erklären. Es hat jedenfalls nur etwas mit meiner äußeren Erscheinung zu tun, nichts mit meiner eigentlichen Person.

Ich hatte in einer meiner Klassen einmal ein chinesisches Mädchen, das Schwierigkeiten hatte, am Unterricht teilzunehmen, da ihre Mutter nicht wollte, daß sie bei mir studierte. Ich wußte nicht warum, denn sie war eine sehr begabte Tänzerin. Schließlich kam ihre Mutter zu einer Darbietung unserer Truppe. Sie fand keinen Gefallen daran.

Nachdem sie mich kennengelernt hatte, war ihr einziger Kommentar gegenüber ihrer Tochter: »Martha Graham hat eine sehr gute Erziehung durch ihren Vater und ihre Mutter genossen.« »Diese Frau wird sich noch ändern. Sie hat Tao«, sagte sie später. Und das war ausschlaggebend.

Diese Frau fürchtete sich vor dem Phänomen der Wandlung. Wandel ist die einzige Konstante im Leben. Wenn man seinen Fuß in eine Strömung setzt, kann man ihn nicht zweimal in dieselbe Strömung halten, denn das Wasser ist im Fluß. Man befindet sich an einer anderen Stelle des Stroms. Die Chinesen besitzen ein Gefühl für den Wandel: nicht den absichtsvollen Wandel, sondern den zwangsläufigen, da die Zeit den Wandel bewirkt und dich darin vorwärts trägt. Ich glaube an den Wandel, da dies ein Gesetz der Ewigkeit ist. Das Leben ruht nicht an einem Ort. Es ist konstantem Wandel unterworfen – und ewiger Wiedergeburt.

Mit einem Löwen-Baby in einem kalifornischen Zoo.

Ich werde älter und die Menschen, selbst zurückhaltende Asiaten, lieben es, mich zu küssen. Ich habe das nicht sehr gern. Selbst im Alter wollte ich den Kuß nicht entwerten, und trotzdem kamen Menschen und küßten mich auf die Wange. Es ist ein Akt des Besitzergreifens. Sie nehmen sich einfach einen Bissen, so wie im Apfeltanz in *El Penitente.* »Wollen Sie einen Bissen? Er wartet darauf.«

Einmal bereitete ich mich auf meinen Auftritt mit den *Follies* vor und kostümierte mich bei einer wundervollen spanischen Familie, Eduardo und Volga Cansino. Während ich mein Make-up auftrug, krabbelte ihre kleine etwa fünf- bis sechsjährige Tochter Margarita unter meinen Stuhl. Sie wuchs im Theater auf und wurde Rita Hayworth.

Die *Follies* erfüllten einen Zweck für mich, aber dennoch wußte ich, daß noch etwas anderes auf mich wartete. Ich erinnere mich daran, wie ich nach einer Nacht, die ich mit einem Freund in der Bronx verbracht hatte, mir die Hände wusch und mir plötzlich aufging, daß ich nicht nach meiner Vorherbestimmung handelte. Das ist natürlich ein geradezu biblischer Gedanke, aber ich war damals davon überzeugt, daß der Mensch, sobald er sich dem seiner Meinung nach Schönen zuwendet, auch das erreichen kann, wozu er bestimmt ist.

Ich mochte die *Follies* eigentlich nicht, aber in gewisser Weise doch. Ich tanzte vier Soli pro Abend. Für mich wurde auf Plakaten geworben und ich bekam ein hohes Gehalt. Man hielt mich für ein exotisches Wesen auf der Bühne (insoweit gab es eine Ähnlichkeit mit Denishawn), und zu meiner Freude erzwang der Applaus ständig wegen eines Solos von mir eine Unterbrechung der Show.

Die *Follies* waren durch und durch professionell gestaltet. Wir hatten wenigstens fünf Shows pro Nacht, selbst an Sonntagen. Das verlangte mir eine Disziplin ab, auf die ich in Denishawn vorbereitet worden war, und ich lernte mehr und mehr, die Stimmungslage und die Emotionen im Publikum einzuschätzen. Aber trotzdem weinte ich mich häufig in den Schlaf. Die *Follies* waren nicht mein Lebenstraum. Doch ich hatte die Verpflichtung, dort zu tanzen, um meine Familie zu unterstützen. Ich verließ die *Follies* 1925 dann doch, weil ich nur noch meine eigenen Tänze kreieren wollte.

Als ich bei den *Follies* aufhörte, hatte ich keine Bleibe in New York. Im Metropolitan Museum war es verboten, zwischen den ägyptischen Ausstellungsstücken einfach nur herumzusitzen. Ich ging in den Zoo im Central Park und setzte mich gegenüber von einem Löwenkäfig auf die Bank. Das Tier pendelte von einer Seite des Käfigs zur anderen. Der Löwe machte immer wieder vier Schritte in die eine Richtung und dann zurück. Es war wunderbar, wie er seinen Körper in die neue Richtung drehte. Ich beobachtete den Löwen stundenlang, wie er mit seinen großen weichen Pfoten hin und zurück den Käfig abschritt. Schließlich hatte ich gelernt, mich genauso zu bewegen. Ich lernte von diesem Löwen die Zwangsläufigkeit der Umkehr, die Drehung des Körpers. Die Verlagerung des Gewichts ist der wichtigste Aspekt bei dieser Technik, bei dieser Art der Bewegung. George Balanchine sagte einmal, ich hätte bei meinen Bewegungen eine klassische Technik. Ich habe diese Worte immer sehr geschätzt. Sie besagten, daß es sich nicht um eine momentane Überspanntheit handelte, sondern um eine bewußte Art der Bewegung, die von einer Tänzergeneration zur nächsten vermittelt werden konnte.

Zu jener Zeit besaß ich noch nicht das, was man als Technik bezeichnet, denn ich kam gerade von den *Follies*. Aber in meiner später sich entwickelnden Technik wird das Gewicht in dieser ausgefallenen, von den Tieren übernommenen Art verlagert; es ist kein Ballett mehr, sondern moderner Tanz: Die Art der Gewichtsverlagerung ist allesentscheidend für die Körperbewegungen.

Wir haben die Eigenschaften eines Tieres verloren, aber wie bei den Tieren muß auch der menschliche Körper immer in der Lage sein, von einer Position in die andere zu wechseln.

Jahre später erinnerte ich mich wieder an jenen Löwen im Central Park und an seine fremdartigen und kraftvollen Bewegungen. Ich war mit meiner Truppe in Stonehenge; wir hatten am frühen Morgen in London einen Bus nach Salisbury Plain bestiegen, um vor Einbruch der Dunkelheit in Stonehenge zu sein. Ich hatte immer wieder davon geträumt. Ich hatte immer wieder davon gehört, und plötzlich war ich erschrocken, nur diese Felsansammlungen zu sehen. Es war nichts Außergewöhnliches dort, nur die Abgeschiedenheit und das Geheimnis um die Anordnung der Felsen. Niemand weiß, warum die Felsen dorthin transportiert wurden oder welche Funktion sie hatten. Ich bekam ein Gefühl für die Dunkelheit in der Seele, wenn der Mensch unter Zweifel, Angst und vergeblicher Suche leidet und nirgendwo etwas findet, nur hier zwischen den riesigen, schweigenden Felsgebilden. Als ich das erste Mal in Stonehenge war, konnte man noch zwischen den Felsen herumgehen. Man konnte auf dem sogenannten Altar sitzen, wo die Sonne täglich hingelangte und das menschliche Herz gewissermaßen wie das Opfertier durchbohrte. Heute jedoch ist die Anlage eingezäunt.

Ich stand zusammen mit Takako Asakawa, einer Tänzerin meiner Truppe, im Torweg, durch den das Licht auf die Steinplatte fiel, die man für den Opferfelsen hält. Das Licht traf mich in Höhe meines Herzens. Um ganz sicher zu gehen, legte ich mich auf diesen Felsen, und obwohl die Dämmerung noch nicht eingesetzt hatte, schien das Licht direkt in mein Herz einzudringen. Ich war ebenso aufgeregt wie die anderen und überwältigt von dem Rätsel Stonehenge.

Takako und ich wanderten durch dieses Gewirr seltsamer Steinformationen, bis wir zur Kathedrale kamen, wo gerade ein Chorkonzert stattfand. Der Chor saß zu beiden Seiten des Torweges, und der Chorleiter wanderte mit dem Taktstock zwischen den Sängern herum und dirigierte sie. Takako fragte in ihrer seltsamen japanischen Art: »Sie wissen, wir kommen?«

Ich antwortete: »Nein. Höre nur zu.« Etwas sehr Wunderbares, eine bestimmte Musik erklang.

Der Chor sang ein sehr altes Stück, das ich langsam wiedererkannte. Es war ein bei den Quäkern »The Gift to Be Simple« genanntes Stück, eine Hymne, die Aaron Copland auf meine Bitte in die Musik zu *Appalachian Spring* eingearbeitet hatte.

Ich erinnere mich an unseren letzten Stonehenge-Besuch, als wir nicht mehr durch die steinernen Zeugen der Geschichte wandern konnten. Jeder fragte: »Wie sollen wir erkennen, wo die Sonnenstrahlen hinfallen?«

Ich sagte: »Seht auf die Kühe.«

Sie standen einer nach dem anderen auf und schauten Sekunden, bevor die Sonne untergegangen war, in die Dunkelheit und machten dann eine Drehung, um in das Licht zu schauen, das genau auf den Eingang von Stonehenge traf.

Seltene Formationen haben mich schon immer fasziniert, da sie die Emanation der Kräfte des Universums sind, aus dem wir hervorgingen und das in jeder Minute neue Schöpfungen hervorbringt.

Im Herbst 1925 nahm ich auf Einladung von Rouben Mamoulian einen Lehrauftrag an der Eastman School of Dance in Rochester, im Staate New York, an. Der russische Direktor, der zuvor am Moskauer Stanislawsky-Theater gearbeitet hatte, war erst ein oder zwei Jahre zuvor in die Vereinigten Staaten gekommen. Er produzierte für den Film-König George Eastman in Rochester eine Reihe von Opern und Shows für das Kino.

»Tanz«, sagte er einmal, »ist die Basis des Theaters.« Ich ging mit Louis Horst nach Rochester. Er war zum Musikstudium nach Wien gegangen, nachdem er Denishawn verlassen hatte, kam aber nach kurzer Zeit wieder in die Staaten zurück. Wir gingen gemeinsam einen Weg entlang, um Rouben Mamoulian zu begrüßen, und dieser sagte, wir sähen aus wie Salome und Johannes der Täufer.

Ester Gustafson, meine Vorgängerin in Rochester, war das, was man damals eine Tänzerin der Natürlichkeit nannte; sie betonte alles, was natürlich war, in Bewegungen und Kostümen, war sehr zurückhaltend und korrekt, trug kein nennenswertes Make-up. Sie vermittelte den Eindruck, daß sie Eye-Liner für ein Instrument des Teufels hielt.

Ich kam zu meiner ersten Unterrichtsstunde in einem eng anliegenden roten Seidenkimono mit langen Schlitzen an jeder Seite, starkem Make-up, und ich hatte mein Haar streng, aber aufregend nach hinten gekämmt. Die Studenten, an

Mein erstes Ensemble: Tänzerinnen, die mit mir an der Eastman School in Rochester studierten.

das eher bodenständige Auftreten ihrer schwedischen Lehrerin gewöhnt, waren schockiert. »Nun ja«, erklärte ich Rouben, »das war notwendig für sie.«

Ich lernte eine Menge in Rochester, es genügte aber nicht, um mein Interesse wachzuhalten oder mich für meine Leidenschaft einzusetzen – meinen eigenen Weg als Tänzerin zu finden. Ich hatte hier zwar mein eigenes Studio und Studenten, wie ich sie mir nur wünschen konnte. Und doch war ich ruhelos. Die Leute in Rochester verstanden nicht, daß der Tanz auf dem Wege war, sich in eine Kunst zu verwandeln und kein Unterhaltungsmedium im Sinne von Radio City Music Hall blieb. Sie wollten Revuen, die für das Eastman Theatre geeignet waren.

Die ersten Tänze, die ich in Rochester einstudierte, waren nicht besonders originell und ähnelten sehr den Denishawn-Produktionen, aber etwas anderes kannte ich ja nicht. Als ich gebeten wurde, einen Tanz für die Eastman-Werkstatt zu kreieren, der für Aufnahmen im neuen, experimentellen Farbfilm verwendet werden sollte, stimmte ich zu, ohne jemals daran zu denken, daß diese schreckliche Kreation Jahre später wieder auftauchen würde. Das Werk trug den Titel »Flute of Krishna«. Vielleicht ist mein Urteil heute zu hart, denn es war immerhin hübsch anzuschauen. Mit dem Tänzerinnen-Trio, Evely Sabin, Thelma Biracree und Betty MacDonald, tanzte ich ein Jahr später in meinem ersten New Yorker Auftritt.

Als die Zeit gekommen war, da ich meinen Vertrag in Rochester um ein Jahr verlängern mußte, war dies eine sehr schwere Entscheidung für mich. Als ich das große Büro betrat, fühlte ich, daß ich um des Geldes willen mein Selbst zu sehr unterdrückte. Ich ging zum Schreibtisch, nahm den Füllfederhalter und begann zu unterschreiben. Ich kam nur bis zum M, dann legte ich den Stift auf den Schreibtisch zurück.

»Entschuldigen Sie, Mr. Hanson, ich kann das nicht unterschreiben.« Ich drehte mich um, ging hinaus, packte meine Sachen und kehrte nach Manhattan zurück.

Ich erwartete mehr vom Tanzen. Beim damaligen Bühnentanz bedeutete eine schnelle Handbewegung nicht mehr als die Symbolisierung fallenden Regens. Der in einer bestimmten Art bewegte Arm stand für eine Wildpflanze oder Maiswachstum. Warum aber sollte ein Arm Mais darstellen oder eine Hand Regen? Eine Hand ist zu wohlgeformt, um nur der Abklatsch irgendeiner anderen Sache zu sein.

Damals konnte ich es mir nicht leisten, Bücher zu kaufen, ging aber immer zum Gotham Book Mart in der 47. Straße West, der Frances Steloff gehörte. Sie war jung als jüdische Emigrantin aus Rußland gekommen, so arm, daß sie in Saratoga Springs Blumen verkauft hatte, um zu Geld zu kommen. Sie liebte Bücher über alles und hatte großen Respekt vor Gelehrsamkeit. Sie gab mir immer leihweise Bücher mit nach Hause, da ich es mir nicht leisten konnte, sie zu kaufen. Sie besaß eine weiße Katze, die überall herumstolzieren durfte und über alle Tische und Bücherberge kletterte.

Frances war sehr großzügig zu Schriftstellern und anderen Künstlern ihrer Zeit. Keiner von ihnen besaß damals viel Geld. Ich erinnere mich, daß einmal mälde, das damals als abstrakte Kunst bezeichnet wurde, eine aufregende neue Kunstform. Ich wurde fast ohnmächtig, da ich in diesem Augenblick verstand, daß ich nicht allein verrückt war und daß andere Menschen die Welt und die Kunst so wie ich sahen. Es war ein Bild von Wassily Kandinsky, auf dem ein roter Blitzstrahl quer über das Bild fuhr. Ich dachte: »Ich werde eines Tages das gleiche tun. Ich werde einen ähnlichen Tanz wie dieses Bild kreieren.«

Und das tat ich auch. Damals war mir nicht bewußt, daß dieses Bild einen so großen Einfluß auf mich haben würde; es war eine Art Blitz der inneren Vertrautheit. Auf dem Programm stand der Tanz *Diversion of Angels*. Es war 1948 während eines verregneten Sommers im Connecticut College, und ich glaubte, kein Engel werde sich bei diesem Wetter hervorwagen. *Diversion* beschreibt die Liebe zum Leben und die Liebe zur Liebe, die Begegnung und Trennung von Mann und Frau. Es tritt eine Frau in Weiß auf, die die reife Liebe verkörpert. Sie kann sich nur in Harmonie mit ihrem Partner, ihrem Liebhaber bewegen. Dann tritt auch noch ein Mädchen in Gelb auf, das die jugendliche Liebe verkörpert, und eine Frau in rotem Gewand, die als erotische Liebe über die Bühne huscht. Alle drei symbolisieren einen bestimmten Aspekt in ein und derselben Frau; das Mädchen in Rot war jener Blitzstrahl auf Kandinskys Bild, das ich vor so langer Zeit im Chicago Art Institute gesehen hatte.

Es ist sehr schwierig, den Part der Frau in Rot zu tanzen. Sie muß eine seltsame Verletzlichkeit verkörpern, eine gewisse Atemlosigkeit und feinsinnige Erotik. Viele Menschen erfassen dies nicht, sie wanken ständig nur von der einen Seite der Bühne zur anderen. Notwendig ist aber eine dauernde Neuentdeckung des gegenwärtigen Augenblicks.

Ich zitiere den Darstellern der *Diversion of Angels* gern einen Satz aus dem Ersten Buch Mose, der Schöpfungsgeschichte: »...da sahen die Gottessöhne, wie schön die Töchter der Menschen waren, und nahmen sich zu Frauen, welche sie wollten.«

»Ihr seid die Gottessöhne«, pflege ich zu sagen, »Engel, alle miteinander.«

Der moderne Tanz folgte den Gesetzen der modernen Malerei und Architektur und verbannte alle dekorativen Bestandteile und übertriebenen Phantastereien. Der Tanz hatte nicht »schön« zu sein, sondern realitätsbezogen.

Appalachian Spring *mit Erick Hawkins, Merce Cunningham und May O'Donnell,*
30. Oktober 1944.

Ich hatte meine erste Unterweisung in Lichteffekten bei den *Follies,* als wir einen
Galaabend für die Sponsoren vorbereiteten, eine Art Varieté-Vorstellung. Jeder
Darsteller ging mit fürchterlich komplizierten Instruktionen zum Beleuchtungs-
techniker: »Leuchte mich in sanftem Blau an, schwäche dann zu einem blassen
Weiß ab«, und so weiter. Eine Tänzerin kam mit einem ganz klaren Wunsch:
»Paß auf, wenn ich auf die Bühne komme, schalte Nr. 16 Lavendel ein und folge
mir mit dem Punktstrahl.« Er machte es so, und sie hatte die besten Lichteffekte
der gesamten Show.

Jean Rosenthal, die auf dem Sektor der Bühnen-Lichteffekte große Neuerungen
einführte, kam als junges Mädchen zu mir, um Tänzerin zu werden. Es war uns

III

Frühe Tanzstudie von Soichi Sunami.

Edmund Wilson in ihren Laden kam und sagte: »Frances, ich muß einen Scheck auszahlen.«

Frances antwortete: »Edmund, stör mich jetzt nicht, ich habe zu tun. Geh einfach an die Kasse, nimm dir, was du brauchst, und schreib auf einen Zettel, wieviel du entnommen hast.« Ich war so beeindruckt davon, daß ich fast in Ohnmacht fiel. Er ging an die Kasse, nahm sich, was er brauchte und ging wieder.

Während einer hektischen Vorweihnachtszeit half ich Frances einmal im Laden. Ein Seemann kam herein, und ich half ihm bei der Suche nach einem bestimmten Buch. Als Frances mich an die Kasse stellte, machte ich irgend etwas falsch, so daß die Papierrolle außer Kontrolle geriet. Es hatte sich schon eine lange Kundenschlange vor der Kasse gebildet, als Frances mir schließlich zu Hilfe eilte. Ich half ihr auch beim Verpacken der Bücher, denn zur Weihnachtszeit wurden sie nicht in Tragetüten, sondern in Papier und Kordel verpackt.

Frances glaubte an mich und unterzeichnete, ohne mich jemals tanzen gesehen zu haben, einen Kreditantrag über 1000 Dollar für meinen ersten Tanzauftritt. Ich war ein Niemand, bekam aber die Chance, mich zu bewähren. Ich wollte das Risiko eingehen, mich am Broadway dem Publikum zu stellen und nicht nur in meinem Studio vor Freunden tanzen. Ich ging zu Mr. Green von den *Greenwich Village Follies* und bat ihn, sein Theater für eine Abendvorstellung benutzen zu dürfen, um meine tänzerischen Möglichkeiten vorzustellen. Er sagte: »Ja, Sie bekommen es. Wenn Sie durchfallen, kommen Sie für ein Jahr zu den *Follies* zurück.« Wir konnten das Theater an einem Sonntag benutzen, aber die Vorstellung mußte als Kirchenkonzert auf den Plakaten angezeigt werden, da nach den puritanischen Gesetzen Tanzdarbietungen am Sonntag verboten waren.

Diese erste Tanzveranstaltung fand am 26. April 1926 im Theater an der 48. Straße statt. Ich tanzte Soli zur Musik von Schumann, Debussy, Ravel und anderen. Louis Horst begleitete mich am Klavier. Mein Trio aus Rochester und ich tanzten »Chorale« nach Cesar Franck und »Clair de lune« nach Claude Debussy. Ich brachte viele Tänze auf die Bühne, und jeder Tanz war von Denishawn beeinflußt. Ich hatte ein gutes Publikum. Obwohl in dieser Nacht ein Schneesturm über New York hinwegfegte, waren Zuschauer gekommen. Sie waren gekommen, weil ich eine Ausnahmeerscheinung war: eine Frau, die sich mit einer eigenständigen Arbeit präsentierte. In der zweiten Pause kam Mr. Green hinter die Bühne und sagte: »Sie haben es geschafft.« Ich brauchte nicht zu den *Follies* zurück. Mein Weg war nun klar vorgezeichnet.

Mein erster Auftritt in New York, 18. April 1926.

A Study in Lacquer, *erstes Konzert am 18. April 1926.*

Nach meinem ersten Solo kam eine Freundin von Miss Ruth, die mich in Denishawn hatte tanzen sehen, hinter die Bühne. Sie war gekleidet wie eine Frau des
ausgehenden 19. Jahrhunderts und trug ein mit zahlreichen Rüschen besetztes

Scéne Javanaise, *Rochester, New York, 27. Mai 1926.*

Kleid, einen Pelzhut mit Federn, große Perlen und dergleichen. Sie sagte: »Martha, das ist einfach furchtbar. Aber wie lange, glauben Sie, können Sie das durchhalten?«

Ich antwortete: »Solange ich ein Publikum habe.«

Das ist immer mein Kriterium gewesen. Manchmal hatte ich nur ein kleines Publikum, aber es hat mich getragen. Die Äußerung der Freundin von Miss Ruth war charakteristisch. Für viele Menschen war ich eine Häretikerin. Eine Häretikerin ist eine Frau, der bei allem, was sie tut, zugesetzt wird, eine Frau, die entmutigt wird. Sie schwimmt gegen den Strom und bewegt sich außerhalb der Fußstapfen derer, gegen die sie ankämpft. Vielleicht ist sie eine Häretikerin in religiöser Hinsicht, vielleicht eine in sozialer Hinsicht. Ich fühlte mich damals als Häretikerin. Ich tanzte nicht so wie andere. Ich tat das, was ich Anspannung und Entspannung nannte. Ich bezog den Boden mit ein. Ich nutzte die Flexibilität der Füße. Ich gab Anstrengung zu erkennen. Meine Füße waren nackt. In vieler Hinsicht brachte ich das auf die Bühne, was viele eigentlich vergessen wollten, wenn sie ins Theater kamen.

Drei Jahre später kreierte ich einen Tanz mit dem Titel »Die Häretikerin«. Am Morgen der Aufführung stellte ich fest, daß die Kostüme für das Thema unpassend waren. Ich fuhr in die Lower East Side, in mein Lieblingsstoffgeschäft in der Delancey Street und kaufte für 18 Cents pro Meter Woll-Jersey. Ich fuhr ins Studio zurück, wir begannen unsere Kostüme zu nähen und waren am Abend damit fertig. Auf der Bühne übernahm ich den Part der Frau in Weiß, während die anderen meiner Truppe in Schwarz auftraten. Sie bildeten eine Mauer der Herausforderung, die ich nicht überwinden konnte. Die Musik, eine alte bretonische Weise, wurde unterbrochen, und die Frauen in Schwarz formierten sich zu einer anderen Gruppe. Und ich war die Häretikerin und versuchte verzweifelt, mich aus der Schattenwelt meiner Peinigerinnen zu befreien.

Ich hatte mich entschlossen, mich auf das Publikum zu stützen, auf die Zuschauer, die Karten kauften, nicht nur auf die, die ich eingeladen hatte und die meinen Erfolg wünschten. Einige Zuschauer wollten meinen Erfolg nicht. Sie waren der Meinung, ich brächte einige abscheuliche Dinge mit dem Tanz zum Ausdruck.

Ich erinnere mich, daß meine Mutter mir Jahre später sagte: »Martha, ich verstehe nicht, warum du so abscheuliche Frauen auf der Bühne darstellen mußt. Du bist wirklich so bezaubernd, wenn du zu Hause bist.«

Mir war natürlich ein Publikum lieber, das mich mochte, aber wenn ich die Wahl hatte, dann sollte es mich lieber nicht mögen, anstatt teilnahmslos dazusitzen, denn das ist der Todesstoß. Ich kann das beurteilen, weil ich beides erlebt habe...

Désir, *Klaw Theatre, New York, 28. November 1926.*

117

Three Poems of the East, *28. November 1926.*

Heretic, *14. April 1929.*

In *Lamentation*, meinem Solo aus dem Jahre 1930, trug ich einen langen Schlauch aus Stoff, um die Tragödie unseres Körpers zu versinnbildlichen: die Fähigkeit, aus unserm Innern Gefühle herauszulassen, das Ausmaß und die Grenzen der Leidensfähigkeit zu erleben und zu erproben. Als ich hinter der Bühne war, mein Kostüm ablegte und mein Make-up entfernte, klopfte es an der Tür. Eine Frau kam in meinen Umkleideraum. Sie hatte offensichtlich viel geweint und sagte zu mir: »Sie werden niemals ermessen, was Sie für mich heute abend getan haben. Ich danke Ihnen.«

Sie war verschwunden, bevor ich nach ihrem Namen fragen konnte. Später hörte ich, daß vor kurzem ihr neunjähriger Sohn von einem Lastwagen überrollt worden war. Sie war unfähig gewesen zu weinen. Wie man sich auch immer um sie bemüht hatte, sie hatte nicht weinen können, bis sie *Lamentation* gesehen hatte. Ich lernte in dieser Nacht, daß es immer eine Person im Publikum gibt, die man ansprechen kann. Eine. Alles, was ich verlange, ist, daß der Zuschauer sich für oder gegen die Darbietung ausspricht.

Bei einem anderen Auftritt im Süden des Landes bekam ich eine ganz andere Resonanz. Ich tanzte auf einer kleinen Bühne in einem Frauenclub. Eine erboste Dame stand von ihrem Sessel auf und ging durch den leeren Gang des Zuschauerraums direkt auf mich zu. Sie stützte ihre Hände auf die Bühne und starrte mich an. Dann drehte sie sich um und ging hinaus. So ist das eben... aber ich beendete den Tanz.

Es gibt einen wundervollen isländischen Ausdruck: »Schicksalbesessen«. Der Mensch ist schicksalbesessen, was immer es ihn kostet. Die Prüfung der Einsamkeit, des Zweifels, der Verletzlichkeit, die durchlebt werden muß, wenn man in irgendeiner Kunstform kreativ ist, ist schwer zu ertragen. Man merkt, wenn dieses Gefühl einen überkommt. Man kennt das, wenn man stundenlang in den Straßen herumläuft. Wenn die Rastlosigkeit kommt, wenn man mit Ideen schwanger geht, mit etwas, was nicht herauskommen will.

Robert Edmond Jones, ein phantastischer Designer und Kunstdirektor, der am Neighbourhood Playhouse unterrichtete, begann seine erste Vorlesung für seine Studenten immer damit, daß er langsam und schweigend von jedem einzelnen zum anderen schaute, hin und her, ähnlich dem schreitenden, naturgemäßen Rhythmus eines Löwen im Käfig. Und dann schrie er plötzlich: »Ich studiere sie sehr sorgfältig, da ich weiß, hier in diesem Raum gibt es einige, nur einige, die schicksalbesessen sind, Künstler zu werden.« Und der Künstler ist besessen, aber er wählt niemals selbst sein Schicksal. Er wird erwählt, gesalbt und gefangen.

Ich fühlte, daß ich wachsen und an mir arbeiten mußte. Ich wollte, so überzeugt war ich von mir, auf dem Gebiet des Tanzes etwas Einmaliges für Amerika schaffen. Ich fand eine Tanzschülerin und damit begann ich. Es war Bernard Berensons Nichte aus Italien. Und dann kamen noch einige andere Mädchen zum Unterricht. Sie fanden heraus, daß der Unterricht bei mir nicht so sehr kostspielig war, sie etwas lernen konnten und außerdem noch Spaß hatten. Ich gab keinen Unterricht in Tanztechnik, wie ich sie in Denishawn gelernt hatte, aus dem einfachen Grund, weil ich mir die 500-Dollar-Lizenz nicht leisten konnte, die jeder zahlen

Lamentation, 8. Januar 1930.

mußte, der ihre Technik unterrichtete. Ich unterrichtete nach meiner eigenen Methode, und bald darauf begannen Louis Horst und ich auch im Neighbourhood Playhouse zu unterrichten.

Ich gab einen sehr strengen technischen Unterricht in Bewegungsschulung für Schauspieler. Ich machte einige Abstriche vom Unterrichtsprogramm für Tänzer, aber ich behandelte sie immer als Studenten, und zum größtenteil waren meine Schüler noch nicht berühmt – weder Bette Davis noch Gregory Peck oder später Liza Minnelli und Woody Allen. Joanne Woodward war eine meiner Studentinnen. Sie erzählte mir später von meinem ersten Unterricht dort in der Schule. Sie, Tony Randall und die anderen waren nicht allzu angetan davon und werteten ihn als »Gymnastik«. Ich hatte offenbar bereits den Raum betreten, doch sie brachen ihre Unterhaltungen nicht ab. Joanne erzählte mir, ich hätte da sehr energisch, stolz und bewegungslos gestanden, bis ich, ohne sie eines Blickes zu würdigen, gespürt hätte, daß sie sich gesetzt hatten und mich anstarrten. Joanne erinnerte sich, daß ich gesagt hätte: »Tränen rollen im Innern über meine Wangen.« Mit dieser Bemerkung war der Bann gebrochen. Sie alle sehnten sich nach einer derartigen Form der Stärke und Dramatik. Ob sie sich diese aneigneten oder nicht, war ein anderes Problem.

Joanne war ehrlich genug zuzugestehen, daß meine Bewegungsschulung ihr bei der Darstellung der vielschichtigen Persönlichkeit in dem Film *Three Faces of Eve* geholfen hätte, die ihr einen Oscar einbrachte. Sie war erst im Zweifel, wie sie die Rolle bewerkstelligen sollte; dann aber erinnerte sie sich an meinen Unterricht und spielte eine Seite des Charakters in Spannung (ausatmen, ausstoßen), eine im Gleichgewicht und die letzte in Entspannung (einatmen, in den Körper hinein).

Als Gregory Peck ins Playhouse kam, war er ein schlacksiger junger Mann in den Zwanzigern, klar und scharfsinnig, sehr aufrichtig und edelmütig. Er kam auch mit großem Hunger. Nicht nur in bezug auf den Unterricht, sondern auch ganz konkret in bezug auf eine warme Mahlzeit. Ich fragte ihn, ob er genug Geld zum Leben hätte, und er nannte mir eine sehr kleine, kaum ausreichende Summe. Als ich ihn fragte, was er wirklich zum Leben benötige, nannte er mir einen ebenso kleinen Betrag. Das war typisch Greg. Ich ging schnurstracks in das Büro der Leiterin und bat um eine Vergütung für ihn, die sie sofort auszahlte.

In der John Murray Anderson School war Bette Davis sehr direkt und sagte immer das, was sie dachte. Sie bewegte sich zupackend, und so sprach sie auch. Als ich ihre Füße sah, wußte ich, daß sie zum Star geboren war. Sie war eine sehr gute Schülerin. Sie bemühte sich, alles so gut wie möglich auszuführen, und sie war nicht im geringsten kompliziert.

Die Schauspieler wollten ihre Körper kennenlernen. Ein Mann in der Klasse sollte Hamlets Monolog »Sein oder Nichtsein« deklamieren. Er trug den Text regelrecht zimperlich, ausgesprochen unmännlich vor: Sein-oder-Nichtsein-das-ist-hier-die-Frage. Ich forderte ihn auf, ein Bein auf die Stange und seinen Kopf auf das Knie zu legen und bat ihn, die Zeile zu wiederholen.

Dann sagte ich zu ihm: »Richten Sie sich auf und sprechen Sie so wie an der Stange.« Und er deklamierte den Text wie er sein mußte.

Zu dieser Zeit gab ich Ingrid Bergman Privatunterricht. Ich erinnere mich, daß sie überaus lange schweigen konnte. Aber ich erinnere mich besonders an das, was sie mir als ihr Geheimnis eines glücklichen Lebens verriet: gute Gesundheit und schlechtes Gedächtnis.

Als ich einmal in den frühen siebziger Jahren ins Studio kam, empfing mich mein Assistent: »Woody Allen ist hier, um Unterricht zu nehmen.«

»Das ist unmöglich«, war meine Antwort.

Aber da stand er vor mir. Er machte einige Drehungen, einige Sprünge und lief dann quer durch den Raum. Woody steuerte unlängst ein Zitat für unsere Studenten-Broschüre bei, als er gebeten wurde, sein Gefühl beim Unterricht in der Martha-Graham-Technik zu beschreiben: »Für mich war das eine sehr ernste Angelegenheit, für die, die mich beobachteten, war es erheiternd.«

Woody überraschte mich, als er mich fragte, ob er unser Studio für die Proben-Szene in *Annie Hall* benutzen dürfe. Ich stimmte natürlich zu und wollte keinerlei Bezahlung dafür. Als ich mir den Film dann anschaute, konnte ich nur vor Scham versinken, denn die Sockel waren für die Aufnahmen nicht geputzt worden.

Als ich zum ersten Mal ins Neighbourhood Playhouse kam, sah ich in einer Wochenschau die Darbietung einer burmesischen Priesterin. Der Film war von einem Mann namens Sandanee gedreht worden. Die Frau trug das gleiche Kostüm, das ich damals in Denishawn anhatte – einen gelben burmesischen Rock und eine kleine weiße Jacke: Alles, was wir in Denishawn gemacht hatten, entsprach also der Wirklichkeit. Sie bereitete sich darauf vor, gegen eine Kobra zu kämpfen. Es war das gleiche Ritual, bei dem ihre Schwester, ebenfalls eine Priesterin, zu Tode gekommen war. Es war seit zwei Jahren in besagter burmesischer Ortschaft kein männliches Kind mehr geboren worden. Deswegen hatte sie als Priesterin die Pflicht, mit der Kobra zu tanzen. Als diese aus ihrer Höhle hervorkam, begann die Frau mit ihr zu tanzen. Die Schlange war verzaubert von ihrem Tanz. Die Priesterin hob ihren Sari in die Höhe und die Schlange berührte ihn. Sie versprühte ihr Gift, so daß der Rock ganz blaß von der Flüssigkeit wurde. Nachdem sie ihr Gift versprüht hatte, war die Schlange so träge und erschöpft, daß die Frau ihren Kopf hochheben und sie dreimal auf den Mundschlitz küssen konnte. Damit war die Zeremonie beendet.

124   Bewegungen lügen niemals. Unser Körper ist eine sehr merkwürdige Erscheinung. Die Chakren wecken die Energiezentren im Körper, so wie es Kundalini-Yoga lehrt. Das Erwachen beginnt in den Füßen und steigt dann in den Körper auf, über den Rumpf, in den Nacken, weiter nach oben bis in den Kopf, und läßt die ganze Zeit über Energie freiwerden. Ich habe mir dieses Prinzip auch, in sehr ungezogener Weise, zunutze gemacht, um einen Mann abzuwimmeln, der mich langweilte. Ich sah auf seine Füße, ließ dann meine Blicke langsam über seinen ganzen Körper bis in sein Gesicht schweifen und drehte mich schließlich einfach um. Er interessierte mich nicht.

Einmal tanzte ich einen Tanz aus Blochs *Contrition and Rejoicing* – einem Vorläufer von *Lamentation*. Ich tanzte vor der Wand in meinem Studio Nr. 107 in Carnegie Hall und hatte einen Schal um meinen Kopf geschlungen. Offensichtlich identifizierte ich mich so stark mit der Rolle, daß ich ohnmächtig wurde. Als ich erwachte, war es ziemlich dämmrig, später Nachmittag, und ich wußte, daß ich für mehrere Stunden nicht bei Bewußtsein gewesen war.

Als ich 1933 den Tanz *Ekstasis* kreierte, entdeckte ich für mich selbst die Beziehung zwischen Hüfte und Schulter. Ich trug ein Schlauchkleid aus Jersey, das mich die Dehnung und die anatomische Gliederung des Körpers besser gewahr werden ließ. Jeder Körperteil besitzt auf seine Weise Ausdruckskraft.

In dieser Zeit begann ich mit dem, was Kritiker meine langen wollenen Tänze der Revolte genannt haben, und aus heutiger Sicht waren sie auch ziemlich revolutionär. Denn ich brach wirklich so radikal mit Denishawn, seiner Maskerade, seinem Exotismus, wie es die meisten Kinder beim Verlassen des Elternhauses tun. Ich drückte etwas in mir aus, das ich nicht richtig nachvollziehen konnte.

Ekstasis, *4. Mai 1933.*

Wie bei einem Kind, wie bei einem jungen Tier, das ausgebildet wird, muß Disziplin vorhanden sein, muß Beständigkeit vorherrschen. Und da ist der Drang,
Dinge zu tun, deren wir uns überhaupt nicht bewußt sind: Es ist die Lebenskraft,
der wir uns zu unterwerfen haben. Wir sind ein Instrument. Aber ich muß Ihnen
sagen, daß ich nicht das Gefühl hatte, mich zu unterwerfen. Ich glaube nicht, daß
ich mich vergewaltigte. Ich hatte Freude daran. Ich genoß jeden Augenblick, den
ich auf dem Boden meines Studios oder vor dem Spiegel verbrachte. Ich fühlte
mich niemals gefesselt, erniedrigt oder beraubt. Ich hielt mich für begünstigt; und
dieses Gefühl habe ich heute noch.

Wenn ich mit meiner Choreographie nicht weiterkam und in Panik geriet, verließ
ich mein Studio und lief durch das alte John-Wanamaker-Warenhaus, wo die

Affendame Suzy in einem Käfig im oberen Stockwerk lebte. Damals galt die Tatsache, daß es bei Wanamaker einen Affen im Käfig gab, den die Kunden besichtigen konnten, als sehr außergewöhnlich. Ich ging stets gern in das Warenhaus zu Suzy, die für mich sehr faszinierend und in gewisser Weise unabhängig war. Sie hatte Plattformen und Felsen in ihrem Käfig, auf denen sie sich zeigen konnte und sogar Stangen, an denen sie hoch über den Köpfen der sie bewundernden Menge turnen konnte. Sie setzte sich immer in Positur und schaute die versammelten Zuschauer an, aber wenn das Publikum zu klein war oder nicht mitging, zog sich Suzy in die Höhle am hinteren Ende ihres Käfigs zurück und legte sich, wie ich glaube, zum Schlafen hin. Sie hatte auf das Publikum gezählt.

Das erinnerte mich an die Zeit, in der meine Eltern mich als kleines Kind ins Wanamaker-Warenhaus in Pittsburgh mitgenommen hatten. Wir gingen dann stets in einen großen Saal, der mit polierten Hölzern und funkelnden Metallgegenständen ausgestattet war und in dem ich mich sehr gut benehmen mußte. Und meistens folgte ich auch, weil ich wiederkommen wollte. Wir saßen dann immer auf hohen Stühlen an einer Soda- und Eisbar und aßen eine Charlotte russe, das ist eine riesige sahnige Süßspeise mit Sandkuchenunterlage. Man brauchte einen langen Löffel, um auf den Grund dieses Desserts zu kommen.

Ich lese niemals die Kritiken nach einer Premiere. Ich habe oft monatelang keinerlei Kritiken gelesen, da ich meine eigenen Gedanken hatte, was ich ausdrücken wollte, und die Kritiken liefen nebenher. Der Kritiker glaubt, daß er mich der Öffentlichkeit zugänglich macht. Doch das ist ein Trugschluß.

Er vermittelt der Öffentlichkeit seine Vorstellung von mir. Das kann schädlich, aber auch hilfreich sein. Es hat mich jedoch niemals beeinflußt.

Ich erinnere mich an eine Vorstellung im Martin Beck Theatre. Draußen tobte ein schrecklicher Schneesturm, wir alle waren hinter der Bühne und wußten nicht, ob die Vorstellung stattfinden würde. Wir liefen nervös umher und schauten ständig durch den Vorhang in den Zuschauerraum. Aber dann begannen sich die Reihen zu füllen, und wir waren schnell ausverkauft. Irgend jemand fragte Martin Beck: »Haben Sie jemals Martha Graham tanzen gesehen?«

Die Antwort war: »Nein. Warum sollte ich, sie hat immer für ein volles Haus gesorgt.«

Das war der Zeitgeist damals. Entscheidend war, daß man ein Kassenschlager war. Und das waren wir.

Ich vergesse niemals, was der englische Ballettänzer und Choreograph Frederick Ashton über mich sagte. Ashton galt allgemein als der bedeutendste kreative Tänzer Englands und wurde später Direktor des Königlichen Balletts.

Ashton und seine Freunde waren 1927, als ich *Revolt* nach der Musik von Arthur Honegger tanzte, unter den Zuschauern des Little Theatre in New York. Fredericks Freunden, geschult in den Tanztraditionen von Marie Rambert, die mit Nijinsky getanzt hatte, gefiel die Darbietung nicht.

Sie wollten die Vorstellung noch vor der Pause verlassen, doch Frederick sagte: »Sie ist gut. Sie tanzt theatralisch.« Ich kam damals gerade von den *Follies* und hatte die Jahre in Denishawn hinter mir. Einige meiner herausgearbeiteten Bewegungen, oder besser, die ich angeblich herausgearbeitet haben wollte, waren keine Eigenkreationen, sie waren leichte Anklänge an Bekanntes. Sie waren unbeholfen, und sie waren möglicherweise nicht schön in dem Sinne wie die Welt damals den Tanz verstand.

Fanny Brice tanzte in *Ziegfeld Follies* eine Parodie von *Revolt*, die »Rewolt« hieß. Sie tanzte zu einer »Modernistic Moe« genannten Musik und zeigte sich als große Satirikerin. Es war überhaupt nichts Gewöhnliches an ihr. Sie hatte offensichtlich einige meiner Tanzdarbietungen gesehen. Als perfekte Schauspielerin ahmte sie mein Make-up, meine Frisur, meine Kostüme, meinen Gesichtsausdruck und meine ganze Strenge nach. Ihre Ensemble-Mädchen glichen exakt meinen. Ich glaube, sie führte eine Kombination von *Heretic* und *Celebration* auf. Sie kam singend auf die Bühne: »Springen, springen, springen«, und alle Ensemble-Tänzerinnen sprangen ihr nach. Am Ende der Vorstellung bewegte sie sich zur Bühnenbeleuchtung, breitete ihre Hände aus, so wie ich es in einem *Act of Piety* genannten Ballett getan hatte, und rief mit ihrem wundervollem jüdischen Akzent: »Rewolt«. Ich besuchte ihre Vorstellung viermal, hatte aber nie den Mut, zu ihr hinter die Bühne zu gehen. Danny Kaye brachte auch eine Kopie eines Stükkes von mir in einer seiner Revuen mit den Graham Crackers. Aber meine Lieblings-Imitation war die, die Cyril Ritchard in einer englischen Revue brachte. Er benutzte genau meine Frisur und mein Make-up und spielte eine hysterische Parodie meines Stücks *Frontier*. Ich habe mich niemals ganz für die Idee von Männern in Frauenrollen erwärmen können, aber in solchen Augenblicken muß ich in gewisser Weise Mae West zustimmen, die sagte: »Was ist dabei? Frauen haben das umgekehrt schon seit Jahren gemacht.«

1930 lud mich Leopold Stokowski ein, den Part der Élue, der Auserwählten, in *Le Sacre du Printemps* zu tanzen, obwohl ich erst seit einigen Jahren nach meinen

eigenen Vorstellungen getanzt hatte. Ich trat im Roerich Museum an der Upper Westside Manhattans auf, und Stokowski und seine damalige Frau Evangeline kamen, um mich tanzen zu sehen. Er sprach mit mir über die Rolle in *Le Sacre*, war aber zurückhaltend, was meine Choreographie des Stückes anbelangte. Er glaubte, daß ich noch nicht genug Erfahrung hätte, aber ich nahm die Rolle an.

Als Nijinskys Original-Choreographie 1913 in Paris Premiere hatte, verursachte die fremde Choreographie, gekoppelt mit der ungewöhnlichen Musik Strawinskys, einen Aufruhr im Theater. Eine vornehm gekleidete ältere Dame saß neben einem enthusiastisch der neuen Bewegung und Musik applaudierenden Mann. Sie drehte sich zu ihm um und schlug ihm mit ihrem Schirm auf den Kopf. Sie war, wie der größte Teil von Paris, total schockiert von den musikalischen Exzessen. Ich habe Strawinsky einmal persönlich erlebt, aber ich hatte ja noch keinen Namen, und er nahm meine Anwesenheit kaum zur Kenntnis.

Bald darauf entschied sich Stokowski für Léonide Massine als Choreographen für *Le Sacre,* da er für den Erfolg der Pariser Wiederaufführung im Jahre 1920 verantwortlich gewesen war. Massine war ein hagerer Mann mit sehr dunklem Haar und auffallenden Gesichtszügen. Seine Frau war die Ballerina Eugenia Delarova. Ich traf ihn zum ersten Mal während der Weltwirtschaftskrise, als er in mein Appartement in Manhattan kam. Es war klein und relativ billig, und ich hatte es bekommen, weil – um ehrlich zu sein – niemand anderes es gewollt hatte. Es war ziemlich kahl: kein eigentliches Mobiliar außer einem Armeebettgestell, einer kleinen Kommode mit Schubladen und einer Madonna, einem kleinen Linoleum-Küchentisch und einem Grammophon. Wir hörten uns zusammen die Musik von *Le Sacre du Printemps* an, während wir dabei auf die graue Kulisse der Stadt schauten.

Wir einigten uns darauf zusammenzuarbeiten. Er machte eine neue Choreographie des Balletts und sagte ganz offen, daß er meine Art nicht mochte. Wir hatten viele unserer Proben in der Dalton School. Jedes Mal, wenn ich mein Solo tanzte, drehte er mir den Rücken zu, eine große »Ermunterung«, wie man sich denken kann. Während der Proben äußerte jemand, daß Massine und ich Ähnlichkeit hätten: Beide waren wir dünn und dunkel, wir hätten für Halbgeschwister gehalten werden können. Am Anfang war er großzügig zu mir, aber nach einer gewissen Zeit bat er mich, meine Rolle aufzugeben. Er fürchtete, ich würde versagen. Seine damalige Geliebte wäre gerade richtig für den Part. Je mehr er mich ignorierte, je mehr er mich bedrängte und mir zuflüsterte: »Sie sollten aufgeben, Sie werden ein fürchterliches Fiasko erleben, weil Sie keine klassische

Two Primitive Canticles, *2. Februar 1931.*

Ballettänzerin sind«, desto entschlossener wollte ich weitermachen. Stokowski hielt zu mir und sagte, ich würde die Élue tanzen.

Die erste Vorstellung war am 11. April 1930 in Philadelphia, und wir kehrten für die nächsten Vorstellungen am 22. und 23. April im Metropolitan Opera House nach New York zurück. Massine fragte mich, was für mein Gefühl verbesserungswürdig sei. Ich antwortete: »Zunächst einmal müssen Sie die schrecklichen Butterblumen im Hintergrund verschwinden lassen.« Er antwortete, daß das nicht ginge. Was noch? »Nun ja«, fuhr ich fort, »ich war immer der Meinung, daß die Erwählte im ersten Teil auftreten sollte [das arrangierte ich 1984 in meiner eigenen Choreographie so], und es ist unmöglich, in diesen fürchterlichen Stiefeln und der Perücke, die ich trage, überzeugend zu wirken.« Stokowski stimmte mir, sehr zum Leidwesen von Massine, zu, und ich trat das nächste Mal in meinem Probenkleid und ohne Perücke auf.

Es war eine beschwerliche Zeit für mich, denn ich fand keine Anerkennung. Ich war eine Außenseiterin, und ich tanzte exakt so, wie Massine es mir vorgegeben hatte. Ich brachte keine eigenen Interpretationen, sieht man einmal von einigen emotionalen Nuancen ab.

Ich war zwar nicht immer der gleichen Meinung wie Stokowski, aber er war für mich der Lehrmeister. Ich hatte zwar Ehrfurcht vor ihm, aber ich konnte dennoch bestimmte Vorstellungen von ihm nicht akzeptieren. Als wir einmal eine Meinungsverschiedenheit gehabt hatten, kam er in mein Studio, als dort auch noch andere Leute zugegen waren, und entschuldigte sich bei mir. Ich erwiderte: »Der Lehrmeister darf sich nicht irren«, und er gab klein bei.

Einmal waren wir in einem der Pueblos im Südwesten des Landes. Stokowski trug Straßenshorts. Die Indianer in diesem Pueblo hatten niemals zuvor jemanden in Shorts gesehen. Sie waren fasziniert, und da er ihnen ziemlich lächerlich darin vorkam, beschlossen sie, ihm einen kleinen Streich zu spielen. Wir verfolgten einen rituellen indianischen Tanz, als Stokowski sich an mich wandte und sagte: »Lassen Sie mich Ihnen das erklären. Dieser Tanz wird Stinktier-Tanz genannt.« Als die Indianer das hörten, brachen sie vor Lachen fast zusammen. Ich sagte den Indianern: »Das war sehr häßlich von Ihnen, dem Maestro solch eine Geschichte aufzutischen. Sie müssen ihm sagen, daß dies ein Mais-Tanz ist.«

Die meiste Zeit waren meine Treffen mit Stokowski freundschaftlich, beinahe zu freundschaftlich, bis ich dem Einhalt gebot. Eines Abends luden er und Evangeline mich zum Essen ein. Sie zog sich kurz darauf zurück. Die Beleuchtung war schummrig, und ich merkte sofort, daß etwas in Szene gesetzt werden sollte. Als seine Hand sich meinem Knie näherte, musterte ich ihn von den Füßen ganz

Revolt, *16. Oktober 1927.*

Die Auserwählte in Le Sacre du Printemps *im Metropolitan Opera House in New York und in Philadelphia, April 1930.*

langsam aufwärts und sagte: »Aber Maestro, es fiele mir nicht einmal im Traum ein, daß jemals irgend etwas Derartiges zwischen uns sein könnte.« Damit war die Sache erledigt.

Alfred Stieglitz war ins Metropolitan Opera House gekommen, um sich *Le Sacre du Printemps* anzusehen. Kurz darauf besuchte ich seine Galerie in der Fifth Avenue Nr. 291. Ich kannte die Bilder und Fotografien, die dort hingen, war aber nicht sonderlich am Gesellschaftsleben dieser Künstler interessiert. Ich arbeitete acht Stunden täglich. Ich mußte arbeiten, um meine Mutter und Lizzie in Kalifornien zu unterstützen. Ich mußte um sechs Uhr früh aufstehen, um mit meinem Pianisten zu arbeiten. Das war die einzige Tageszeit, in der wir Zeit hatten. An-

schließend ruhte ich mich ein wenig aus und begann dann mit meinem Tanzunterricht.

Alfred hatte eine Bettstelle, auf der er in der Galerie saß. Er war nicht gesund
und mußte sich viel ausruhen. Er brachte das Gespräch auf die Choreographie
von *Le Sacre du Printemps* und meinen Part als die Auserwählte. Er meinte, die
Anforderungen der Rolle lägen unter meinen tänzerischen Möglichkeiten.

»Ich bin mit Ihren Auftritten nicht einverstanden«, sagte er.

»Ich auch nicht«, pflichtete ich ihm bei.

Als ich ihn einige Jahre später wieder einmal in seiner Galerie besuchte, bot er
mir ein wundervolles Blumengemälde von seiner Frau Georgia O'Keeffe an.

»Würden Sie es gerne ausleihen?« fragte er mich.

Ich lehnte ab: »Ich lebe in einem einfachen Appartement und habe Angst, daß
etwas so Wertvolles gestohlen werden könnte.«

Aber ich konnte Alfred so oft ich wollte besuchen; häufig saßen wir zusammen, und er las mir Passagen aus Georgias köstlichen Briefen vor. Ich erinnere
mich besonders lebhaft an einen, in dem sie beschreibt, wie sie kurz vor Sonnenuntergang aufstand, um Brot in ihrem mexikanischen Lehmofen zu backen.

Ich traf Georgia O'Keeffe zum ersten Mal in Santa Fe; wirklich enge Freunde
sind wir allerdings nie geworden. In New York bat ich sie einmal, mir eines ihrer
zarten Blumengemälde als Hintergrund für eine neue Einstudierung zu leihen. Sie
lehnte ab, weil sie meinte, das Bild hätte keinerlei Beziehung zu diesem Tanz. Von
da an habe ich versucht, überhaupt kein Bild oder einen anderen Hintergrund für
meine Darbietungen zu verwenden.

Mein zweites Studio nach dem in der Carnegie Hall lag in der Fifth Avenue
Nr. 66 in Greenwich Village. Ich mietete die Räumlichkeiten im vierten Stock
von einem gewissen Mr. Kaplan. Er war ein sehr liebenswürdiger Mann, was ein
Glück für mich war, da ich oftmals mit meiner Miete im Rückstand war. »Lassen
Sie sie in Ruhe, sie wird schon bezahlen«, beschied er immer, wenn einer seiner
Partner mir kündigen wollte. Mein Arbeitsplatz bestand aus einigen kleinen Um-
kleideräumen, einem Empfangsraum und dem 7,5 mal 18 Meter großen Tanzstudio. Der Boden mußte, wie alle Tanzböden der besten Qualität, aus Ahornholz
sein und durfte niemals unmittelbar an die Wand angrenzen. Er mußte, wie man
sagte, »elastisch« und quer gegen etwas erhöhte Holzlatten verlegt sein, so daß ein
Zwischenraum zwischen Wand und Ahornboden entstand, um die Flexibilität zu
gewährleisten. Andernfalls wäre es, wenn ein Tänzer hart auf dem Boden landete,
zu Brüchen gekommen.

Mit Lotte Lehmann und Leopold Stokowski vor dem Santa Barbara Opera House.

Ich erinnere mich daran, daß wir unbedingt einen neuen Boden brauchten, da das Holz so stark beschädigt war, daß ich meine Arbeit nicht hätte weiterführen können. Zu dieser Zeit war ich acht Monate mit meiner Miete im Rückstand, aber ich ging dennoch mutig zu Mr. Kaplan und sagte: »Ich brauche einen neuen Boden. Wenn ich diesen nicht bekomme, ziehe ich aus. Außerdem sollten Sie James, den Fahrstuhlführer, besser bezahlen.«

Der neue Boden wurde gelegt, und James bekam eine kleine Gehaltserhöhung.

Die besondere Zuneigung, die ich mir für den Namen Kaplan bewahrt habe, datiert aus dieser Zeit. Viele Jahre später rettete mich Joan Kaplan Davidson. Als wir unser Ensemble Anfang der siebziger Jahre neu gründeten, nach einem unerwarteten und nicht beabsichtigten Zerfall durch den Weggang der meisten Mitglieder, war es Joan, die den ersten Scheck schickte. Und als wir kürzlich beinahe alle Kunstwerke verloren hätten, die Isamu Noguchi für mich geschaffen hatte, und außerdem die Auflösung des Ensembles drohte, sprang Joan wieder ein. Die Tatsache, daß jetzt, da ich dieses Buch schreibe, ein Ensemble existiert, ist Joan Kaplan Davidson zu verdanken.

Die Unterrichtsstunden waren am späten Nachmittag oder am frühen Abend. Es gab keine andere Möglichkeit. Die meisten Mädchen meines Ensembles arbeiteten tagsüber, um ihren Lebensunterhalt zu verdienen. Sie arbeiteten als Kellnerinnen, Verkäuferinnen und in anderen Jobs, die sie finden konnten. Ich hatte nicht viele Mädchen, die bühnenbesessen waren. Die meisten kamen zum Tanz und sahen ihn in gewisser Weise als Bereicherung ihres Lebens. Sie erhielten Zugang zur Kunst, zur Begeisterung für das Leben. Diese Mädchen fanden zu sich selbst, und das führte sie zum Tanzen. Sie gaben alles, um tanzen zu können.

Viele kamen zu mir mit traditionellen Vorstellungen über Schönheit und Anmut. Ich lehrte sie die Bewunderung der Stärke. Wenn ich ihnen eine Sache vermitteln konnte, dann war es dies. Häßlichkeit, erklärte ich ihnen, kann schön sein, wenn sie sich durch Stärke artikuliert.

Die Mitglieder meines Ensembles, das allmählich Gestalt annahm, kamen manchmal um sechs Uhr morgens, um mit mir zu arbeiten, gingen dann ihren Jobs nach und kamen spät am Abend wieder, um abermals mit mir zu arbeiten. Damals wie heute hatten die Tänzer kein einfaches Leben. Ich frage mich, wie viele Menschen wissen, daß ein Tänzer, wenn er ohne Engagement ist, nirgendwo unterrichten kann oder kein unabhängiges Einkommen hat, irgendeinen Job finden muß, um leben zu können. Ich bin nie in der Lage gewesen, meinen Tänzern ein Jahresgehalt zu zahlen. Ich wünschte mir, es wäre auch nur einmal möglich. Denn ich leide ebenso wie sie, wenn Entlassungen notwendig sind. Es ist ungerecht, daß Tänzer nicht mehr Sicherheit, nicht einmal eine Sozialversicherung haben (mein Traum für meine Schule). Die aktive Karriere eines Tänzers ist nicht lang. Jetzt, da ich nicht mehr Tänze für mich selbst kreiere, benötige ich meine Schüler als meine Leinwand, als mein Medium. Ohne sie kann ich nicht richtig arbeiten, und das würde für mich das Ende bedeuten.

Einige meiner Tänzerinnen waren bemerkenswert. Anna Sokolow war von dem Drang erfüllt zu tanzen, sich zu bewegen, zu kreieren und neue Bereiche des Lebens zu erforschen. Ihre Mutter war damit nicht einverstanden. Sie wollte, daß

»Tragic Holiday« aus Chronicle, *20. Dezember 1936.*

sie Geld verdiente, und das Tanzen war damit nicht zu vereinbaren, nicht zu vereinbaren mit dem elterlichen Süßwarenladen. Aber Anna ließ sich nicht davon abbringen, beides zu tun, denn sie war davon besessen. Ihre Mutter schubste sie einmal eine Treppe hinunter, wobei sie Verletzungen davontrug. Danach ging ich zu Annas Mutter, um sie, wenn möglich, aus dem Süßwarengeschäft auszukaufen. Anna konnte jedoch beides vereinbaren. Am Abend tanzte sie mit mir und tagsüber arbeitete sie im Süßwarenladen.

Sophie Maslow arbeitete auch. Jede freie Minute tanzte sie. Sie gab ihr ganzes Geld dafür aus. Sie hatte sich dem Tanz verschrieben, und sie liebte vor allem Hanukkah-Tänze und Volkstänze, die Säen und Ernten zum Inhalt hatten, was offengestanden ein wenig eintönig werden kann. Diese Tatsache und daß mir jemand erzählt hatte, daß im Hebräischen »maslow« Butter heißt, hatte sich offensichtlich in meinem Unterbewußtsein festgesetzt. Als Sophie einmal in einer Phrase, die wir gerade einstudierten, völlig versagte, rief ich ihr zu: »Oh, Sophie, Sie sind so ländlich.«

Gertrude Shurr, ein bezauberndes kleines Mädchen aus Brooklyn, kam zu mir in den Unterricht. Ihre Mutter war nicht allzu begeistert von dem Gedanken, daß sie tanzen wollte, aber wir führten eine nette Unterhaltung, in der ich sie beruhigen konnte. Gertrude war voller Energie, immer in Bewegung. Eines Tages ließ ich während einer Probe meinem Ärger freien Lauf: »Gertrude, ich bin Ihnen nur für eines dankbar, daß Sie keine Zwillingsschwester haben.«

Der Unterricht am späten Nachmittag ließ mir Zeit für eigene Arbeiten. Wenn ich an einem neuen Stück arbeitete, befestigte ich ein rotes Band an der Tür, was besagte, daß niemand das Studio betreten durfte. Man läßt sich nicht gern ins Allerheiligste schauen, und darin befindet man sich, wenn man einen neuen Tanz zu kreieren versucht. Ich war damals garstig und distanzierte mich von anderen Menschen. Wenn ich eine Idee verfolgte, dann sollte sie unbedingt so umgesetzt werden, wie ich mir das vorgestellt hatte. Für alles, was ich tue, gibt es eine Begründung, eine sehr dezidierte Begründung. Alle diese Dinge behandelte ich als streng geheim und gab sie erst preis, wenn ich sie vollbracht hatte. Es gab jedoch Studenten, die durch die Türritzen schauten.

Die Schule lag schräg gegenüber dem alten Restaurant Schrafft. Mr. Kaplan, der an mein Talent als Tänzerin glaubte, war immer besorgt, daß ich zu dünn sei und mich nicht richtig ernährte. Er gab Gertrude Shurr häufig einige Dollars und sagte: »Nehmen Sie sie mit über die Straße und sorgen Sie dafür, daß sie etwas ißt.« Sobald ich Geld zur Verfügung hatte, investierte ich es in das Tanzen, entweder direkt in den Unterhalt der Schule oder in Kostüme oder in die Finanzierung von Auftritten.

Ich besaß zwei Dackel, Allah und Madel, die sehr lieb und immer um mich herum waren. Aber ich unterrichtete und konnte mich dann nicht um sie kümmern. Es gab in Greenwich Village eine Frau, eine Nachbarin, die Tiere zu bestimmten Zeiten fütterte, wenn die Besitzer keine Zeit hatten. So wurden Allah und Madel jeden Abend zum Fressen zu ihr gebracht.

Tagsüber waren die Dackel bei mir im Studio, in meinem Ankleideraum. Wenn

Mit meinen beiden Dackeln, Allah und Madel, als ich mir das Knie verletzt hatte.

die Glocke am Ende des Unterrichts schrillte, kamen sie an die Tür und schauten mich an. Manchmal erschienen sie vor Unterrichtsende und steckten ihre Köpfe ins Studio.

»Noch nicht, noch nicht«, sagte ich dann, und sie drehten sich um und trotteten in ihre Körbchen zurück. Als ich meine ernste Knieverletzung hatte und manchmal stundenlang auf der Chaiselongue ruhen mußte, kamen sie immer, sprangen hoch, betteten ihre Körper langgestreckt über das kranke Knie und verweilten so in beispiellosem Mitgefühl, als ob sie mich mit ihrer Liebe und Zuneigung heilen wollten; vielleicht taten sie das auch.

Ich wohnte in Greenwich Village an der Ninth Street Ecke Fourth Avenue, in einem Haus, das Miss Nancy und Miss Loulie Kirkman sowie Sam Kirkman gehörte. Es steht noch heute; es ist das zweite Haus nach der Ecke. Ich wohnte im obersten Stockwerk, in zwei kleinen Räumen, die ich von den täglichen Proben abschirmte: kein Radio, kein Telefon und immer spärlich möbliert.

Miss Loulie erzählte mir, daß George Washington und einige seiner prominenten Gäste in einem der nach hinten gelegenen Nachbargärten eine Teeparty veranstaltet hätten. Doch Miss Loulie sagte, sie hielte es für scheinheilig, diese Party als Teeparty zu bezeichnen, da doch zweifellos etwas Stärkeres serviert worden wäre.

Agnes de Mille wohnte in Greenwich Village einige Blocks von mir entfernt in der Tenth Street. Ich glaube, ich habe Agnes nur einmal in meinem Leben enttäuscht. Das war in den dreißiger Jahren: Sie bat mich, sie als Tanz-Debütantin des Jahres in der Carnegie Hall zur Sprache zu bringen. »Agnes«, sagte ich, »du bist eine eigenständige Persönlichkeit und ich würde niemand anderen vorschikken. Ich bin nicht so viel älter als du. Warum also sollte ich mich dafür einsetzen.« Ich hatte damals das Gefühl, daß sie mich nicht brauchte, um sich in der Welt des Tanzes zu behaupten. Sie hatte ihren individuellen Stil. Sie hat die amerikanische Tanzszene um vieles bereichert. Ihre Degas-Schöpfungen, die leider nicht mehr auf die Bühne gebracht werden, waren wundervoll. Ich wünschte mir, sie würde sie für nachwachsende Generationen von Tänzern wiederbeleben.

Wir wurden sehr gute Freundinnen und blieben das durch all die Jahre. Ich befreunde mich nicht schnell mit jemandem, aber wenn ich es tue, dann meistens für immer. Wann immer ich in Schwierigkeiten war, setzte Agnes sich für mich ein und kämpfte für mich. Ich werde ihre Duldsamkeit und ihren Mut niemals vergessen, nicht nur im Zusammenhang mit mir, sondern auch während ihrer Krankheit und Genesung, als sie in ihrer Unverzagtheit ein großes Vorbild für andere Menschen gewesen ist.

Greenwich Village sah seinerzeit völlig anders aus als heute. Ich fuhr unlängst durch das Viertel: Es hat nichts mehr mit dem Greenwich Village meiner Zeit gemein. Damals waren alle Häuser alt und niedrig. Viele Künstler wohnten und arbeiteten dort. Ich kannte nicht viele, da ich zu eingespannt in meine eigene Arbeit war. Die meiste Zeit verbrachte ich im Studio. Damals gaben sich alle in Greenwich Village ziemlich intellektuell. Die Menschen saßen zusammen und redeten beständig über irgend etwas. Ich interessierte mich niemals wirklich dafür. Man kann Abende damit zubringen, sich mit Freunden und Kollegen über seine individuellen Träume zu unterhalten, aber sie bleiben deswegen doch immer nur Träume. Sie werden niemals greifbar – weder im Theater noch im Gedicht oder im Tanz. Ich habe mich selbst niemals als Künstlerin angesehen. Ich habe mich selbst als Mensch mit einer Vielzahl von Eigenschaften gefühlt, die unvermittelt an die Oberfläche streben. Ich habe nie den Versuch gemacht, mich anders als ehrlich zu verhalten.

Ich ging selten zu Parties, nur gelegentlich in Konzerte, in denen ich eine neue Musik zu entdecken hoffte.

Ich repräsentierte auch einmal Miss Hush vom Sender in der Neunten Straße. Die Radio-Show der »Pfennigparade« gab Zuhörern die Möglichkeit, gegen Einsendung von 10 Cents angerufen zu werden und die Identität der Miss Hush zu raten. Ich wurde auf Vermittlung von John Murray wegen meiner Stimme ausgewählt; er meinte sie sei sexy. An jedem Montag wurde ein Erkennungsspot von mir über das Land gesendet. Einer lautete: »Tänzerin, eine der Rentiere.«

Als meine Identität als Miss Hush enthüllt wurde, es war am frühen Abend, versammelten sich einige Freunde und Nachbarn in der Vorhalle. Ich erinnere mich daran, daß die Inhaber eines Lebensmittelgeschäfts und die Verkäufer des Ladens an der Ecke vor meiner Tür standen und mir Glück wünschten. Es war ein wundervoller Abend.

Kurze Zeit nach meinem Auftritt als Miss Hush hatte ich eine Vorstellung, und als ich ins Theater kam, prangte über dem Theatervordach die Leuchtschrift: MISS HUSH TRITT HEUTE ABEND AUF.

Ich stellte klar: »Miss Hush tritt heute abend nicht auf, Sie können die Ankündigung entfernen. Ich bin Martha Graham und habe die Rolle der Miss Hush gespielt, aber sie tritt heute nicht auf.« Ich drohte dem Manager, daß ich zusammenpacken würde, und daraufhin nahm er natürlich die Ankündigung herunter.

Ich tanzte in der Kirche St. Mark in der Bowery, einer wunderschönen alten Kirche im Osten von Greenwich Village, die in der Art eines Versammlungshauses erbaut ist, und trat vor der damaligen Altarbrüstung auf. Ich trug ein blaues Gewand und schwebte über der Krippe, der Krippe des Jesuskindes. Der Bischof wandte sich an einen seiner Untergebenen und fragte: »Was veranstaltet sie da?« Langsam legte er alle seine Insignien ab, Stück für Stück, seine Ordenskette, den Ring und so weiter. Das konnte ich deutlich erkennen, als ich meinen Tanz begann. Nicht gerade eine besondere Ermutigung; es machte mich wütend. Als er mich eine Weile tanzen gesehen hatte, legte er seine Insignien wieder an. Er schien seine Abneigung gegen den Tanz überwunden zu haben. Er erkannte, daß ich keinen Skandal provozieren würde; da schien es ihm besser, seine Rolle als Bischof wieder einzunehmen. Ich machte meine Sache gut, vermute ich.

Ich erinnere mich gut daran, wie Joseph Buloff in einem Stück das Kreuz in seinen Armen hielt. Buloff war Schauspieler im Ensemble des Yiddish Theatre und wurde später Broadway-Star. Als ich das erste Mal ins Yiddish Theatre ging, war das ein unglaublich aufrüttelndes Erlebnis. Sie spielten so besessen und so engagiert, daß ich außerordentlich fasziniert davon war. Ich ging danach sehr häufig dorthin, weil die Aufführungen so herrlich bühnenwirksam waren und auch Louis Horst große Freude daran hatte.

Buloff spielte einen Kardinal und hielt ein Kreuz in seinen Armen, das er wie eine Geliebte streichelte. Es wirkte sehr erotisch und ich hielt, da das Kreuz ein sakrosanktes Objekt ist, seine Bewegungen für obszön.

Als ich einmal meine Mutter in Santa Barbara besuchte, saßen wir nach dem Abendessen um den Eßzimmertisch und hörten Radio. Wir hörten Maurice Schwartz in einer Produktion des Yiddish Theatre. Meine Mutter hatte keine Ahnung, was sie da hörte.

»Martha, was ist das für eine Sprache?«

»Es ist Yiddish und ich habe Heimweh.« Es erinnerte mich so stark an New York.

Maurice Schwartz besaß viele jüdische Theater. Für die Eröffnung eines neuen Theaters 1926 in der Second Avenue wollte er etwas völlig Neues bringen, eine Auswahl von Darbietungen im neuen Stil, zu einer Produktion zusammengefaßt. Zu diesem Zweck wählte er das Stück *The Tenth Commandment* von Abraham Goldfaden. Michael Fokine choreographierte die Tänze, und Joseph Buloff wurde der amerikanischen Öffentlichkeit zum ersten Mal in dieser Produktion vorgestellt.

Ich ging oft mit Louis Horst ins Café Royal, in dem Autoren, Schauspieler, Maler und Dichter des Yiddish Theatre, aber auch von englischsprachigen Bühnen verkehrten. Louis und ich bestellten meist eine Tasse Kaffee, da wir zu wenig Geld für etwas anderes hatten. Es war eine Zeit des Ideenaustausches, der Unterhaltung und des Zusammentreffens verschiedenster Menschen.

Im März 1932 erhielt ich das erste Stipendium, das von der John Simon Guggenheim Memorial Foundation einem Tänzer gewährt wurde und das mir die Mög-

lichkeit eröffnete, nach Europa zu gehen, um bei der deutschen Tänzerin Mary Wigman zu studieren. Aber ich lehnte ab. Ich wollte nicht ohne einen expliziten amerikanischen Stil nach Europa gehen. Ich entschied mich für Mexiko als Kompromiß. Es gibt immer noch Menschen, die glauben, ich hätte bei Mary Wigman studiert, aber das entspricht nicht den Tatsachen.

Ich war während der Zeit der Landarbeiterrevolution in Mexiko. Die Männer trugen sehr kurze weiße Hosen, weiße Oberteile und riesige Hüte. Sie ritten wild auf allen möglichen Vierbeinern durch die Straßen, und ständig wurden Schüsse abgefeuert. Ich erinnere mich an die Besteigung der Pyramiden. Es war ein großes Erlebnis, all die Stufen zu erklimmen und sich oben von der Aura des geheiligten Ortes umfangen zu lassen. Ich hob meine Hände hoch über den Kopf, gefesselt vom Wind, der Sonne und der Höhe. Sehr viele meiner heutigen Kreationen sind nicht nur von der Kultur der amerikanischen Indianer, sondern auch von den Indianern Mexikos beeinflußt. Ich wollte mich mit einer Kultur identifizieren, die nicht die meine war. Dabei lernt man zu verstehen, daß alle menschlichen Wesen zusammengehören.

Im Dezember 1932 trat ich mit meinem Ensemble bei der Eröffnungsveranstaltung der Radio City Music Hall auf. Die Konzerthalle, in der 6000 Zuschauer Platz finden konnten, nannte diesen Abend »einen Galaabend aller Sparten des Theaters«, vom Jazz bis zur Oper, von Zirkusnummern bis zu Theatersketchen. Harald Kreutzberg, ein Ballettänzer aus Deutschland, war ebenfalls im Programm. Er war ursprünglich Graphiker gewesen und hatte dann seine Studien bei Mary Wigman in Dresden begonnen. Ich erinnere mich, daß wir amerikanischen Tänzer während des Zweiten Weltkriegs sammelten, um so viele Pakete wie möglich nach Dresden zu schicken – Nahrungsmittel, Kleidung und was wir sonst noch entbehren konnten; damals war das nicht besonders viel. Kreutzberg war mehr oder weniger Solotänzer. Einige seiner Tänze basierten auf griechischer Mythologie, andere auf literarischen Werken, die meisten aber kreierte er nach eigenen Ideen und Empfindungen.

Als die amerikanischen Truppen während des Krieges Österreich besetzten, kamen sie auch zu dem Haus in Salzburg, in dem Harald Kreutzberg damals wohnte. Eine Frau öffnete die Tür und sah einen amerikanischen Leutnant vor dem Eingang. Dann tauchte hinter ihr ein Mann auf.

»Das ist mein Bruder«, sagte sie und deutete auf Harald, der neben ihr stand.

Der Leutnant erkannte in Harald den berühmten Tänzer, drehte sich zu seiner Truppe um und befahl: »Niemand wird dieses Haus besetzen. Dies ist ein sakro-

Eine Florentinische Madonna tanzend, in der Kirche St. Mark's in der Bowery, New York.

Im Haus meiner Mutter in Santa Barbara, in den dreißiger Jahren.

sankter Ort, den niemand zu requirieren hat.« So groß war damals Haralds
Ruhm als Tänzer.

Während der Vorstellungen für Radio City bekam ich in Anlehnung an Paavo
Nurmi, den berühmten olympischen Marathon-Läufer aus Finnland, den Spitznamen »Nurmi«, da ich über die Bühne rannte und rannte. Ich erinnere mich,
daß auf der Bühne dreimal so viele Rauken standen, wie wir Tänzerinnen auf der
Bühne waren. Wir hatten ganz wenig Platz zum Tanzen, obwohl die Bühnen-
fläche eigentlich riesig war.

Wir überstanden die Premiere, ebenso wie die anderen Aktiven; die einzige
Ausnahme waren die Dressurpferde, da niemand wußte, wo die Hebebühne für
die Pferde war. Samuel Rothafel, »Roxy«, dessen Traum Radio City gewesen war,
starb kurz darauf, und ich erhielt unverzüglich die Mitteilung, daß mein Engagement beendet sei. Mein Anwalt riet mir, mich jeden Abend zur Vorstellung ein-
zufinden, so daß ich nicht gefeuert werden könnte und meinen Scheck erhielte,
was dann auch der Fall war. Es war die Zeit der Weltwirtschaftskrise, und ich war
nicht die einzige, die sich an Radio City hielt. Es war bekannt geworden, daß es

Mutterschaftseinrichtungen in der Music Hall gab, für den Fall, daß bei einer Frau die Wehen einsetzten. Krankenhäuser waren teuer, und nicht wenige Mütter verbrachten hier die Tage vor der Geburt mit dem Besuch von Filmen und Show-Darbietungen. Ich frage mich, wie viele Radio-City-Babies es wohl gibt.

In den ersten Probentagen richtete niemand der anderen Akteure auch nur ein kurzes Wort an uns. Später stellte ich fest, daß wir wegen unserer strengen Bewegungen und schmucklosen Kostüme für Griechen gehalten wurden, die kein Englisch konnten. Ich tendiere allerdings eher zu der Meinung, daß sie uns für so überspannt hielten, daß sie einen weiten Bogen um uns machten.

Katharine Cornell war seit den dreißiger Jahren eine der größten Schauspielerinnen der amerikanischen Theaterwelt. Sie hatte eine so glühende Anhängerschaft, daß sie, wo immer ihr Tourneeplan sie hinführte, auf die Ankündigungsplakate drucken ließ: »Miss Cornell fühlt sich hochgeehrt in ihr geliebtes... [Detroit oder San Francisco oder was auch immer] ...zurückzukehren, aber sie bittet ihr Publikum, nicht bei jedem Auftritt oder Abgang zu applaudieren.« Diese Bitte hatte nichts damit zu tun, daß Katharine etwa arrogant gewesen wäre, sie sah das vom rein praktischen Standpunkt aus. Dauernder Applaus hätte ihre Darbietung gestört. Ich habe Katharine als eine schöne Frau und wundervolle Schauspielerin in Erinnerung. Eines Tages war ich bei einer Szenenprobe zugegen, bei der sie ziemlich unauffällig von der Bühne abgegangen war. Ich sagte zu ihr: »Nimm alles mit, wenn du von der Bühne abgehst... selbst das Klavier. Alles. Es darf nichts zurückbleiben, denn du bist nicht mehr auf der Bühne präsent.«

An einem Nachmittag wandte sich Katharine an mich: »Martha, nächstes

Auf der Spitze der Sonnenpyramide in Mexiko, 1932.

Jahr soll ich die Julia spielen. Aber im Jahr darauf werde ich zu alt sein für diese Rolle.« Sie war damals fünfundfünfzig, aber auf der Bühne ließ ihr feuriges Temperament sie sehr jung erscheinen. Katharine bat mich, die Tänze für die drei oder vier Paare in *Romeo und Julia* zu choreographieren. Ein Tänzer führte jeweils eine Vierergruppe an und wechselte dann zur nächsten Vierergruppe, es war ein ständiger Wechsel in der Bewegung. Und dann kam Romeos Satz: »Wer ist sie, die die Kerzen so hell erstrahlen läßt?« Unter den Tänzern der Gruppe war ein sehr dunkelhaariger, hübscher junger Mann, der einfach die Schrittkombinationen nicht behalten konnte und immer hinterherhinkte. Ich mußte ihn aus dem Programm nehmen – mit großem Bedauern, denn er war so schön. Er wurde später ein Hollywood-Star: Es war Tyrone Power.

Ich entwarf auch das Gewand, daß Katharine für die Balkon-Szene trug. Das ursprünglich für sie angefertigte Kleid paßte überhaupt nicht zu ihr. Kit und Guthrie McClintic, ihr Mann und Theaterdirektor, riefen mich zu Hilfe, und ich besuchte sie in ihrer Wohnung mit Blick auf den East River; dort besprachen wir sowohl die Kostümfrage als auch die Tänze. Wenn sie mich brauchten, war ich zur Stelle.

Kit war bei einer Kostümprobe für die Balkon-Szene in einem schlecht sitzenden feuerroten Gewand erschienen, welches der Kostümbildner für sie ausgewählt hatte. Es war gänzlich unpassend für sie, und der Kostümbildner brüllte von seinem Platz im Zuschauerraum: »Sie kann unmöglich in diesem Kostüm auf meiner Bühne erscheinen. Es sprengt die ganze Aufführung.«

Ich drehte mich nur zu ihm um und sagte: »Ja, wenn Sie Ihre Arbeit anständig ausgeführt hätten, dann säße ich jetzt nicht hier.«

Während der Aufführung von *Romeo und Julia* hatte ich einige Zeit mit Edith Evans zu tun, die die Amme spielte. Ich choreographierte die Tänze und half aus, wo immer ich gebraucht wurde. Ich war fasziniert davon, wie Miss Evans die Amme spielte, das erinnerte mich wahrscheinlich an Lizzie und die wundervolle Kindheit, die sie mir ermöglicht hatte. Sie rührte an etwas in meinem tiefsten Innern. Ich ging während einer ruhigen Probenminute zu ihr hinauf und sagte: »Darf ich Sie etwas fragen? Welchem speziellen Punkt im Stück legen Sie die Interpretation des Charakters der Amme zugrunde, oder ist das indiskret?«

»Nein, keineswegs«, antwortete sie. »Ich kann Ihnen die Zeile genau angeben. Sie lautet: ›Ich halte es für das beste, Sie heirateten den Grafen.‹«

In diesem Augenblick erschloß sich mir das ganze Stück und ließ in mir die Zeit mit Lizzie und ihre Sorge um meine Schwestern und mich wieder auferstehen.

Katharine wurde eine zuverlässige Freundin und große Hilfe für mich. Anfang der vierziger Jahre hatten wir Künstler, bedingt durch den Weltkrieg und das mangelnde Kunstinteresse, denkbar schlechte Einkünfte. Kit organisierte eine Teeparty, und auf diese Weise wurden über 25 000 Dollar an Spenden zur Unterstützung meiner Truppe gesammelt.

Obwohl Katharine und Guthrie am Beekman Place wohnten, hatten sie noch eine Wohnung auf Martha's Vineyard. Sie lag zwischen einem Teich und Nantucket Sound, in der Nähe der Landzungen East Chop und West Chop und trug den Namen Chip Chop. Als ich das erste Mal dorthin ging, öffnete Katharine mir die Tür und sah mich regungslos davorstehen. Sie wohnten atemberaubend schön, das galt für die Innenausstattung wie für die Umgebung, aber mich bewegten in diesem Augenblick gänzlich andere Gefühle.

Ich sagte zu Kit, die ein wenig überrascht wirkte: »Ich spüre die Gegenwart von Laura Elliot in diesem Haus.«

»Ja, Martha«, antwortete Kit, »sie ist hier im Garten beerdigt.«

Ich wußte das damals nicht, daß Laura Elliot, eine Sängerin, die am Neighbourhood Playhouse unterrichtet hatte, jemals auf Martha's Vineyard gewesen war. Aber ich hatte immer das Gefühl, schon als Kind die Gabe besessen zu haben, nicht sichtbare Dinge in meiner Umwelt wahrzunehmen, eine gewisse Empfänglichkeit zu besitzen für bestimmte Schwingungen. Ich weiß nicht, wie ich das nennen soll: Vielleicht ist es eine gewisse Fähigkeit, intuitiv Erscheinungen zu erahnen oder bestimmte Kräfte, eine Art Energie zu spüren. Selbst wenn ich durch meine Wohnung gehe, fühle ich, daß da irgend etwas außer mir existiert. Wir kennen uns nicht, sind aber von der gleichen Art, leben in einer gemeinsamen Welt.

Über Katharine lernte ich Helen Keller kennen, die blind und taub war. Ihre etwas merkwürdige Sprache war für Menschen, die sie nicht näher kannten, schwer zu verstehen. Sie hatte die Fähigkeit entwickelt, das Leben aufgrund ihrer einzigartigen Wahrnehmung zu begreifen. Sie war eine beeindruckende Frau und besaß sehr viel Humor. Sie war möglicherweise die tapferste Frau, die ich jemals kennengelernt habe.

Helen kam öfter in meine Schule in der Fifth Avenue Nr. 66. Es hatte den Anschein, als ob sie die Tänzer beobachtete. Sie konzentrierte sich auf die Füße auf dem Boden und auf die Richtung, aus der die Stimmen kamen. Sie konnte natürlich den Tanz nicht sehen, aber sie konnte die Schwingungen des Bodens auf-

Mit Helen Keller, Robert Helpman vom Royal Ballet und Guthrie McClintic.

nehmen und in ihr Inneres eindringen lassen. Sie sagte einmal zu mir mit ihrer ulkigen Stimme: »Martha, was ist Springen? Ich verstehe es nicht.«

So stellte ich Merce Cunningham, der damals Mitglied meines Ensembles war, an den Balken und legte Helens Hände um Merces Taille.

»Merce«, sagte ich, »sei sehr behutsam. Ich lege Helens Hände um deinen Körper.«

Merce machte einen Sprung in der ersten Position, während Helens Hände auf seinem Körper ruhten. Jeder im Studio blickte gebannt auf dieses Experiment. Ihre Hände gingen mit der Bewegung Merces auf und nieder, und ihr Gesichtsausdruck wandelte sich von Neugier in Heiterkeit. Man konnte sehen, wie sich die Begeisterung ihres Gesichtsausdrucks bemächtigte, als sie ihre Arme in die Höhe schwang und ausrief: »Wie die Gedanken. Wie unser Inneres ist es.«

Wir gingen öfter zusammen in die Oper und in Konzerte, und sie legte ihre

Hände auf die Rückenlehne des Sitzes in der Reihe vor ihr, um die Schwingungen der Töne einzufangen.

Einmal saßen wir zusammen im Auto, Helen hatte ihren Hund Elo auf dem Schoß, als wir aus der Stadt herausholperten. Sie legte ihre Hände auf meine Lippen, so daß sie fühlen konnte, ob ich sprach oder nicht.

Vor Beginn eines Essens pflegte sie ihre Finger über das Gedeck auf dem Tisch gleiten zu lassen. Danach berührte sie das Besteck nur noch dann, wenn sie es brauchte. Sie schuf sich ein optisches Bild von dem, was vor ihr lag. Einmal waren wir zusammen zum Abendessen eingeladen, und als wir Platz genommen hatten, ließ Helen ihre Hände über das Gedeck gleiten, so daß sie sich die Position der vor ihr liegenden Dinge einprägen konnte. Als sie das Wasserglas berührte, ließ

149

Tanzfreuden mit Helen Keller in meinem Studio.

sie ihre Hände daran in die Höhe gleiten und rief voller Freude aus: »Oh, Kristallglas!« Ihre Tischmanieren waren tadellos, wie alles, was sie in ihrer gütigen Lebenseinstellung tat. Aber um welch tragischen Preis hatte sie diese Güte erlangt?

Eines ihrer ersten beglückenden Erlebnisse hatte sie, als sie spürte, wie Wasser über ihre Hände floß. Und eines der ersten Worte, das sie überhaupt jemals verstehen lernte, war das Wort »und«: »Und öffne das Fenster.« »Und schließe die Tür.« Immer begann der Satz mit »und«. »Und eins, zwei, drei. Und...«

Ich glaube, das war auch einer der Gründe dafür, warum sie gern ins Tanzstudio kam, da das Wort »und« untrennbar mit dem Tanz verbunden ist und uns fast immer in die Übungen und Bewegungsfolgen einführt. Es eröffnete ihr die Erlebniswelt der Schwingungen. Und ihre Erlebniswelt bereicherte das Leben in unserem Studio. Und, damit sich der Kreis schließt, jeder Tanzunterricht beginnt damit, daß der Lehrer zählt: »Und... eins.«

Was ich strikt in meinem Studio untersagte, waren Diskussionen jeglicher Art über Politik und Religion. Alles zu seiner Zeit und am richtigen Ort. Ende 1935 erhielt ich eine Einladung, mit meinem Ensemble beim Internationalen Tanz-Festival aufzutreten, das Teil der Olympischen Spiele von 1936 in Berlin war. Die Einladung war von Rudolf Laban unterzeichnet, dem Präsidenten der Deutschen Tanzbühne, vom Präsidenten des Organisationskomitees der Olympischen Spiele sowie vom Reichsminister für Volksaufklärung und Propaganda, Dr. Joseph Goebbels. Bevor ich diese offizielle Einladung erhielt, bekam ich bereits einen Anruf von der Deutschen Botschaft in Washington. Man erkundigte sich, ob ich einen Apparat zum Kurzwellenempfang besäße, da am nächsten Tag direkt von Berlin aus eine Nachricht an mich gesendet würde. Ich ging deshalb zu Barbara Morgan, einer begabten Fotografin, die mit mir zusammen an einem Buch arbeitete, um mir bei ihr die Botschaft von Goebbels anzuhören. Er sagte, wenn die Grenzen Europas erst einmal gefallen seien, werde es ein weiteres großes Festival geben, aber schon jetzt seien die größten Künstler der Welt geladen, sich in Deutschland zusammenzufinden; mein Name wurde auch vorgelesen. Die offizielle Einladung traf Ende 1935 ein. Es kam mir niemals auch nur eine Sekunde in den Sinn, der Einladung zu folgen. Wie hätte ich in Nazi-Deutschland auftreten können?

Ich antwortete: »Es ist mir nicht möglich zum gegenwärtigen Zeitpunkt in Deutschland zu tanzen. So viele Künstler, die ich respektiere und bewundere, sind verfolgt worden, sind aus nichtigem und nicht gerechtfertigtem Grund mit

Arbeitsverbot belegt worden, so daß ich nicht in der Lage bin, mich durch Annahme der Einladung mit einem Regime zu identifizieren, das derlei Dinge ermöglicht. Hinzu kommt, daß einige meiner Ensemblemitglieder in Deutschland nicht willkommen sind. Sie sind Juden.« Als man mir versicherte, sie genössen vollständige Immunität, antwortete ich: »Sie glauben doch nicht etwa, daß ich sie darum bitten würde, nach Deutschland zu reisen?« Die Deutschen konterten, in dem Fall würden sie ein unbedeutenderes Tanz-Ensemble einladen, die Vereinigten Staaten zu repräsentieren. Ich erwiderte: »Tun Sie das. Aber seien Sie versichert: Ich habe Ihre offizielle Einladung in Händen und werde diese im ganzen Land publik machen, um zu zeigen, daß Deutschland sich mit der zweiten Garnitur begnügen mußte.« Kein amerikanisches Tanz-Ensemble nahm an dem Festival teil. Nach dem Krieg fand sich mein Name auf einer in Berlin gefundenen Liste von Personen, die »überwacht werden sollten«, wenn Deutschland die Vereinigten Staaten vereinnahmt habe. Ich wertete dies als ein großes Kompliment. Als ich später in der Neuen Philharmonie in Berlin auftrat, tanzte ich ein Solo aus der Bibel über die glorreiche jüdische Heldin Judith zu einer Musik des amerikanischen Komponisten jüdischer Abstammung William Howard Schuman.

Saint-John Perse war ein bedeutender Mann und ein großer Dichter und hat einen großen Einfluß auf mich ausgeübt. Er wurde in Guadeloupe als Marie-René-Auguste-Alexis Saint-Léger Léger geboren, lebte in Frankreich und entkam während der deutschen Besatzung nur mit knapper Not aus Paris. Nach der Besetzung von Paris durch die Nazis durchsuchte die Gestapo sofort seine Wohnung, aber es gelang ihm, erst nach England, dann in die Vereinigten Staaten zu entkommen.

Er lebte dann als Diplomat in den Vereinigten Staaten und gestattete mir, alles, was er jemals an Lyrik veröffentlicht hatte, für meine Tanz-Kreationen zu verwenden. Die Idee zu meinem 1973 entstandenen Tanz *Mendicants of Evening* gab mir Saint-John Perses Gedicht »Chronique«. Marian Seldes, eine begabte Schauspielerin, rezitierte die Verse und bewegte sich dabei fast wie eine Tänzerin. Es ist ein Gedicht über die Erfahrungen im fortgeschrittenen Lebensalter und über ein erfülltes Leben. »Ehrwürdiges Alter, werde unserer ansichtig«, schrieb Perse, »nimm dich der Menschen Herzen an.«

Obwohl der Krieg nicht auf unserem Territorium stattfand, wurden viele Amerikaner japanischer Abstammung in Lager interniert. Eine meiner Tänzerinnen, Yuriko, kam kurz nach ihrer Entlassung aus einem dieser Lager zu mir und ist seither in meinem Ensemble. Heute ist sie Regisseurin und Leiterin des Martha-Graham-Ensembles, einer Gruppe fortgeschrittener und graduierter Studenten.

Die Tragödie des Bürgerkrieges in Spanien ließ uns Künstler spontan reagieren. Wir entschlossen uns, auf dieses Grauen in der uns eigenen Weise zu antworten. Ich wählte *Deep Song,* spanisch »Cante Junto«, als Thema meiner Darbietung. Es war ein Solo in der Art von *Lamentation,* aber hier nutzte ich die Bühnenplattform noch extensiver. Die kahle Bühne stand mir ganz zur Verfügung, und ich tanzte in einem schwarz-weiß abgesetzten Gewand zu der Musik von Henry Cowell. Das war im Dezember 1937. Im folgenden Jahr trat ich zusammen mit Anna Sokolow, Helen Tamaris, Hanya Holm und dem Ballett Caravan auf einer Benefiz-Veranstaltung zugunsten eines demokratischen Spanien auf.

1937 tanzte ich zum ersten Mal im Weißen Haus vor Präsident Roosevelt und seiner Frau; Auftritte vor sieben anderen Präsidenten sollten folgen. Ich tanzte in einem kleinen Garten inmitten von Blumen. Ein junger Mann, der zu meiner Betreuung abgestellt war, sagte zu mir: »Sie können den Präsidenten der Vereinigten Staaten nicht barfuß begrüßen.« Und er wiederholte das so oft, daß ich schließlich entgegnete: »Meine nackten Füße gehören zu meinem Kostüm. Ich gehe auch nicht barfuß in meine Wohnung. Ich würde auch niemals vor dem Präsidenten der Vereinigten Staaten barfuß erscheinen.«

Eleanor Roosevelt und ich wurden in den vierziger Jahren gute Freundinnen. Einmal fuhren wir zu einer Veranstaltung der amerikanischen Organisation »United Jewish Appeal«, die von orthodoxen Juden gesprengt werden sollte. Sie belagerten einen Swimming-pool, der von Männern und Frauen gemeinsam benutzt wurde. Sie wollten erreichen, daß er wechselweise nur für Männer oder nur für Frauen zur Verfügung stünde. Unser Fahrzeug wurde von Belagerungsposten aufgehalten. Schließlich riß Mrs. Roosevelt die Geduld und sie sagte: »Mir reicht es jetzt. Wir gehen durch die Absperrung.«

Sie fühlte sich im Recht und ich dachte, oh mein Gott, wenn ich eine Absperrung durchbreche, wird das meine Karriere ruinieren.

Mrs. Roosevelt forderte mich auf: »Martha, kommen Sie mit.«

Und Martha kam mit.

Mrs. Roosevelt lud die schwarze Sängerin Marian Anderson ein, anläßlich eines Konzertes in der Constitution Hall zu gastieren, aber die amerikanische patrioti-

Deep Song, *19. Dezember 1937.*

sche Gesellschaft »Daughters of the American Revolution« war gegen ihren Auftritt. Ich verlangte daraufhin von meiner Mutter, die Mitglied dieser Vereinigung war, auszutreten. Aber sie sah das nicht ein: »Oh, Martha, soll ich das wirklich? Sie veranstalten immer so nette Parties.« Ich machte keinen weiteren Überzeugungsversuch; es war einfach hoffnungslos.

Kurze Zeit darauf verwehrte man Marian Anderson den Aufenthalt im Algonquin Hotel in New York. Sie hatte eine Suite reserviert, aber dem Hotel-Management war bis zu ihrer Ankunft nicht bewußt, daß sie eine Schwarze war. Als sie eingetroffen war, entschuldigten sie sich tausendmal und verweigerten ihr die Suite; sie sei anderweitig vergeben worden und sie könne sie deshalb nicht bekommen. Als ich davon hörte, wurde ich wütend und ging sofort zum Empfangschef: »Unter diesen Umständen kann ich auch nicht mehr ins Algonquin kommen.«

Ich packte meine Sachen und verließ das Hotel. Ich konnte einfach nicht bleiben; das ging gegen meine Überzeugung.

Als ich einmal von Präsident Truman ins Weiße Haus geladen wurde, hatte ich nicht das richtige Kleid an. Es war zwar ein Abendkleid, aber nicht sehr geschmackvoll. Zusammen mit mir waren mehrere Frauen zur Audienz geladen worden, und jede bekam ein Foto mit seinem Autogramm. Dann wandte er sich mir zu und flüsterte mir etwas ins Ohr.

Als die Presse bemerkte, daß der Präsident mir etwas zuflüsterte, versuchten sie natürlich herauszufinden, was genau der Präsident mir gesagt hatte. »Warum hat

Tragic Holiday, *20. Dezember 1936.*

er mit Ihnen gesprochen? Warum hat er sich flüsternd an Sie gewandt?« Ich antwortete nicht. Was er gesagt hatte, war in keinster Weise unangenehm. Er hatte
nur gesagt: »Wenn Sie noch einmal kommen, gebe ich Ihnen mein Autogramm.«

Ungefähr zur gleichen Zeit wurde ich von Emily Genauer, Kritikerin der *New York Herald Tribune,* zum Dinner geladen. Es waren dort eine Menge mir unbekannter Gesichter, aber plötzlich entdeckte ich ein Gesicht, das sich deutlich von den anderen im Raum abhob. Es war Marc Chagall. Ich ging nicht sofort zu ihm hin. Ich war damals ein Niemand, nur eine von vielen, die seine Arbeiten bewunderten.

Nach einer Weile standen wir uns gegenüber und ich sagte zu ihm: »Ich finde, daß jedes von Ihnen gemalte Tier oder jede fliegende Gestalt auf Ihren Bildern Ihnen ähnelt. Sie sind für mich das Tier.«

Er schwieg einen Moment, dann küßte er mich und tätschelte mir das Gesicht. »Meine Kleine«, sagte er, »Sie wissen zu viel.«

155

Männer verschiedenster Berufssparten haben mich unterstützt. Ich schätze sie in jeder Beziehung. Viele haben einen tiefen Eindruck in meinem Leben hinterlassen. Ich liebe Männer. Ich bewundere Männer, und viele haben mich bewundert.

In meinen jungen Jahren, als ich noch ein aktives Nachtleben führte, trug ich immer ein leichtes Make-up, auch zu Hause und sogar, wenn ich mich schlafenlegte. Aber promiskuös war ich niemals. Ich hatte immer nur einen Freund zur gleichen Zeit, denn ich hatte keine Zeit für Liebhaber oder Liebesaffären – abgesehen von einigen hinreißenden Erlebnissen. Meine Philosophie von Liebhabern und Freunden? Wenn ich sie liebte, dann liebte ich sie. Wenn ich sie nicht mehr liebte, verließ ich sie. So einfach war das. Und ich fürchte, das war nicht immer anständig von mir.

Ich bin mein ganzes Leben lang eine begeisterte Anhängerin von Sexualität im richtig verstandenen Wortsinn gewesen. Ich meine damit die körperliche Erfüllung im Gegensatz zur Fortpflanzung, andernfalls hätte ich Kinder gehabt. Ich entschied mich dafür, keine Kinder zu haben, aus dem einfachen Grund, weil ich wußte, ich könnte einem Kind niemals die behütete Kindheit bieten, die ich selbst genossen hatte. Und ich konnte mich als Tänzerin nicht einschränken. Ich wußte, ich hatte mich zwischen einem Kind und dem Tanzen zu entscheiden, und ich entschied mich für das Tanzen.

Kein Wunder, daß die Graham-Mädchen in Santa Barbara immer als etwas locker galten, natürlich nicht aus heutiger Sicht. Es besteht schon ein seltsamer Unterschied zwischen den damaligen und heutigen Moralvorstellungen. Ich hatte von zu Hause keine Aufklärung über das Leben und die Sexualität mitbekommen – meine Mutter hatte mich über gar nichts aufgeklärt. Einmal fuhr ich mit

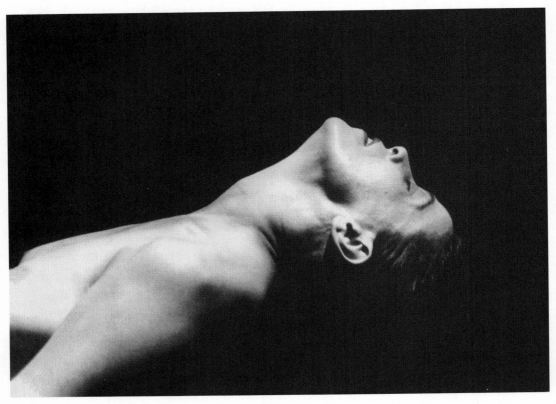

*Fotoserie von Imogen
Cunningham, Santa Barbara,
Kalifornien, 1931.*

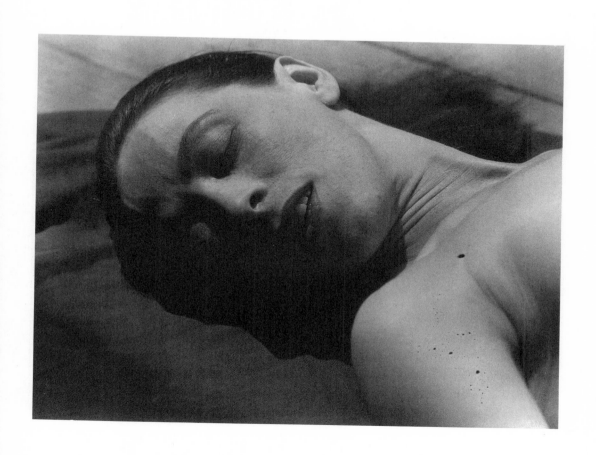

meiner Tante Re und ihrem zweiten Mann nach San Francisco. Wir durchstreif-
ten die Stadt, bergauf und bergab, vom Hafen bis nach Chinatown. Plötzlich fiel
mir eine Frau an einer Straßenecke auf.

»Was ist das für eine Frau?« wollte ich von Tante Re und ihrem Mann wissen.

»Martha, sie ist ein gefallenes Mädchen«, sagte der Mann meiner Tante. Als ich
nach Santa Barbara zurückkam, fragte ich meine Mutter nach dem gefallenen
Mädchen. Sie fiel fast in Ohnmacht. Es ging in Santa Barbara sehr konservativ zu.
Meine Mutter war entsetzt und lehnte es strikt ab, sich mit mir darüber zu unterhalten.

160 Aus der Freundschaft, die mich mit dem feinfühligen und sehr attraktiven kalifornischen Künstler Carlos Dyer verband, wurde eine Liebesbeziehung. Merle
Armitage und Ramiel McGehee, zwei Freunde von mir aus Kalifornien, hatten
mich mit ihm bekannt gemacht. Merle schrieb Bücher über Kunst und Theater in
Amerika, während Ramiels Qualifikationen etwas undurchsichtiger waren. Man
wußte von ihm lediglich, daß er Zen-Lehrer war und in den dreißiger Jahren am
Hof des japanischen Kaisers einen Posten bekleidet hatte.

Sowohl Ramiel als auch Merle waren in Carlos verliebt, obwohl dieser absolut
heterosexuell war. Merle faßte den Entschluß, mich nach Kalifornien kommen
zu lassen, vorgeblich um mit mir an einem Buch über meine Vorstellung von
Tanz zu arbeiten. Carlos sollte die Illustrationen beisteuern. Sie waren sich absolut sicher, daß es zwischen uns zu einer Affäre käme, die Carlos' Ehe gefährden
würde. Und da sie sich ausrechneten, daß ich nicht allzu lange bei ihm bleiben
würde, waren sie entschlossen, das Kitten der Scherben, die diese Affäre in Carlos'
Leben hinterlassen würde, selbst zu übernehmen und ihren Vorteil daraus zu ziehen. Ihr Plan ging bis zu einem bestimmten Punkt auch auf. Man erzählte sich
später, daß es für uns beide Liebe auf den ersten Blick gewesen sei und wir in
einem Gästezimmer in Merles Haus verschwunden wären, uns die Mahlzeiten
auf das Zimmer hätten bringen lassen und mehrere Tage nicht wieder erschienen
seien. Das ist absoluter Unsinn. Ich würde mich niemals als Gast in einem anderen Haus so benehmen. Carlos und ich fuhren in mein Haus am Strand.

Um die Angelegenheit noch komplizierter zu machen, begann Ramiel als Zen-
Lehrer mit mir zu arbeiten. Täglich konfrontierte er mich mit einem Paradoxon,
über das ich nachdenken sollte, um meinen Weg der Erleuchtung zu finden.
Durch ihn lernte ich alles, was ein Mensch über Zen-Buddhismus lernen kann.
Dieses Wissen ist mir immer sehr zustatten gekommen, ich lernte Selbstdisziplin,
Klarheit der Einstellung sowie einfaches und pragmatisches Handeln, was auch

immer Ramiels Motive waren, sich meiner als Studentin anzunehmen; ich fürchte, sie waren nicht ganz selbstlos.

Meine Beziehung zu Carlos war sowohl in körperlicher als auch geistiger Hinsicht zauberhaft, und es ist mir bewußt, daß es ihn schwer getroffen haben muß, als ich mich entschloß, ihn zu verlassen und nach New York zurückzukehren. Er schrieb mir einen ganz bezaubernden Liebesbrief. Ich halte nichts von sentimentaler Rückschau, dennoch gerate ich allzu oft in Versuchung, alte Liebesbriefe wieder zu lesen, aber tue es dann doch nicht.

Ab 1934 begann ich während der Sommermonate im Bennington College in Vermont zu unterrichten, einem wunderbaren Ort, wo wir alle Freiheiten genossen und Gelegenheit hatten, uns ganz unserem Tanzen zu widmen. Den Sommer über lebten dort auch andere Künstler, darunter Doris Humphrey, Charles Weidman und Louis Horst. Einmal passierte es, daß Louis in einem der geodätischen Kuppelhäuser Buckminister Fullers beim Ausstieg aus der Dusche wegen seiner Leibesfülle stecken blieb. Damals wog Louis circa 300 Pfund und kam aufgrund der dreieckigen Konstruktion der Dusche nicht mehr allein aus ihr heraus. Er haßte es, sich in irgendeiner Weise eingezwängt zu fühlen. Er bekam es mit der Angst und hatte auch allen Grund dazu, denn es waren mehrere Leute nötig, um ihn aus der Dusche herauszuziehen.

Ich fuhr mit großem Vergnügen in einem kleinen Ford, einem T-Modell, über den Campus und durch die Stadt – ohne Führerschein und ohne Angst. Aber Martha Hill, die Initiatorin der Tanzprogramme in Bennington, lebte in panischer Angst vor diesen Ausflügen. Wenn ich andere Lehrer mitnahm, sagte sie jedes Mal: »Betet! Bei Marthas Fahrkünsten könnte das das Ende in der Geschichte des modernen Tanzes bedeuten.«

Jean Erdman, eine Tänzerin aus meinem Ensemble, verlebte die Sommer zusammen mit ihrem Mann, Joseph Campbell, in Bennington. Sie hatten sich kennengelernt, als sie Studentin bei Sarah Lawrence war. Ihre Familien waren wegen des großen Altersunterschiedes der beiden gegen die Heirat gewesen, doch sie lebten in einer der harmonischsten Ehen, die ich je kennengelernt habe. Joe war für uns alle ein leuchtendes Vorbild; er öffnete uns durch sein Wissen und seine Kenntnis der Mythen und Legenden, die das gemeinsame Erbe aller Kulturen sind, die Tore zum Verständnis unserer Vorgeschichte. Sein seelisches und geistiges Gespür begleitete ihn und uns durch diese Pforten und auf unseren Entdeckungsreisen. Er lehrte uns, unsere Vergangenheit zu schätzen und zu leben, lehrte

Mit meinem Freund und Musikdirektor Louis Horst in der Nähe von Cricket Hill in Bennington.

uns das Verständnis für das Vermächtnis der Vergangenheit in einem jeden von uns. Ich habe so oft betont, daß der Tanz die innere Landschaft des Menschen erhellen solle, und meine Reise durch diese Landschaft hat Joe unauslöschlich mitgeprägt.

Jean war die erste Rezitatorin der Verse Emily Dickinsons in meinem Tanz *Letter to the World*. Mein Konzept sah zwei Emilys vor, die beide weiß gekleidet waren und gleichzeitig den Tanz eröffneten, indem sie von rechts und links die Bühne betraten. Während des gesamten Tanzes beobachtete die rezitierende Emily die von mir dargestellte Emily, wie sie die innere Landschaft dieser Verse tanzte. Die ersten Zeilen, die sie sprechen mußte, als wir unserer ansichtig wurden, lauteten: »Ich bin ein Niemand! Wer bist du? Bist du auch ein Niemand? Dann sind wir derer zwei…«

Vor unserer ersten Vorstellung in Washington D. C. und der vorangehenden Nachmittagsprobe trat Jean an jedes der drei Mikrofone unten am Bühnenvorhang und testete sie vor einem – wie sie annahm – leeren Auditorium. »Ich bin ein Niemand!«, sprach sie in die ersten beiden Mikrofone. Nach ihrem dritten »Ich bin ein Niemand!« konnte ein kleiner Junge, der hinter einem Sitz gekauert hatte, nicht mehr an sich halten, sprang hervor und rief: »Lady, Sie müssen aber doch jemand sein!«

Unsere erste Vorstellung in New York hätte fast ein schlimmes Ende genommen. Ich hatte keine Ahnung, daß man bei Verwendung der Lyrik Emily Dickinsons die Genehmigung ihrer literarischen Agentin Martha Dickinson Bianchi einholen mußte, einer Frau, der ein miserabler Ruf vorauseilte. Sie war in der Lage, sich mitten in der Vorstellung zu erheben und diese platzen zu lassen. Sie besuchte an jenem Abend auch unsere Vorstellung. Als ich hörte, daß sie hinter die Bühne käme, ließ ich vor Schreck meinen Schminkspiegel fallen: kein gutes Omen. Sie kam in einem mit schwarzen Perlen besetzten, tiefschwarzen Kleid hereingeschwebt und fixierte mich mit ihrem beinahe totenbleichen Gesicht, dann sagte sie: »Junge Frau, ich habe keine Einwände, und aus meinem Munde ist das ein großes Lob.« Und schon war sie wieder verschwunden.

Als ich 1987 die Nachricht vom Tode Joseph Campbells erhielt, drückte ich Jean mein Mitgefühl aus, indem ich sie an die Verse Emily Dickinsons erinnerte, die sie seinerzeit für *Letter* rezitiert hatte:

> *Nach dem großen Schmerz das stumpfe Gefühl*
> *Das Innere erstarrt, wie in einer Totengruft*
> ...
> *Die Beine, mechanisch, Schritt um Schritt*
> ...
> *Wie auf hölzernem Pfad*
> ...
> *Dies ist die Stunde so schwer wie Blei.*

Ein Geschenk Joes an mich schien mir beinahe unfaßbar: In der Eröffnungssendung seiner Fernsehserie »Die Macht der Mythen« brachte er Filmaufzeichnungen verschiedenster Persönlichkeiten, die wegweisend für unser Jahrhundert gewesen sind: Gandhi, Martin Luther King, Mutter Teresa – und eine Aufzeichnung von mir und meinem Tanz *Lamentation*. Ich konnte es nicht fassen, als ich das sah.

Die Musik für *Letter to the World*, ein Stück, das am 11. August 1940 in Bennington Premiere hatte, schrieb Hunter Johnson. John Martin von der *New York*

Times, der meine Arbeit bis dahin immer nachdrücklich unterstützt hatte, schrieb damals: »Es wäre besser, es in den Bergen Vermonts ruhen zu lassen.« Aber seit der Erstaufführung änderte sich die Choreographie in verschiedenen Überarbeitungen – und auch Mr. Martins Meinung. In gewisser Weise konnte ich ihm seine harte Kritik auch gar nicht übelnehmen; das Stück besaß einige Elemente, die hart an der Grenze zum Kitsch lagen, oder diese Grenze vielleicht sogar überschritten. Ein Punkt war die von mir eingeführte Gestalt der Spencerschen Faerie Queen, die auf der Spitze die Bühne betrat und einen Vogelbauer mit einem kleinen ausgestopften Vogel vor sich hertrug. Die Erinnerungen an die anderen Szenen lassen mich erschauern, und ich verzichte darauf, weiter darüber zu schreiben.

Als Hunter *Letter to the World* Anfang der siebziger Jahre noch einmal sah, schrieb er mir, er habe eine deutliche Abwandlung des Originals festgestellt. Als er den Tanz das erste Mal gesehen habe, sei er fünfzig Minuten lang gewesen, und jetzt sei er sogar acht Minuten länger! Wir müssen das Ganze auf die ursprüngliche Choreographie zurückführen, sagte ich zu den Tänzern. Wir schafften es unter Geschrei und radikalen Änderungen einiger Tanzpassagen. Wir strichen die schwachen und überflüssigen Stellen und brachten den Tanz als Neufassung heraus.

Auch Erich Fromm erlebte ich in Bennington, ebenso die Dichter Ben Belitt und William Carlos Williams. Bens Lyrik inspirierte mich mehr als einmal zu einer Choreographie. Es gibt diesen wundervollen Ausdruck von ihm: »Akrobat Gottes«.

Was ist ein Akrobat Gottes? Ich meine, es ist ein Mensch, nicht unbedingt ein Tänzer, der das Leben voll und ganz lebt. Er nimmt seine Chancen wahr, ohne Angst vor dem Straucheln.

Mein 1947 abgeschlossenes Ballett *Errand into the Maze* verdankte sowohl den Titel als auch bis zu einem gewissen Grade den Sinngehalt Bens Gedicht mit dem gleichnamigen Titel, das in seinem Buch *Wildernis Stair* erschienen ist:

> *Reise ins Labyrinth…*
> *Sinnbild, die Ferse schwingt durch die Luft*
> *Zeugt von der Besessenheit und Disziplin des Tänzerwillens*
> *Doch Tanz ist unvergänglich.*

Für den Titel meines Tanzes *American Document,* der am 6. August 1938 in Bennington zum ersten Mal aufgeführt wurde, waren Verse von William Carlos Williams Vorbild. Dr. Williams war praktischer Arzt in Rutherford, New Jersey, und gestattete mir, seinen Namen, seine Verse und alles aus seiner Feder zu verwenden. Wir experimentierten alle und räumten einander gewisse Freiheiten ein. Ich verdanke ihm sehr viel.

Alexander Calder besaß eine schlichte und faszinierende Vorstellung von Raum und dessen Umsetzung auf der Bühne. Er schuf die Bühnenausstattung für meinen Tanz *Panorama,* der 1935 in Bennington Premiere hatte. Für meinen im folgenden Jahr uraufgeführten Tanz *Horizons* kreierte er eine Reihe von Mobiles und Stabiles, die von zwei Tänzern von der Seite in Bewegung gesetzt wurden. Dies war ein Novum im Bereich des Tanzes, und wir wollten dem Publikum den Unterschied zwischen der Funktion der Tänzer und der Funktion der Bühnenausstattung verdeutlichen. Deshalb ließen wir folgenden Hinweis im Programmheft abdrucken:

»Die von Alexander Calder entworfenen ›Mobiles‹ machen sich bewußt die Möglichkeiten des Raums zunutze. Sie werden in *Horizons* als optische Präludien zu den Tänzen dieser Suite verwendet. Weder interpretieren die Tänze die ›Mobiles‹, noch interpretieren die ›Mobiles‹ die Tänze. Sie sind allein zur Erweiterung des Raumempfindens gedacht.«

Calder machte öfter Skizzen von meinen Tänzern und schrieb mir einmal folgende Notiz: »Martha, wenn Sie glauben, sie sind nicht treffend, lassen Sie es mich wissen, dann versuche ich es noch einmal.« Er war so unglaublich bescheiden.

Sandy Calder kam in seinem alten Auto und mit Feathers, seinem französischen Hirtenhund, nach Bennington. Glaubt man den Gerüchten, so hatte er lediglich Shorts an, als er aus dem Auto stieg. Man brachte ihn sofort zu einem ziemlich konservativen Herrenausstatter, damit er sich einkleiden konnte.

»Ich brauche Hosen«, sagte Calder zu dem Verkäufer.

»Das sieht ganz danach aus«, war dessen Antwort.

Das war in den dreißiger Jahren. Vor einigen Jahren kam, kurz vor unserer Abreise nach Europa, ein junger, bei uns beschäftigter Mann zu uns mit einer seltsamen Nachricht. Er erklärte, er kenne einen Privatsammler, der verschiedene Calder-Objekte besitze, die er verkaufen wolle. Er würde gern einen Teil des Erlöses meinem Ensemble zukommen lassen, vorausgesetzt die Transaktion bleibe anonym.

Das sei recht und billig, dachten wir. Der Rechtsanwalt des Sammlers traf sich mit meinem Rechtsanwalt, und wir reisten nach Europa ab.

Dort angekommen, erhielt ich einen Anruf von Sotheby's. Sie teilten mir mit: »Wie Ihnen bekannt ist, haben wir das Calder-Objekt, das seinerzeit für Martha Graham entstand, ohne die sonst übliche Expertise akzeptiert, da das Wort Martha Grahams für uns ausreichend ist, aber könnten Sie uns bitte mitteilen, wann die Stricke des Originals gegen Drähte ausgetauscht wurden?«

Ich war erstaunt und bat Sotheby's, im Katalog nachzuschlagen, wo bestätigt wurde: »Aus der Sammlung Martha Graham«.

Der junge Mann wußte von unserer sechswöchigen Europatournee und hatte sich unserer Briefbögen bedient, um einen Eigentumsnachweis vorzutäuschen. Sotheby's sandte uns eine Fotografie; das war ganz und gar kein Calder. Ich schickte das Foto auch noch zu Bonnie Bird und Gertrude Shurr, die in den dreißiger Jahren in meinem Ensemble getanzt hatten. Sie riefen mich daraufhin an und bestätigten mir: »Martha, das ist eine Fälschung.«

Das war der Beweis. Der junge Mann hatte das Objekt offenbar selbst hergestellt. Daraufhin nahm Sotheby's es aus dem Katalog.

Kürzlich hörte ich davon, daß jemand eben diese Fälschung kaufen wollte. Die Menschen glauben, sie kommen mit allem durch. Sie versuchen es zumindest.

Ich liebte mein Objekt von Calder. Ich fühlte, daß in diesem Stück der Geist Calders lebte, des Menschen, der es geschaffen hatte. Ich habe keine Ahnung, wo es sich heute befindet. Ich habe es jedenfalls nicht weggegeben.

Ich besaß ein hübsches kleines Wochenendhäuschen in Connecticut. Es war wundervoll, sich aus der Stadt dorthin zurückziehen zu können. Einmal traf ich mich dort mit Sandy, der mir seine neuen Objekte zeigen wollte, an denen er gerade arbeitete. Nachdem wir sie eine Weile betrachtet hatten, kam Sandy die Idee, einige der kleineren Objekte auszustellen. Er befestigte dazu ein Seil an einem Baum in der Nähe unseres Hauses und spannte es bis zu einem anderen Baum in der Nähe der Straße. Dann begann er seine Mobiles an dieser Schnur aufzuhängen. Sie glichen fremdartigen Vögeln, die in ihrer Farbenpracht und ihrem Metallglanz der Phantasie entsprungen zu sein schienen und sich hier, aus einer anderen Welt kommend, zur Ruhe gesetzt hatten.

Es dauerte nicht lange und wir hatten ein Publikum. Das Häuschen stand an einem Highway, und plötzlich geriet der Verkehr ins Stocken. Die Leute wollten sehen, was dort für seltsame Dinge hingen. Einige Autos fuhren an den rechten Straßenrand, die Insassen gafften die Mobiles und uns an. Wir konnten sehen, wie die Leute mit der Hand ihre Augen vor dem grellen Licht abschirmten und auf

In den Perls Galleries mit Alexander Calder.

die im hellen Sonnenlicht glänzenden Arbeiten Sandys schauten. Sie hatten niemals zuvor einen Calder gesehen und dachten einfach, wir beide hätten nicht mehr alle Tassen im Schrank.

Als ich nach New York zurückkehrte, lud mich Calder in seine Galerie, die Perls Galleries, ein und bot mir an, mir etwas auszusuchen, das er mir schenken wollte. Als wir zusammen durch die Galerie gingen, gefielen mir drei Stücke besonders gut, und ich nannte sie ihm.

»Martha«, war seine Antwort, »Sie können sie alle drei haben.«

Aber die anderen Anwesenden, insbesondere die Besitzer Dolly und Klaus, machten ein Gesicht, als ob sie gleich sterben würden. Ich entschied mich für eine Gouache, die ich jeden Tag in meinem Wohnzimmer betrachte. Sie war ein Abbild der so besonders liebenswerten, spielerischen Art Sandys: schwebende Ballons und Tulpenblüten. Calder schuf auch wundervollen Schmuck für seine Freunde und schenkte mir eine Haarnadel, die ich heute noch besitze.

Überreichung der Freiheitsmedaille durch Präsident Ford, 1976.

Betty Ford war in den vierziger Jahren meine Studentin in Bennington gewesen, als sie noch Betty Bloomer hieß. Sie ist heute immer noch eine von mir sehr geschätzte Freundin, geschätzt in dem Sinne, daß wir einander verstehen. Wenn sie mich in meinem Appartement besucht, hat sie normalerweise fünf Wächter dabei – zwei stehen unten am Aufzug, zwei vor der Tür meines Appartements, und ein junger Mann sitzt mit uns zusammen und verfolgt aufmerksam die Unterhaltung zwischen uns. Wir haben auf diese Weise keinerlei Privatsphäre, aber das gehört zu ihrem Leben als frühere First Lady der Vereinigten Staaten.

Präsident Ford überreichte mir 1976 die Freiheitsmedaille, den höchsten zivilen Orden, den die Vereinigten Staaten zu vergeben haben. Damit wurde ich, wie auch in Japan bei Künstlern üblich, gewissermaßen als Nationalheiligtum ausgezeichnet. Es war das erste Mal, daß diese Auszeichnung an eine amerikanische Tänzerin und Choreographin verliehen wurde. Frances Steloff begleitete mich zum Dinner ins Weiße Haus – Frances, die 1926 für meinen ersten Auftritt ein Darlehen aufgenommen hatte und ohne deren Hilfe es keine Feier zu meinen

Ehren gegeben hätte. Als Präsident Ford den Raum betrat, ging er schnurstracks auf Frances zu, umarmte sie und sagte: »Frances, Sie haben eine gute Investition getätigt.«

Jahre später, in den achtziger Jahren, fuhr Betty Ford nach Washington, um sich in meinem Namen vor dem Kongreß für dringend benötigte Gelder einzusetzen. Sie arbeitete unermüdlich auf dieses Ziel hin. Aber sie ist in erster Linie meine Freundin, eine Freundin, die immer zu mir halten würde. Unsere fast wöchentlich geführten Telefonate, die immer sehr lang sind, da wir über alles – von belanglosen bis zu philosophischen Problemen – sprechen, sind immer wie ein Leuchtfeuer der Freundschaft für mich. Ein weiteres Beispiel für das, was Emily Dickinson mit »Wirken des Lichts« ausdrücken wollte.

Als ich in Bennington lehrte, schlug der Direktor des Balletts Caravan, Lincoln Kirstein, mir vor, Erick Hawkins solle als Student zu mir kommen. Erick wurde das erste männliche Mitglied meines Ensembles und später auch mein Mann. Vor Erick hatte es keine Männer im Ensemble gegeben. Mütter und Väter ließen ihre Söhne im allgemeinen nicht zu Tänzern ausbilden, denn sie setzten das mit Weichlichkeit gleich und glaubten, ein Tänzer sei nicht schön anzusehen. Nur wenn Männer Heldenrollen tanzten – sich stark und männlichmuskulös präsentierten, wie in meinem Ensemble –, nur dann konnten wir Männer beschäftigen.

Lassen Sie mich aber erst etwas über Lincoln Kirstein sagen. Ich traf ihn zum ersten Mal 1937 nach der Aufführung von *The Cradle Will Rock* im Rahmen des Project 891 des Federal Theatre unter der Leitung John Housemans; Orson Welles war der Produzent. Diese Produktion der Jahre zwischen Weltwirtschaftskrise und Zweitem Weltkrieg brachte eine kon-

Mit Erick am Bennington College.

troverse Darstellung der Arbeitskämpfe im amerikanischen Steeltown. Die Zeit unter der Leitung John Housemans und mit dem von ihm geförderten brillanten Orson Welles als Produzenten war eine kaum jemals wieder erreichte intensive und kreative Schaffensperiode. Ich kannte John von früher, als er mit seiner Frau Zita Johann (die Darstellerin der Prinzessin Ananka in Boris Karloffs Film *The Mummy*) in der Fifth Avenue Nr. 66 gewohnt hatte. Er hatte die Arbeiten zu meinem Film *A Dancer's World* geleitet und war ziemlich lange Zeit Vorsitzender unseres Kollegiums gewesen. Nach der Vorstellung, als ich mit meinem Begleiter durch die Lobby spazierte, wurde Lincoln mir durch einen gemeinsamen Freund vorgestellt. Er sagte: »Ich bewundere Ihren Tanz.«

Ich erwiderte: »Aber das haben Sie kürzlich ganz anders geschrieben. Sie nannten mich die fluchende Göttin, das habe ich nicht vergessen.«

Er konterte: »Aber das war, bevor ich Sie kennengelernt habe.«

Ich stellte klar: »Sie kennen mich jetzt auch nicht.« Und damit ging ich weiter.

Erick und ich weilten am 20. September 1948 in Santa Fe, in K. D. Wells' Haus; ich hatte kurz zuvor im Weißen Haus anläßlich einer Wohltätigkeitsveranstaltung für die Jahresaktion der »Pfennigparade« eine Solo-Vorstellung gegeben. An jenem Morgen kam er in mein Zimmer gerannt und kündigte an: »Du wirst heute heiraten.«

Ich erwiderte: »Werde ich nicht. Ich möchte nicht verheiratet sein.« Ich weiß nicht, ob es der Stolz in mir war oder der Wunsch, meinen eigenen Familiennamen zu behalten, der mich das sagen ließ. Wir stiegen jedenfalls ins Auto, fuhren in die Stadt und wurden von einem presbyterianischen Geistlichen im Foyer seiner Kirche getraut. Es gab keine Zeugen außer der Frau des Geistlichen und einer anderen Person, die zufällig zugegen war. Ich besaß nur ein Kleid, in dem ich mich sehen lassen konnte. Es bestand aus einem schwarz-rot gepunkteten Jackett mit passendem Rock. Ich hatte dieses kleine Ensemble selbst entworfen und hielt es für schick. Dazu trug ich einen kleinen Schleier vor meinem Gesicht. Erick konnte nicht widerstehen, mir über die Schulter zu schauen, welches Geburtsdatum ich eintragen würde, aber ich blieb konsequent. Ich zog wie immer 15 Jahre von meinem Alter ab. Immerhin hatte Ernst Kulka, mein wundervoller Wiener Arzt, mir bestätigt, man würde mir das abnehmen. Und als Tochter eines Arztes tat ich nichts lieber als dem Rat meines Arztes zu folgen.

Erick tanzte in meinem Ensemble, und nach und nach entwickelte sich eine sehr zärtliche und tiefgehende Liebesbeziehung zwischen uns. Nachdem wir acht

Probe für Every Soul is A Circus *auf dem Rasen von Bennington mit Erick, rechts, und John Butler.*

Demonstration einer Hebefigur mit Erick.

Jahre zusammen gelebt hatten, beschloß Erick, daß wir heiraten sollten. Obwohl ich das nicht wollte, fügte ich mich. Während dieses neunten Jahres zerbrach alles. Das ist der Beweis: Man soll niemals etwas festzuhalten versuchen.

Nachdem wir getraut worden waren, fuhren wir mit dem Auto in ein nahegelegenes Indianerdorf, und hier begann unser Leben als Ehepaar. Ich behielt meinen eigenen Familiennamen und war entschlossen, davon Gebrauch zu machen. Ich wollte niemandes Frau sein, wenn ich dafür meinen Namen aufgeben mußte. Nach unserer ersten Nacht als Mann und Frau sagte Erick: »Jetzt bin ich endlich von dieser schrecklichen Angelegenheit befreit.« Ich hatte damals keine Ahnung, was er damit meinte und wollte es auch gar nicht wissen. Ich wußte nur, daß ich Erick sehr liebte, nicht nur körperlich, sondern auch als Kameraden. Und wir waren sehr glücklich, so wie es Eugene O'Neill in *Long Day's Journey into Night* formuliert hat: »für eine kurze Zeit, bis die Dinge schwierig wurden«. Ich erinnere mich an einen Abend, als wir wieder nach New York zurückgekehrt waren und ich voller Verzweiflung in die Lady Chapel in der St. Patrick's Cathedral ging. Als ich eintrat, um dort zu beten, sah ich Celeste Holm gerade hinausgehen. Unsere Blicke trafen sich, und alles, was sie sagte, war: »Du auch?«

Ich hatte eigentlich nicht viel für das Leben im Freien übrig, aber ich war so verliebt, daß ich keinen Augenblick zögerte mitzufahren, als Erick im Grand Canyon zelten wollte. Ich kochte sogar auf einem Feuer, das ich in einem selbst ausgehobenen Erdhügel entzündet hatte, und erinnere mich noch heute an das Essen: Mais, Steaks und Kartoffeln. Als der Abend hereinbrach, legten Erick und ich uns getrennt in unsere Schlafsäcke zum Schlafen. Später in der Nacht wachte ich auf und spürte die Gegenwart von etwas Fremdem in meiner Nähe. Ich machte die Augen auf und sah eine hünenhafte Navajo-Frau hoch zu Roß über mir, die auf mich herabschaute. Ihr roter Rock bedeckte fast den gesamten Pferderücken. Wir sahen uns einen kurzen Augenblick an, und dann ritt sie fort, so leise und geheimnisvoll, wie sie gekommen war.

Ich erinnere mich, daß ich mit Erick nach Gallup in Neu-Mexico fuhr, um die wunderschönen handgewebten indianischen Teppiche zu bewundern. Es waren kultische Teppiche; ein Teil des Teppichgewebes bleibt absichtlich unvollendet, und im allgemeinen gehört auch noch ein kleiner Webfehler zum Design. Das gibt dem Teppich eine greifbare Existenz, gibt etwas von der Geschichte seines Werdens preis. Er wird schöner und geheimnisvoller durch das unvollendete Gewebe.

Die Tänze der amerikanischen Indianer sind in mir stets lebendig geblieben,

Möge dir ein langer Lebensweg beschieden sein
Geh als jemand, der glücklich ist
Geh mit Segen vor dir
Geh mit Segen hinter dir
Geh mit Segen unter dir
Geh mit Segen über dir
Geh mit Segen um dich herum
Geh mit Segen in deiner Stimme
Geh mit Freude und einem langen Leben
Geh geheimnisvoll.

Gebet der Hopi
American Document
Premiere, 6. April 1938.

ebenso jene unvergeßlichen Sonnenuntergänge in den Pueblos oder meine erste Begegnung mit den Frauen der Hopi, die jenen Kürbisblüten-Haarschmuck trugen, den ich in meinem Werk *Appalachian Spring* auf die Bühne brachte.

Erick ließ sich sehr von der gesamten indianischen Kulturwelt gefangennehmen. Obwohl ich für die eingeborenen amerikanischen Indianerstämme viel Sympathie aufbrachte, habe ich nie einen indianischen Tanz kreiert. Ich habe überhaupt niemals einen Tanz über Eingeborene getanzt. Die Indianer waren für mich Anregung, Glückserlebnis und Mysterium.

Die Zeit, die ich in Indianerdörfern verbrachte, war für mich immer eine Gelegenheit, Entdeckungen zu machen. Einmal beobachtete ich dort eine Frau, die mit ihrem Baby auf dem Boden saß. Sie hatte ihr Baby zwischen ihren Beinen, es konnte noch nicht laufen, und sie manipulierte seine Füße in der Art, wie Tänzer ihre Füße bewegen. Dieses Kind brauchte nicht mehr tanzen zu lernen, wenn es herangewachsen war. Es würde bereits tanzen können, denn die Fußbewegungen während seiner Babyzeit waren ein Teil seiner Erinnerungswelt geworden und in sein Fleisch und Blut übergegangen, davon war ich überzeugt.

El Penitente ist ein Tanz über die Büßer des Südwestens, eine Sekte, die an die Vergebung der Sünde durch rigorose Kasteiung glaubt. Selbst heute noch werden die alten Riten zelebriert, obwohl sie von der katholischen Kirche als gottlos verboten worden sind. Ich sah einmal in einem Indianerdorf eine Frau mit nackten Knien über Kaktusblätter rutschen, während das Ritual seinen Lauf nahm. *El Penitente* wird nach Art alter Wandershows präsentiert. Isamu Noguchi entwarf das Original-Bühnenbild, darunter ein Gitter, das über das Mädchen – Jungfrau, Magdalena, Mutter – gestülpt wird, wenn sie ihr Verbrechen, die Verführung des Büßers, begangen hat.

Der Büßer kasteit sich mit Kaktus-Blättern, indem er sie mit Gewalt gegen seinen Körper schlägt, um Gott zu zeigen, daß er sündig gewesen ist, weil er sich in das Mädchen verliebt hat. Sie hat ihn mit dem Apfel verführt, dem Symbol ihrer Jungfräulichkeit. An einer Stelle des Tanzes ist der Priester wie ein Gott in einen weiten schwarzen Mantel gehüllt. Der Büßer läßt sich auf den Boden fallen, wird von der schwarzen Gottesgestalt auf die Knie gezwungen, in die Haltung eines reuigen Sünders, und von dem Priester dann ins Gesicht geschlagen.

In der Original-Produktion tanzte Erick den Büßer und Merce Cunningham den Priester. Vor einigen Jahren verkörperte Mischa Baryschnikow die Rolle des

Büßers in einer Gala-Aufführung. Er machte sich die Rolle so zu eigen, daß sein Rücken ganz rot war von den Geißelschlägen, die er sich mit einem Seil selbst beibringen mußte.

Als ich das letzte Mal durch ein Zuni-Dorf ging, wurde ich Zeugin einer Shaliko genannten Zeremonie. Während dieses Tanzes dringen die Shalikos, begleitet von den Koyemshi, in die Häuser der Bewohner ein und bringen diese in Unordnung, wenn sie glauben, daß sich dort Böses eingenistet hat oder sie den Verdacht haben, dort werde Hexerei praktiziert. Sie gebärden sich fast wie Polizeibeamte.

Taos liegt in einem reizvollen Teil Amerikas, inmitten einer einzigartigen Landschaft. Einer der Tao-Indianer hatte die reiche Erbin Mabel Dodge Luhan geheiratet. Die Ehe war aber nicht sehr glücklich. Mabel hatte ihn aus seiner ersten Ehe mit einer Stammesangehörigen ausgekauft. Als ihn jemand fragte, ob er sie nicht mehr liebe, antwortete er: »Ich werde mich nicht von ihr scheiden lassen. Ich habe meinem Stamm genug Schande bereitet, indem ich sie heiratete.«

Mary Austin, eine Schriftstellerin aus Santa Fe, identifizierte sich sehr stark mit dem Leben der Indianer. Sie wurde von einem der Indianer-Stämme gleichsam als Heldin verehrt. Eines Tages war eine Flöte verschwunden, die eine sakrale Funktion im Ritus und Glauben der Indianer besaß. Daraufhin hatte Mary alle Hebel in Bewegung gesetzt, um diese Flöte zu finden und schließlich entdeckt, daß sie an ein Museum außerhalb von Santa Fe verkauft worden war. Ihre Fürsprache bei den maßgeblichen Stellen der amerikanischen Regierung führte dazu, daß die Flöte wieder an den Stamm zurückgegeben wurde. Immer wenn sie ins Indianerdorf kam, wurde ihr Kommen vom Indianerhäuptling angekündigt: »Mary kommt, Mary kommt.« Sein Ruf ertönte monoton, verlor sich im Dorf und wurde erneut laut, sobald sie das Dorf betrat.

Ich erinnere mich an eine Nacht, in der ich außerhalb eines Pueblos auf einem Hügel saß. Mir gegenüber hockten die Indianer auf einer anderen Erhebung. Es war eine kühle Nacht, und der helle Mondschein beleuchtete beide Hügel. Nachdem die Indianer ihre nächtliche Zeremonie dort oben beendet hatten, durften Fremde das Dorf nicht mehr betreten. Deshalb war Maismehl am Eingang des Indianerterritoriums ausgestreut worden, das Zeichen dafür, daß eine bedeutende indianische Angelegenheit besprochen wurde, bei der keine Fremden im Dorf sein durften. Maismehl war das Zeichen dafür, daß Fremde sich solange fernzuhalten hatten, bis es weggefegt wurde.

Die Navajos stellen Brautketten aus wunderschönen Steinen her. Auch ich besitze ein solches Stück, das ich sehr oft trage. Diese Kette schenkt der Bräutigam seiner Braut, außerdem bekommt seine Schwiegermutter von ihm zwei Glocken, die sie tragen muß, damit er ihr Kommen immer hört.

Es gibt ein Navajo-Lied, das mir unvergeßlich geblieben ist: »Schönheit vor mir, Schönheit rechts neben mir, Schönheit links neben mir. Ich wandele inmitten von Schönheit. Ich bin schön.«

Zwischen Erick und mir begannen furchtbare Auseinandersetzungen. Als er einmal das Haus verließ, rief ich sofort Mrs. Wickes an, meine Analytikerin und später auch seine. Ich benutzte dazu einen jener altmodischen, an der Wand befestigten Apparate und fragte sie, ob ich zu ihr kommen könnte.

Mrs. Wickes war eine wundervolle Frau. Wir beide waren Freundinnen geworden, und ich ging häufig zu ihr, um mit ihr etwas zu trinken oder zu Abend zu essen. Sie hatte mir einmal erzählt, sie müßte nach den Sitzungen mit manchen ihrer Patienten erst einmal Fenster und Türen öffnen, um den Raum durchzulüften. Und sie hatte mir auch einmal eine Lektion über die Arroganz erteilt: »Martha, Sie sind keine Göttin, Sie müssen sich Ihrer Sterblichkeit bewußt werden.«

Erick hatte sie gefragt, ob sie ihm dazu verhelfen könnte, mich als Tänzer und Choreograph zu überflügeln, und Mrs. Wickes hatte geantwortet: »Nein, das kann ich nicht.« Frances Wickes ließ sich von einem derartigen Ansinnen überhaupt nicht aus der Fassung bringen. Erick aber hatte gesagt: »Dann breche ich meine Analyse ab.« Und er verabschiedete sich damit nicht nur aus der Analyse, sondern Schritt für Schritt auch aus unserer Ehe.

Einmal traten das Ensemble und ich in New York auf. Erick tanzte im Rahmen dieser Vorstellung seinen Tanz *Stephen Acrobat*. Er erhielt damals keine guten Kritiken. Das Publikum hatte ihn ausgebuht, und er hatte sich verzweifelt in seine Garderobe zurückgezogen. Ich war in großer Aufregung und wollte zu ihm gehen, um ihn zu trösten. Aber da kam Charly Chaplin mit seiner bezaubernden jungen Frau Oona O'Neill hinter die Bühne. Er beglückwünschte mich, ich hätte durch meine Körperbewegungen das Moment der Tragik eindrucksvoll zum Ausdruck gebracht. Ich hörte Chaplin zu, er war faszinierend, und doch, daran erinnere ich mich genau, mein Inneres sagte mir, ich werde zu Erick halten, selbst wenn das bedeutet, daß ich New York verlassen muß. So gern ich mich auch mit den Chaplins länger unterhalten hätte, ich wußte, Erick brauchte mich. Ich entschuldigte mich, das Gespräch abbrechen zu müssen, da ich meinem Mann helfen müßte. Aber ich werde mich trotzdem immer an diesen Abend erinnern, an den kindlichen Glanz in Chaplins Augen und das Spielerische in seinen Körperbewegungen.

Erick bestand darauf, daß wir
nach Europa gingen. Er meinte, allein dort könne er mit guten Kritiken rechnen, denn bei uns in den
USA hätten die Kritiker meinetwe-
gen ein negatives Vorurteil gegen
ihn. Er wollte nicht ständig in meinem Schatten stehen und an meiner
Reputation in Amerika gemessen
werden.

178 Ich hatte kein Interesse an
Europa; in gewisser Weise hatte ich
sogar Angst vor Europa. Ich kann
mich heute noch ganz genau an den
Augenblick in unserer Aufführung
von *Every Soul Is a Circus* in Paris
erinnern, als ich mir eine Verletzung
zuzog. Erick und ich waren in der
Mitte der Bühne, ich machte ein einfaches plié, und plötzlich gab mein
Knie nach. Ich flüsterte Erick zu, ich
sei ernsthaft verletzt, er müsse mich
stützen, und so schafften wir es, bis
zum Ende durchzuhalten. Als der
Vorhang fiel, war mein Knie so dick
angeschwollen wie eine Grapefruit.
Es war ein Gala-Abend im Theâtre
de Champs-Élysées mit Mrs. Roosevelt als Stargast. Irgendwie schaffte
ich es, durch das Foyer hinauszu-
kommen, aber es war eine Qual.

Als Chris Alexander mich 1950 nach meiner
Trennung von Erick fotografierte, trug ich
Zweige in den Haaren, die ich auf der Straße
gefunden hatte.

Erick und ich begrüßen neue Schülerinnen in unserem Studio in Bennington.

Es war bald klar, daß ich die Spielzeit in Paris nicht würde zu Ende führen können. Alle Ärzte, die ich konsultierte, wollten mein Knie operieren. Zur damaligen Zeit, Ende der fünfziger Jahre, war das noch gleichbedeutend mit dem Ende
einer Tanzkarriere, und so wartete ich ab. Während dieser Zeit erwies sich
Bethsabée de Rothschild, eine frühere Schülerin von mir, als eine liebe und sehr
hilfsbereite Freundin. Sie war auch die Sponsorin unseres Paris-Engagements gewesen. Wir hätten uns niemals ohne ihre finanzielle Unterstützung einen Auftritt
in Paris leisten können. Bethsabée war auch Autorin eines Buches über das amerikanische Tanztheater: *La Danse artistique aux USA*.

Unser Ensemble fuhr weiter nach London, und ich ging zu weiteren Ärzten. Wir hofften, wenigstens das Engagement in London wahrnehmen zu können. Als klar wurde, daß auch dies würde gestrichen werden müssen, verließ mich Erick. Er teilte unser Geld, hinterließ ein kurzes Schreiben und war fort. Ich war verletzt und sehr allein, hatte nur Bethsabée. Mit ihr fuhr ich nach Paris zurück und blieb eine Zeitlang in der Avenue Foch, im Hause der Rothschilds. Es war eine entsetzlich schwere Zeit für mich, und ich mußte einen Ausweg aus meiner Lage finden.

Eines Nachmittags fragte mich Bethsabée, was ich gern tun würde. Ich machte den Vorschlag, in die Rothschild-Bank zu gehen. Sie schaute mich an, als ob das eine sehr seltsame Bitte wäre, aber wir fuhren dennoch hin. Als wir in der Bank ankamen, war ich überrascht. Sie war anders als jede andere Bank, die ich jemals betreten hatte. Keine Kassierer, keine Bankkunden. »Bethsabée, wo sind die Kunden?«

»Kunden?« Bethsabée war offensichtlich bis dahin noch nie so etwas gefragt worden. »Wir werben niemals wirklich um Bankkunden, aber ja, wir haben jetzt einen... den Papst.«

Während meines Aufenthalts in der Avenue Foch erzählte mir Bethsabée von der Flucht der Rotschilds aus Paris vor Einnahme der Stadt durch die Nazis. Sie waren kurz zuvor gewarnt worden und hatten es gerade noch geschafft, nach Nizza zu fliehen und von dort ein Wasserflugzeug nach Lissabon zu nehmen; dann waren sie mit dem Schiff nach New York weitergefahren. Jedes Familienmitglied durfte nur einen sehr kleinen Reisekoffer mitnehmen. Bethsabée erzählte mir, wie sie sich in ihrem Schlafzimmer umgesehen hatte, um zu entscheiden, was sie einpacken sollte. »Oh Martha, ich hatte einen der schönsten Vermeers, den man sich vorstellen kann, über meinem Nachttisch hängen. Er hätte gerade in meinen Koffer gepaßt, und ich hatte schon begonnen, ihn zu verpacken, hängte ihn dann aber wieder zurück. Mir wurde klar, wenn ich nur ein so schönes Stück mitnähme, würde ich alles andere vermissen.« Als sie in Nizza ankamen, fehlte der Familie ein Ticket für das Wasserflugzeug. Bethsabées Vater mußte es einem anderen Passagier abkaufen. Ich habe mich immer gefragt, wieviel er wohl für das eine Ticket zu bezahlen bereit war, um damit das Leben seiner Tochter zu retten.

Schnell kam die Zeit meines Abschieds von den Rothschilds und meiner Rückkehr nach Hause, da ich mich um meine Schule, mein Ensemble und meine Verletzung kümmern mußte. Erick wollte die Scheidung, eine mexikanische Scheidung. Ich legte dem keine Steine in den Weg, weil er es so wollte, aber es war niederschmetternd für mich.

Punch and the Judy, *10. August 1941. Von links nach rechts: Jean Erdmann, Ethel Butler, Jane Dudley, ich, Erick, David Zellmer, David Campbell, Marc Ryder, Merce Cunningham und Pearl Lang.*

Ich entschloß mich schließlich, nach Santa Fe zurückzukehren. Der Südwesten der USA hatte immer eine heilsame, stärkende Wirkung auf mich gehabt. Ich wohnte wieder in K. D. Wells' Haus, einem der schönsten Häuser in ganz Santa Fe. Dort fand ich auch einen sehr alten Arzt, der mir durch einen sehr vorsichtigen Einsatz von Gewichten und mit regelmäßigen, zu genau festgelegten Tageszeiten zu absolvierenden Übungen helfen konnte; es war eine genau durchdachte und auf mein Knie zugeschnittene Therapie. Ich begann mit dem Heben sehr kleiner Gewichte und steigerte die Kniebelastung bis zu dem Punkt, an dem ich eine Schreibmaschine an einer Schlinge mit meinem Bein hochheben konnte. Als ich in der Lage war, fünfundzwanzig Pfund zu heben, war ich geheilt.

Sowohl die Hilfe des Arztes als auch mein Aufenthalt in Neu-Mexico müssen ausschlaggebend dafür gewesen sein, daß ich mich wieder soweit erholte, um in der Carnegie Hall mit meinem Solo *Judith* auftreten zu können. Als ich mich für den Auftritt fertig machte, klopfte es an der Tür. Es war Erick. Er sagte: »Ich komme nach der Vorstellung zurück, um dich nach Hause zu bringen.« Ich antwortete nicht. Sein Verhalten schmerzte mich sehr. Mein Auftritt wurde ein Erfolg; ich hatte es geschafft. Aber nachdem alle Besucher, die hinter die Bühne gekommen waren, gegangen waren, klopfte Erick. Ich ließ eine Zeit verstreichen und wollte erst gar nicht antworten. Als er dann vor mir stand, sagte ich, ich ginge allein nach Hause. Und das tat ich auch.

Zwischen Erick und mir hatte eine sehr innige Liebesbeziehung bestanden. Ich habe niemanden außer Erick auf diese Weise geliebt. Es war schwierig für mich, darüber hinwegzukommen, aber was für eine Wahl hatte ich denn? Ich erinnere mich an die erste New Yorker Sylvesternacht, die ich ohne ihn verlebte. Ich entschloß mich, mein bestes Chanel-Kleid anzuziehen, um so gut wie möglich auszusehen und auf die vier Parties zu gehen, auf die ich geladen war. Ich erinnere mich, wie ich allein im Taxi saß, auf dem Weg zu einer der Parties und den Anbruch des Neuen Jahres miterlebte: eine Uhr irgendwo in der Stadt schlug 12 Uhr Mitternacht. Damals bedeutete das vor mir liegende und so unerwartet veränderte neue Jahr die Auseinandersetzung mit einer grauenvollen inneren Landschaft, aber ich mußte mich in sie hineinbegeben.

Am klarsten brachte ich meine damaligen Gefühle in den Briefen an meine Analytikerin und Freundin, Mrs. Frances Wickes, zum Ausdruck.

Unmittelbar bevor ich Erick mit der Blume in Every Soul Is a Circus *berührte, schoß es mir durch den Kopf: »Woher bist du gekommen? Ich könnte dich auffressen.« 27. Dezember 1939.*

Liebe Mrs. Wickes!

Ich hätte Sie in den letzten Tagen gern besucht. Ich bin bis Samstagabend in New York geblieben. Es waren so viele Dinge zu erledigen, die ich bis zum Schluß vor mir hergeschoben habe. Mir war in meinem tiefsten Innern überhaupt nicht nach Reisen zumute... weder nach Kalifornien noch nach Connecticut oder Maine. Kurz vorher konnte ich mich beinahe überhaupt nicht mehr zur Abreise entschließen, obwohl ich eigentlich gedacht hatte, ich würde mich darauf freuen. Manchmal glaube ich, diese Qual wird niemals enden, und doch muß ich damit fertig werden, irgendwie, wenn ich mich nicht aufgeben will.

Ich habe meinen ersten Unterrichtstag hinter mir. Es macht mir Spaß zu unterrichten, obwohl die Klassen hier viel zu groß für eine sinnvolle Kommunikation sind, es sei denn, ich beschränkte mich auf die Vermittlung der rudimentärsten Dinge. Heute waren sechzig Schüler in der Klasse... besser gesagt, es sind immer so viele. Sie bewegen sich zwar nicht schlecht, aber da ist eine derartige Ausdrucksleere oder Ziellosigkeit, eine Art innerer Freudlosigkeit statt Verlangen und tiefverwurzeltem Verständnis für das Wesen des Tanzes, unabhängig davon wie fehlerhaft die Tanztechnik auch sein mag. Sie scheinen zwar von dem Wunsch beseelt, zu tanzen, sich gut zu bewegen, ja sogar etwas durch den Tanz ausdrücken zu wollen, aber sie besitzen offenbar keinerlei Gefühl für den eigentlichen Wesenskern des Tanzes, für die von ihm ausgehende Triebkraft oder dafür, warum sie sich so und nicht anders bewegen; da ist ein so erschreckender Mangel an Lebendigkeit in ihrem Innersten, und Lebendigkeit sollte doch – wenn man überhaupt etwas verlangen kann – die Grundvoraussetzung für das Tanzen sein. Vielleicht erwarte ich zuviel, aber es scheint mir, sie nähmen die Quintessenz allen Bemühens um Ausdruckskraft – die ausgereifte Tanzdarbietung – vorweg und vergäßen darüber die innere Motivation, die den Tänzer antreiben sollte. Ich kann in diesen fünf Tagen nur versuchen, ihnen das ein wenig bewußter zu machen, indem ich sie aufrüttele und den Versuch unternehme, sie aufzubauen und zu fördern. Aber das wird auch nur wieder eine leidvolle Erfahrung für sie, wenn sie es überhaupt begreifen; vielleicht wäre es besser und menschlicher, sie in ihrem jetzigen Schlafzustand zu belassen... und die von mir so genannte »Schaukelstuhl«-Tanzmethode zu verwenden... bequem, rhythmisch, monoton, sicher. Vielleicht sollten sie niemals ihren Schaukelstuhl verlassen, um jene Tiefen des trüben Gewässers aufzuwühlen, in dessen unmittelbarer Nähe sie sich durch das Leben schaukeln.

Ich glaube, ich möchte in ihnen gar nicht das Feuer entzünden, wenn es für sie ebenso qualvoll ist wie für mich. Ich frage mich, wie lange der Mensch in seinem Innern brennen kann. Es ist eine merkwürdige Flamme. Vielleicht ist sie zuträglich für die Heilige Johanna. Darüber mache ich mir Gedanken. Zumindest glaube ich, daß ich weiß wie es ist, wenn man langsam von innen heraus verbrennt… fühlt, wie die Flammen so von einem Besitz ergreifen, daß der Körper ständig glüht und alle Augenblicke droht, in Asche zu zerfallen. Das ist vielleicht schön anzusehen. Die Menschen hier sprechen mich auf meine Ausstrahlung an, ich sähe aus, als ob ich ein neues Leben begonnen hätte. Vielleicht aber ist das nur das letzte Verglühen und kein Neubeginn.

Morgen ist der 17. Juli. Ein Jahr ist seit London vergangen. Ich denke immer, etwas Besonderes wird morgen passieren. Ich weiß, es ist neurotisch, daß dieser Tag eine solche Bedeutung für mich hat. Aber ich hoffe immer noch, daß da ein Zeichen kommt. Natürlich hoffe ich, es wird von Erick kommen. Aber eine Sache erschreckt mich doch bei alledem, und das ist die Tatsache, daß meine Verzweiflung jetzt größer ist als jemals zuvor im vergangenen Jahr. Ich habe irgendwie das Gefühl, daß sie abnehmen sollte, aber das ist nicht der Fall. Oder ich sollte zumindest in der Lage sein, vernünftiger und klarer als noch vor Monaten darüber nachzudenken. Aber die Zeit scheint nur die Gefühle zu verstärken. Ich erinnere mich an eine Frau in Santa Fe, die im letzten Sommer Selbstmord beging; es war der siebte Jahrestag des Todes ihres Sohnes. Ich fand es damals noch unverständlich, daß sie in der Lage gewesen war, all diese Jahre zu überstehen und am Ende doch aufgegeben hatte. Heute jedoch kann ich die Intensivierung von Gefühlen der Verzweiflung nachempfinden. Die Zeit scheint mir nur ein Schmelztiegel zu sein, in dem das Feuer die Verzweiflung anheizt und sie bis auf ihren Wesenskern verbrennt, und am Ende ist ein reines und bedrohliches Gift entstanden, das in seiner Wirkung massiv und unfehlbar ist.

Im Juni ergriffen Gefühle der Verzweiflung in verstärkter Form von mir Besitz. Das hinterließ bei mir zumindest eine wichtige Erkenntnis: Ich war weit davon entfernt, mich befreit zu haben und immer noch in einer irrealen Hoffnung gefangen. An einem Samstag feierten wir den Abschluß des Juni-Kurses. Erick war da. Alles ging gut. Dann fragte er, ob er am nächsten Tag meinen Unterricht beobachten dürfe. Er kam und sagte, wie schön er alles empfunden habe. Auch am nächsten Tag bat er, zusehen zu dürfen. Danach schickte er mir eine kurze Nachricht und ein Buch mit Gedichten von Cummings und schrieb dazu, sie seien für ihn neben *Judith* das Schönste, was er sich vorstellen könne; das letzte Gedicht erinnere ihn an *Judith*, denn es sei für ihn das wundervollste Gedicht auf der Welt.

Barbara Morgan machte diese Porträts
von Erick und mir in Bennington.

Diese Anspielungen sind kleine Raffinessen einer ausgeklügelten Folter, obwohl das von ihm nicht so gemeint war. Er wäre schockiert gewesen, hätte ich ihm das gesagt. Ich tat etwas, als ich ihm für das Buch dankte... es war dumm von mir, aber ich konnte nicht anders. Es war der letzte Tag, und ich war müde und fühlte mich ein wenig verloren. Ich fragte ihn, ob ich mich um die Scheidung in diesem Sommer bemühen solle, da ich mich solange nicht darum bemühen würde, wie er nicht darauf bestehe. Ich weiß, warum ich das sagte. Ich wollte ihn rühren, verletzen, wollte einen persönlichen Kontakt mit ihm. Es war schwach und dumm von mir. Ich wurde allerdings nicht im geringsten emotional, obwohl ich ihm sagte, daß ich ihn noch immer liebte. Er erwiderte, das wisse er, und ich sollte mich nicht um eine Scheidung bemühen, sondern die Dinge so laufen lassen, wie sie sich entwickelten. Man sieht, wie furchtbar tief das sitzt und wie widerstandsfähig die Wurzeln sind, auch wenn kein Erdreich da ist, an das sie sich klammern und aus dem sie Nahrung ziehen könnten.

Ich bin kein besonders angenehmer Patient. Ich bin eigenwillig und halsstarrig. Ich bin nur einmal aus mir herausgegangen, denn ich hatte eine bestimmte Idee für einen Tanz und richtete in einem Brief an Virgil Thompson die Frage, ob er eventuell die Musik dafür schreiben würde. Aber ich schickte ihm keinen choreographischen Entwurf, denn ich hatte Bedenken, er könnte die Idee womöglich ablehnen. Es ist nicht *The Scarlet Letter*. Ich wollte mich zu diesem Zeitpunkt nicht wieder mit dem Leben einer anderen Frau auseinandersetzen müssen; vielleicht komme ich aber eines Tages wieder darauf zurück. Hier geht es um eine Nacht, und das Stück trägt den Arbeitstitel... *Point of the Wolves* oder *Promontory of the Wolves*. Erinnerungen werden wach in mir an Point Lobos mit seinen bizarr gekrümmten Bäumen. Das Geschehen spielt in einer Nacht oder einem Jahr oder einer ganzen Lebensspanne; entscheidend ist: es handelt sich um eine Krisenzeit, und die Wölfe symbolisieren die Gefräßigen, sie zerreißen dir das Herz mit der grausamen Gefräßigkeit, zu der nur sie fähig sind.

Die Choreographie könnte auch das Ensemble miteinbeziehen, aber im wesentlichen geht es um eine Frau und ihre Konfrontation während der Nacht mit ihrer emotionalen Zwangslage, gefangen wie Treibholz und tote Objekte in einem Wasserloch nach Rückgang der Flut. Ich habe an eine Sequenz gedacht: Sturm bei Abenddämmerung, Mondaufgang und Monduntergang, tiefe Finsternis und Tagesanbruch. Mein Geisteszustand gehört in den Bereich des Tagesanbruchs. Ich weiß, es wird irgendwann einmal ein Tagesanbruch kommen, aber zum gegenwärtigen Zeitpunkt fehlt mir noch das Gefühl dafür und die notwendige Wahrnehmungsfähigkeit. Aber es ist eine Gesetzmäßigkeit, daß auf die

Nacht immer ein Tagesanbruch folgt – die lichtüberflutete Substanz des anbrechenden Tages. Wenn ich diese kontinuierliche Entwicklung durchlebe bis zu dem Punkt, an dem ich vielleicht etwas von dem wundervollen Augenblick des durchdringenden Grüns wahrnehmen kann, dann signalisiert das die Rückkehr zu Farbigkeit und Lebendigkeit – zum Tagesanbruch. Vielleicht habe ich aber noch nicht den Augenblick der tiefsten Finsternis durchlebt, die dem Tagesanbruch vorausgeht. Ich lebe vielleicht noch in der seltsamen und fremdartigen Fantasiewelt der Mondnächte, deren Bilder wundervoll und erschreckend zugleich sind, nicht weniger als die Realität der Gegenwart, die mich in die zauberhafte Anonymität entlassen könnte – in den Tagesanbruch.

Das klingt vage. Es ist vage und auch wieder nicht.

Haben Sie das Buch *The Sea Around Us* von Rachel Carson gelesen? Ich halte es für bedeutend. Es ist ein wissenschaftliches Werk, und doch spricht aus ihm das Geheimnisvolle und Märchenhafte aller fundamentalen Lebensäußerungen, das für Lyrik so charakteristisch ist. Selbst die Kapitelüberschriften lesen sich ein wenig wie die Reise, die jeder von uns in seinem Leben unternimmt. Der erste Teil ist überschrieben *Mutter Ozean*. Dann folgen die weiteren Kapitel:

Die grauen Anfänge
Die Struktur der Erdoberfläche
Wandel der Jahreszeiten
Das dunkle Meer
Die verborgenen Landstriche
Der lange Schneefall
Die Geburt einer Insel
Die Gestalt der Ozeane im Altertum

Obwohl das Buch wissenschaftlich geschrieben ist, liest es sich doch wie eine Fieberkurve jeder Evolution – Evolution des Menschen oder Evolution der Welt –, und die Zielpunkte sind die gleichen, mit denen auch das Innere des Menschen auf seiner Lebensreise konfrontiert wird. Vielleicht kehre ich zu den Bildern zurück, von denen Sie gesprochen haben, ich weiß es nicht. Etwas daran ist erschreckend. Es macht so schrecklich einsam. Ich kämpfe gegen diese Vereinsamung und gegen das langsame Fortschreiten des Lebens in warme Brutregionen weit unterhalb der Oberfläche; überall ist Wandel und Sterben... und langsame Einstellung auf die Bedürfnisse der Umwelt und des Wandels. Das Hinübergleiten von Erscheinungen in neue Formen geschieht zum erschreckenden Preis des Verlusts von Lebensenergien der verschiedensten Art. Es ist alles unversöhnlich und kalt und grausam, zerstörerisch und letztlich doch strahlend, denn die Zeit birgt keine Schrecken für all die Lebensäußerungen, die Zeit als unabänderliche Gesetzmäßigkeit anerkennen. Ihre einzige Bestimmung ist ihr Wirken für die Kontinuität. Sie ist der Tanz des Shiva. Da ist der ewige Tanz mit dem immerwährenden Lächeln und dem immerwährenden unversöhnlichen Rhythmus der Zeitlosigkeit, einig mit dem Tod der Zeit.

Wenn Sie mir erlauben, Ihnen gelegentlich zu schreiben und wenn Sie meine Briefe so aufnehmen, daß Sie sich nicht gestört fühlen oder diese Ihre Gedanken und unendlich wichtige eigene Entwicklung nicht beeinträchtigen, dann werde ich Ihnen schreiben. Aber Sie brauchen mir nicht zu antworten. Ich tanze in Briefform einfach etwas durch, was ich noch nicht erklären kann. Meine Haare fallen dann wild herunter, und ich höre nichts mehr. Oder wenn ich doch etwas höre, dann ist das vielleicht der Rhythmus meines Herzens, vor dem ich Angst habe. Vielleicht hoffe ich, durch bestimmte destruktive Methoden des Experimentierens meinen Herzschlag zu finden.

Gestern bin ich nach meiner Ankunft hier an den Strand gegangen. Es war heiß und zauberhaft, das Meer hat etwas Geheimnisvolles trotz des lauten Brandungsrauschens. Es war ein Privatstrand, an dem agile Familiengrüppchen auf und ab wanderten. Ich saß dort stundenlang. Ich beobachtete und wartete auf irgendein Zeichen. Etwas zerrte in mir. Dann kam mir der Gedanke, daß ich häufig zum Scherz gesagt hatte, in meinem nächsten Leben würde ich wieder als Tänzerin geboren werden... als Ballettänzerin, und dann würde ich *Schwanensee* tanzen. Aber gestern erkannte ich, daß es das nicht war, sondern daß ich Kinder haben würde. Ich glaube, das hätte ich niemals zuvor von mir sagen können. Ich hatte es niemals vermocht, mich freizugeben, ein ganz einfaches und elementares Instrument für das Leben zu werden; ich hatte immer danach gestrebt, die Kontrolle oder die Herrschaft zu bewahren, selbst gegen die Natur... oder ich hätte auch gerne danach gestrebt, noch mehr als Gilgamesch bis in alle Fasern meines Körpers göttlich zu werden.

Ich hoffe, der Sommer bringt Ihnen den Frieden, die Freude und die Arbeit, die Sie sich wünschen und die Sie benötigen. Es hat mir gut getan, mit Ihnen sprechen zu können.

Martha

Liebe Mrs. Wickes!

Ihr Brief war wundervoll. Ich habe ihn viele Male gelesen und habe dabei erkannt, daß meine Beschäftigung mit den Wölfen oder mit dem Gedanken an den Tod in gewisser Weise zerstörerisch war, oder lassen Sie es mich so ausdrücken: Teil der Wahrheit und nicht das Abbild der Wahrheit selbst, auch nicht in meiner eigenen Vorstellung. Ich habe einige sehr schlimme Tage hinter mir, besonders seitdem ich hier in Santa Fe bin. Ich bin überzeugt, daß ein Teil der Stärke, die es mir ermöglicht hat, auch dann weiterzuarbeiten, wenn es so schien, als ob ich keine Substanz mehr dafür hätte, in mir einen Charakterzug der Zähigkeit ausgebildet hat und dieser nun Teil meines ganzen Verhaltens geworden ist; auch die Geschichte mit Erick fällt darunter. Ich lasse es geschehen, zögernd, wenn überhaupt.

Craig Barton kam für eine Woche hierher. Ich glaube, ich habe Ihnen von ihm erzählt. Er fuhr seinerzeit als Manager mit uns nach Europa. Es war Craig, an den ich dachte, als wir über meinen Traum sprachen, von dem ich aufwachte und über den ich mich sagen hörte... »Ich muß erst nach Süden fahren, bevor ich nach Westen gehe.« Es war das erste Mal, daß Craig, Lee, Bethsabée und ich nach unserem Treffen in jener besagten Nacht in London wieder zusammen waren. Ich hatte geglaubt, daß ich bereits alle Tiefen dieses Erlebnisses ausgelotet hätte, aber ich merkte, daß das nicht der Fall war. Da waren verschiedene Dinge, die ich mir immer noch nicht hatte eingestehen können, und teilweise hingen sie mit meinem eigenen Verhalten zusammen. So wurde mir nach und nach einiges klar, als wir zwischen Picknicks und Besuchen indianischer Tanzveranstaltungen über die Dinge sprachen. Eines Abends schien das alles zu viel für mich und ich begann zu weinen. Das erschreckte Craig, wie das normalerweise bei Männern zu sein pflegt, die Frauen in Phasen tiefster innerer Zerrüttung nicht verstehen. Aber nach einigen Tagen der Verzweiflung hat sich diese nun zu einer Bewußtseinslage gewandelt, in der ich sie als unausweichlichen Teil des Bildes verstehe, dessen Einzelteile zusammengehören. Craig fuhr vor einer Woche wieder ab.

Es hat wie üblich Parties hier gegeben, und sie waren sehr amüsant. Morgen fahren wir nach Los Alamos zum Dinner. Solche Gelegenheiten sind immer seltsam und vielschichtig in ihrer Bedeutung. Die Feindschaft gegen diesen Ort ist tief verwurzelt, das ist unvermeidlich. Aber da gibt es meiner Meinung nach auch noch einen anderen Aspekt, und der kann konstruktiv wirken. Es ist mir immer so vorgekommen, als ob ein Kampf zwischen Gut und Böse im allegorischen Sinn stattfindet und beides – Gut und Böse – nötig ist, um das Absolute, oder vielleicht auch das eine Absolute zu schaffen. Es hat hier durchaus Tage gegeben, an denen wir nichts anderes taten, als am Swimming-pool zu liegen. Wir wohnen in einer Art Landhaus-Hotel, wo wir meistens selbst kochen. Diese Freiheit ist herrlich. Aber es hat auch Tage gegeben, an denen alles so sinnlos aussah, so gänzlich ohne Zukunftsperspektive.

Ich habe den Brief an Erick noch nicht geschrieben. Er bedeutet für mich, daß ich in der Lage sein müßte, mich ein für alle Mal von ihm loszureißen; und das habe ich bisher gescheut. Aber die Zeit, da ich dazu in der Lage sein werde, kommt immer näher. Ich erlebe einige seltsame Offenbarungen... einige verwirrende Träume und Ereignisse, die ich in bestimmter Weise gedeutet habe, obwohl ich da vielleicht falsch liege. Von einem Ereignis möchte ich Ihnen gern berichten: Craig hatte in Karachi einen indianischen Jungen in seinem Ensemble, der aus dem Cocheti Pueblo stammte, das hier in der Nähe liegt. Craig hatte den Wunsch, ihn wiederzusehen und so forschten wir nach ihm. Er ist inzwischen verheiratet, arbeitet in einer G.I.-Schule für Zimmerer und hat zwei kleine Söhne, einer davon ist ein Jahr alt. Matthew, der Einjährige, wurde mit einer Mißbildung des Herzens geboren. Es ist nicht normal funktionsfähig, so mußten sie ihn in das hiesige Krankenhaus bringen und warten nun auf die Operation. José, der Vater, kann das nur schlecht begreifen. So machte Craig sich die Mühe, ihn von der Notwendigkeit der Operation zu überzeugen; und dazu gingen wir in das indianische Krankenhaus hier am Ort. Das Ergebnis brauche ich Ihnen nicht zu schreiben, wir waren in der Lage, José zumindest teilweise zu überzeugen und glauben, daß die Verantwortlichen ihr Bestes tun werden. Wir sprachen darüber auch mit dem leitenden Arzt. Aber der springende Punkt liegt ganz woanders.

Im Krankenhaus lernten wir ein sechs Monate altes Mädchen kennen, das zur Adoption freigegeben war. Es ist seit seiner Geburt hier. Ich durfte es sehen, es war entzückend. Ich erzählte Bethsabée davon, und dann begannen die Überlegungen. Ich dachte an dieses Kind, dachte ernsthaft darüber nach, wie es wäre, wenn ich es adoptierte. Bethsabée versprach, mir das Geld zu geben. Ich kann nicht sagen, daß ich diesen Gedanken in seiner ganzen Konsequenz durchspielte, aber dieser Gedanke beschäftigte mich, so wie sich ein Phantasiebild zuweilen im Kopf festsetzt. Eines Nachts lag ich nachdenklich im Bett, und in einem bestimmten Augenblick zwischen Schlafen und Wachen wurde das Mädchen seltsame Realität. Ich sah es und mich in gemeinsamer Zukunft. Ich sah mich mit ihm spazierengehen. Ich sah sogar seinen Namen und hörte mich ihn akzeptieren. Sie heißt eigentlich Sandra. Ich wußte das damals nicht, also nannte ich sie Erika. Ich glaube, es war überraschend für mich, denn es war die lebendigste Realität, die ich jemals im Zusammenhang mit einem Kind durchlebte, die vollendetste Identifizierung meines Lebens mit dem eines Kindes. Natürlich wurde aus der Sache nichts. Ich erkundigte mich nach ihr und den Umständen ihrer Geburt, aber selbst da wußte ich schon, daß ich ihr nur helfen wollte, ein Elternhaus zu finden, wenn dafür finanzielle Mittel erforderlich seien, da ich mich in dieser Hinsicht auf Bethsabée verlassen konnte.

Ich glaube, mein Konzept des Tanzes ist mittlerweile in eine neue Phase eingetreten. Es ist die konzeptionelle Fortsetzung von *Point of the Wolves,* wovon ich Ihnen schrieb. Ich habe immerfort an die Zypresse gedacht... das Zeder-Emblem des Libanon, von dem Sie mir erzählten, und ich glaube, dieses Symbol der Beständigkeit im Angesicht der Naturelemente war auch tief in meinem Innern verwurzelt. Ich habe zwei schlimme Tage hinter mir, in denen ich in tiefsten Depressionen gefangen war. Auslösende Momente waren einerseits der Ort Santa Fe und andererseits die Abreise Craigs. Aber ich bin dennoch froh, daß ich die Sommertage hier verleben kann. Die Stadt hat sich für mich gewandelt, sie ist nicht mehr allein der Ort, an dem ich geheiratet habe. Sie besitzt ihre eigene Schönheit und wird für mich eine eigene Dynamik haben, unabhängig von der Erinnerung an jene bitteren Erfahrungen.

In meiner tiefsten Verzweiflung stand ich inmitten meines Zimmers und versuchte, das unheimliche Tief zu durchbrechen. Ich breitete meine Arme aus und sagte: »Warum soll dieser neue Tanz nicht heißen: ›Ich heiße dich willkommen meine Liebe‹.« Dann wußte ich, ich würde zu einem Ergebnis kommen, auch wenn der Titel oder die Konzeption niemals treffend wären. Die Konzeption scheint sich nochmals zu wandeln. Vielleicht wird sie die Form eines Schreibens annehmen; sie könnte selbst die Form eines Briefes annehmen, den ich eines Tages an Erick schreiben werde, obwohl er ihn möglicherweise niemals zu sehen bekommen wird. Ich glaube, sie hat mich nicht unglücklich gemacht oder sentimental; und sie scheint in gewisser Weise die Form der Wolfs-Konzeption zu haben, aber ganz anders...

Dämmerung... Sarabande der Rückschau

Mondaufgang
Mondleuchten
Monduntergang
Wachrufen der Erinnerung – absichtsvoll und gezielt ohne Verzweiflung.

Finsternis
tiefschwarzes Wunder – nichts ist gegenwärtig
nur der Lebenskampf an sich.

Ich wünschte mir, es könnte ein vollendetes Werk werden, getanzt ohne Beeinträchtigung durch sinnlose Enthüllungen. Es wäre denkbar, daß das Persönliche in allgemeingültige Aussagen über Lebenserfahrungen gekleidet werden könnte. Es soll keine getanzten Liebesduette geben, und im ganzen Stück tritt kein Liebhaber auf. Ich setze mich jetzt nicht mehr mit ihm persönlich auseinander, sondern mit mir selbst, um das elementare Gefühl einer Liebenden zu begreifen und nicht die konkrete Liebesbeziehung.

All dies entwickelt sich noch. Es hilft mir, wenn ich Ihnen darüber schreiben kann, und wenn Sie mir das nicht übelnehmen, bin ich dankbar. Es entsteht etwas. Vielleicht entspricht es noch nicht meinem Wunsch, und ich werde noch weiter darüber nachdenken müssen, um das Gewünschte zu verwirklichen, um in ein geborgeneres und einfacheres Leben zurückzufinden... dabei wird in keinster Weise irgendeine Zukunftsperspektive entworfen, es sei denn, sie eröffnete mir einen Weg, wie ich die Zukunft, wie immer diese auch aussieht, meistere. Vielleicht muß ich die Zukunft so projizieren, wie ich sie verstehe, durch den Tanz oder die Bühnenarbeit; ein Musterbild all der vergangenen Jahre ist notwendig. Ich weiß, es liegt eine große Gefahr für mich in diesem Thema. Aber ich glaube, das Risiko läßt sich reduzieren, wenn ich mir bewußt mache, daß ich ein sentimentales Klageweib bin... zumindest glaube ich das. Ich meine, es besteht in gewisser Weise sogar eine Notwendigkeit, sentimentale Erinnerungen in etwas Konstruktives und vielleicht Kreatives umzuschmelzen.

Ich habe hier das Museum der Navajo-Religion besucht, wo ich die Reproduktion eines Navajo-Sandbildes sah, auf dem breite Farbstreifen über das gesamte Gemälde liefen, und zwar von Nord nach Süd, und wie üblich lag der Zugang im Osten. Die Farben hatten folgende Reihenfolge: weiß, schwarz, grau, gelb. Der Museumswärter erklärte mir die Bedeutung der Farben für die Navajo. Ich habe die Einzelheiten vergessen, aber ich hoffe, sie vor meiner Abreise noch in Erfahrung zu bringen. Es hat mit Himmelsrichtungen und Jahreszeiten zu tun. Als wir später in den Frijoles-Canyon fuhren, sah ich im dortigen Museum eine Reihe von Erdformationen, die Aufschluß gaben über die verschiedensten Schichten des Vulkangebietes oder über die vulkanischen Aktivitäten, und die Farben glichen denen des Sandbildes. All das ist Ihnen natürlich wegen Ihrer so unglaublich natürlichen und unendlich weisen Lebensbejahung und Lebenserfahrung bekannt. Aber ich schreibe auch nur von einem Erlebnis, das ich hatte.

Das ist ein langer Brief geworden, länger als er ursprünglich sein sollte. Ich habe Ihnen aber noch nicht über Erick geschrieben und seinen Brief, den ich vor meiner Abreise aus New York erhielt. Aber das hat wenig oder gar nichts mit dem hier Geschriebenen zu tun. Ich kann nicht einmal sagen, welchen Einfluß er auf mich überhaupt hat, abgesehen davon, daß ich bisher nicht in der Lage gewesen bin, gewisse Dinge aus meinen Gedanken zu verbannen, indem ich sie schlicht und einfach durch andere Gedanken ersetzte. Ich weiß, das steht ganz im Gegensatz zur Unterdrückung von Gefühlen. Ich weiß aus meinen Träumen, daß ich wohl immer noch in meinem Groll gefangen bin. Aber diese erneute Auseinandersetzung mit London, und diesmal mit etwas mehr Gründlichkeit, hilft mir, mich von meinem Schuldbewußtsein zu befreien, so daß ich es mit der Zeit auch von dem mich noch fesselnden Gedanken, dem verletzten Stolz, werde trennen können. Aber wenn man überhaupt an den Punkt gelangt, an dem man bis zu einem gewissen Grade das Bewußtsein eines unvergeßlichen Fehlverhaltens auslöschen kann, dann ist das eine Erlösung. Das letzte ist ein wenig verworren.

Ich hoffe, Sie haben eine schöne und fruchtbare Zeit verlebt, ja ich bin mir dessen sicher. Aber trotzdem mache ich mir, das ist vielleicht vermessen, ein wenig Sorgen um Sie. Aber ich glaube wohl diesen Gedanken aussprechen zu dürfen, denn ich verehre Sie. Ihre Hand wacht über meinem Leben.

Martha

Mission Inn
Santa Barbara, Kalif.
1. August 1952

Liebe Mrs. Wickes,
ich hatte Katharine Cornell versprochen, einige Tage zu ihr nach Vineyard zu kommen, was ich auch tat. Es war meine Zeit des Zügeverpassens. Seit Connecticut habe ich alle Züge verpaßt, bis auf den einen nach Kalifornien. Ich bin seit Samstag hier und habe einen Tag mit einer leichten Magenverstimmung im Bett gelegen, aber jetzt sehe ich schon wieder etwas besser aus... zumindest habe ich nicht mehr die tiefen Furchen überall im Gesicht... ich meine mehr als normalerweise. Meiner Mutter und meiner Schwester geht es gut. Mutter ist natürlich

besitzergreifend in ihrer Liebe, aber das ist nichts Unerwartetes oder Außergewöhnliches. Doch es kommt natürlich immer wieder wie ein Schock, da man es leicht vergißt; aber ich werde damit fertig. Ich fahre für zehn Tage nach Santa Fe, und das wird eine bezaubernde Rückkehr in dieses so gesegnete Land. Außerdem möchte ich einen Komponisten in San Francisco wegen eines neuen Stückes besuchen. Ich weiß, ich sollte auch ein bißchen leben und vielleicht kann ich das, wenn ich ein wenig zurückstecke. Aber das braucht seine Zeit.

Dies ist in verschiedener Hinsicht eine seltsame und erdrückende Zeit. In gewisser Weise ist es mehr Verzweiflung, wenn umfassendes, oder besser gesagt, umfassenderes Annehmen der Tatsachen Verzweiflung bedeutet. Meine Reise quer durch das Land war diesmal schwer zu ertragen. Sie war wie immer wunderschön, aber sie löste in mir Erinnerungen und unendliches Verlangen aus. Diese Erkenntnis scheint nur noch tieferen Schmerz zu verursachen, und das unendliche Verlangen scheint sich nur noch zu verstärken. Aber ich bin mir bewußt, daß ich das durchstehen muß und daß keine Auflehnung und Selbsttäuschung mir Erleichterung bringt oder einen Ausweg bietet. Das Leben wird einen anderen Verlauf nehmen, wenn die Verzweiflung in ihrer ganzen Tiefe durchlebt worden ist. Ich glaube, ich beginne zu verstehen, was Sie damit gemeint haben, gewisse Tatsachen zu akzeptieren – zu leben im oder mit dem Schmerz – und den Unterschied zu erkennen. Ich erkenne, daß es nicht darum geht, wie man dem entkommt, sondern wie man damit umgeht und wie man dem begegnet. Vielleicht bin ich in meinem Zustand gefangen. Aber ich habe Leidensgenossen in der ganzen Welt.

Ich würde Ihnen gerne etwas Erfreuliches schreiben, da sich das so düster anhört. Aber ich bin nicht düster. Ich bin vielleicht gefangen oder glaube, ich sei es, aber nicht in der Weise, daß ich mich ebenso unglücklich fühlte wie letztes Jahr um diese Zeit. Der einzige Unterschied zu letztem Jahr besteht darin, daß heute keine Hoffnung zu bestehen scheint. Ich kann nicht einmal behaupten, da wäre überhaupt keine. Hoffnung ist korrumpierend, zersetzend. Sie steht, glaube ich, in engem Zusammenhang zu individuellen Wünschen. Vertrauen dagegen scheint mir die Anerkennung einer umfassenderen Seinsweise und hat weniger unmittelbaren Bezug zu individuellen Wünschen. Vertrauen ist notwendig, Hoffnung dagegen nicht. Ich glaube die Anerkennung größerer Seinszusammenhänge – und das bedeutet Vertrauen – verleiht dem Menschen erst die Aura der Anmut, unabhängig davon, wie groß seine Verzweiflung oder sein Elend auch sein mag. Ich glaube, der Mensch erlangt niemals Anmut, wenn er in Hoffnung, eigensüchtiger Hoffnung, gefangen ist. Sie sehen, meine Liebe, diese Vorstellungen in mir sind nur schwer auszurotten. Werden sie überhaupt jemals auszurotten sein?

Martha

El Mirason Hotel
Santa Barbara, Kalif.
30. August 1953

Liebe Mrs. Wickes,
es war ein herrlicher Sommer. Ich habe meinen Depressionen standgehalten und einige Dinge getan. Aber nun sollte ich mich langsam davon lösen. Es besteht ein seltsames Verlangen im Sommer, und ich bin damit nicht fertig geworden, sieht man einmal von dem Problem Erick ab. Ich meine, wenn man niemanden hat, der für einen da ist. Wissen Sie, was ich meine? Ich weiß, Sie verstehen mich. Ich muß hier eine Rolle spielen, auch in bezug auf meine Mutter. Nicht daß das unerfreulich wäre, aber es bedeutet, daß ich als Frau eine schwere Zeit durchmachen muß. Es kann sein, daß ich das falsch anfasse; ich werde sehen. Vielleicht bin ich nur die Eitle, die die ganze Zeit unterstützt werden muß, aber ich glaube, ich wäre augenblicklich lieber anonym. Das hört sich großspurig an, ich weiß. Aber ich vertraue darauf, daß Sie mir auf die Schliche kommen, wie sehr ich mich auch bemühe, Ihnen auszuweichen.

Immer Ihre
Martha

Hotel Des Indes
Holland
28. März 1954

Liebe Mrs. Wickes,
ich lese gerade ein wundervolles Buch. Es bedeutet mir sehr viel. Die einzige Zeit, die ich dafür habe, sind die wenigen Augenblicke der Besinnung vor dem Schlafengehen. Es ist das neue Buch von Alan Watts, *Myths and Ritual in Christianity*. Es erscheint mir ganz wundervoll und ich beginne endlich, *Dark Meadow* zu ver-

stehen und woher die Idee dazu kam. Das ist eine Freude. Oh ich bin ja so dankbar für alles, das mich zu Ihnen und in die geheiligte Oase Ihrer Wohnung geführt hat. Das bedeutet mir alles, obwohl mir zuweilen alles entgleitet, weil ich einsam bin. Nicht in dem einen, sondern im anderen Sinn. Es war sowohl ein großes als auch kleines Vergnügen hier in Holland als Frau angesehen und anerkannt zu werden.

Immer Ihre
Martha

Es ist erstaunlich, was die menschliche Seele ertragen kann, wenn man nur entschlossen genug ist. Ich kann immer noch nicht begreifen, wie Erick und ich nach der Trennung auf der Bühne zusammen tanzen konnten. Ob das nun ein Tanz über die Bewältigung der Eifersucht war, ich Medea und er Jason, oder ein Tanz über die zarte Liebe wie in *Appalachian Spring*, er der Bräutigam, ich die Braut, es kam der Realität so nahe, daß es mich zuweilen ganz krank machte.

Erst Jahre, nachdem ich begonnen hatte, Aufführungsrechte für meine Einstudierungen zu erteilen, konnte ich ertragen, andere Tänzerinnen unsere Rollen tanzen zu sehen. Meine Lebensphilosophie ist: Schaue niemals zurück, gib dich niemals nostalgischen Erinnerungen hin. Aber wie soll man dem entgehen, wenn man auf die Bühne schaut und dort einen Tänzer sieht, der so geschminkt ist, wie du selbst vor dreißig Jahren und der ein Stück tanzt, das du zusammen mit jemandem geschaffen hast, mit dem dich damals eine tiefe Liebesbeziehung verband, mit deinem Mann? Ich meine, das ist ein Höllenkreis, den Dante vergaß zu beschreiben.

Es hat nie jemanden nach Erick gegeben. Vielleicht war das falsch von mir. Vielleicht hätte da jemand sein sollen. Aber da war niemand. Es hat niemanden gegeben. Überhaupt nichts, weder eine flüchtige noch eine bedeutende Beziehung.

Dark Meadow *mit Erick, 23. Januar 1946.*

Folgende Verse schrieb ich in mein Tagebuch, kurz nachdem Erick mich verlassen hatte:

Ich weiß, es war der Schmerz,
dieser so unendlich entbehrungsreichen, nagenden Stunden,
der mich nun verzehrt, Geliebter,
wenn ich zuweilen nach deinem Ärmel griff.

1954 ging ich mit meinem Ensemble auf eine vom Außenministerium arrangierte Tournee. Wir traten in den größten Städten Japans, Indonesiens, Indiens, Pakistans, Irans und Israels auf. Vor unserer Abreise wurde ich ständig gefragt: »Aber wie sollen die Menschen Ihre Tänze verstehen? Werden Sie denn nicht enttäuscht sein, wenn das Publikum Sie nicht versteht?«

Ich erwiderte dann immer: »Es interessiert mich nicht, ob sie mich verstehen. Wichtig allein ist für mich, ob sie fühlen, was ich sagen will.« Und auf dieser Grundlage habe ich stets versucht – durch meine Tänzerinnen und durch alle möglichen mir verfügbaren Mittel –, das Potential für ein geschärftes Bewußtsein im Menschen zu wecken, bislang verschlossene Türen aufzustoßen.

Als wir das erste Mal in Italien, in Florenz, tanzten, provozierten wir einen ziemlichen Skandal. Das Publikum war außer sich. Sie hatten noch niemals ein Ballett in der Form gesehen, wie wir es auf die Bühne brachten. Damals erwarteten sie Tänzer, die auf Spitze tanzten. Und natürlich waren wir, größtenteils, barfuß.

Wir tanzten *Dark Meadow,* für das die Vorstellung Platons von den finsteren Gründen der Schicksalsgöttin Ate Vorbild war. Ich war nicht der Meinung gewesen, es sei das richtige Stück für Italien, aber die anderen waren überzeugt davon, und so hatte ich schließlich zugestimmt. »Es ist genau das, was die Italiener sehen wollen«, sagten sie. »Und es hat außerdem einen so wundervollen Titel.«

Das Publikum warf zwar nicht gerade mit Gegenständen, obwohl es mich nicht überrascht hätte, wenn aus den ersten Reihen etwas auf die Bühne geflogen wäre. Aber das Mißfallen der Zuschauer war so unüberhörbar, daß ich mich entschlossen und abrupt mit einer Geste ans Publikum wandte. Ich erhob meine Hand, und das Publikum verstummte. Meine Hand besaß die magische Fähigkeit, sie einen Augenblick lang zum Schweigen zu bringen. Dann sagte ich leise: »Sie haben das Recht, sich düpiert zu fühlen. Ich nehme das ernst.«

In Castel Gandolfo vor einer Papst-Audienz, August 1984.

Als das Publikum das nächste Mal sein Mißfallen äußerte, wiederholte ich diese Geste. Und das Publikum ging wieder darauf ein. Als ich sie zum letzten Mal wiederholte, und sich der Vorhang gesenkt hatte, sagte ich zu allen auf der Bühne: »Niemand verbeugt sich heute abend vor dem Publikum. Niemand. Richten Sie Ihre Augen auf den Boden und stehen Sie ganz still.«

Dann ging der Vorhang hoch für unsere Verbeugungen, aber wir standen regungslos. Alles war still, und es kam ein Seufzen aus dem Zuschauerraum. Keine Verbeugung. Vorhang runter.

Dann folgte großer Applaus vom Publikum, Vorhang auf. Keine Verbeugung. Vorhang runter.

Und so ging das einige Zeit weiter. Schließlich ging ich, als das Publikum gerade still war, an den Bühnenrand und verneigte mich vor meinem Ensemble. Ruhig sagte ich dann zum Mann am Vorhang: »Das genügt. Kein weiterer Vorhang.« Und damit war die Angelegenheit erledigt.

Das war die erste von sechs Vorstellungen in Florenz. Danach hatte ich keine Probleme mehr. Ich denke gern daran zurück, daß mir die Stadt Florenz Jahre später eine wundervolle Goldmedaille mit dem Bildnis Leonardo da Vincis verlieh.

1984 hatte ich, nach einem besonders erfolgreichen Auftritt in Rimini, wo Tausende von interessierten Zuschauern keinen Einlaß mehr fanden, eine Audienz bei Papst Johannes Paul II. in seiner Sommerresidenz Castel Gandolfo.

Ich wurde mit dem Auto dort hingebracht. Wir erkundigten uns vorher, ob es einen Raum für mich gäbe, in dem ich meine Reisekleidung ablegen und mein langes schwarzes, von Halston entworfenes Samtkleid mit Cape anziehen könnte, das auch meinen Kopf bedeckte. Ich wollte dem Papst nicht in meinem zerknitterten Kleid gegenübertreten.

Ich wurde in einen kostbar ausgestatteten Raum geführt, und dann kam der Papst auf mich zu. Er sagte nur: »Sie sind Martha.«

»Ja, ich bin Martha.«

Er schenkte mir einen Rosenkranz. Nach meiner Audienz sah ich ihn mit Kindern der verschiedensten Kulturen in ihrer Muttersprache singen, Tschechisch, Polnisch und Italienisch.

Als ich von Castel Gandolfo zurückkehrte, traf ich zufällig Swifty Lazar im Grand Hotel. Swifty kennt viele berühmte Menschen und prahlt gern ein wenig damit. Natürlich fragte er mich, wo ich heute nachmittag gewesen sei, denn ich trug immer noch mein schwarzes Kleid.

»Beim Papst«, war meine Antwort. Ausnahmsweise war Swifty einmal sprachlos.

*Mit Papst Johannes Paul II. nach einem Auftritt meines
Ensembles in Rimini.*

In Karachi, in Pakistan, gebrauchte ich meine Hand in ganz anderer Weise als in
Florenz, und zwar instinktiv. Wir hatten gerade unseren Auftritt gehabt und
waren vom Leiter des Museums zu einem Empfang geladen worden. Ich kam als
eine der Letzten an, nachdem ich mit Abschminken und Umziehen fertig war
und betrat einen großen langgezogenen Raum, der bereits überfüllt war. Sofort
erregte ein Vogel auf einer Stange an der anderen Seite des Raumes meine Aufmerksamkeit. Es war ein Falke, ein Vogel, den ich niemals zuvor gesehen hatte.
Ich hatte auch niemals die Haltung eines Falken während einer Falkenjagd gesehen, und soviel ich mich erinnere, auch nichts darüber gelesen. Ich weiß nicht
wieso, aber ich hielt meinen linken Arm vor meinen Körper, und sofort schwebte
der Falke, der weder angekettet war, noch eine Haube trug, in müheloser Leichtigkeit quer durch den Raum. Die geladenen Gäste unterbrachen augenblicklich
ihre Gespräche. Er flog mir entgegen und landete instinktiv und behutsam auf

Mit Jim Thomsons zauberhaftem Kakadu
in seinem Haus in Thailand.

meinem nackten Arm, denn ich hatte ein ärmelloses Kleid an. Einige Sekunden lang schauten wir einander in die Augen, und mir kam eine plötzliche Erkenntnis.

Denken Sie einen Augenblick über die Hand nach. Sie hat eine Menge wundervoller Eigenschaften. Denken Sie an das Händeschütteln zweier Fremder. Es zeigt: »Ich trage keine Waffen, meine Hände sind rein. Ich will dich nicht verletzen.« Deshalb ist es so außergewöhnlich und so wunderbar, Menschen in die Hände klatschen zu sehen.

In Burma gab man mir, nachdem wir *Cave of the Heart* getanzt hatten, einen Spitznamen, den man etwa mit »Amok laufender Elefant« wiedergeben könnte. Die von uns so genannte »Cave-Drehung« kommt von diesem Tanz; es ist eine Drehung in der fünften Position. Man dreht sich zur einen Seite, und während man sich immer weiter dreht, hebt sich das Bein vom Boden, so daß man eine weite Drehung ausführen kann.

In einer meiner ersten Nächte in Burma träumte ich von einer Löwin, die durch mein Zimmer schritt und mich aufforderte, ihr durch die weit geöffneten Türen ins Freie zu folgen.

In Rangoon tanzten wir auf einer Teakholz-Bühne, die eigens für unsere Darbietung auf dem Gelände der Schwedagon-Pagode errichtet worden war. Polster-möbel waren aus ganz Rangoon auf den Platz vor der Bühne gebracht worden. Während der Vorstellung kochten dort viele der Zuschauer ihre Mahlzeiten, und mir stieg der Geruch der wundervollsten Curry-Gerichte in die Nase, während ich Medea tanzte. Natürlich konnte ich vor meinem Auftritt nichts essen, aber ich freute mich auf ein schmackhaftes scharfes Curry-Gericht, eine meiner Lieblingsspeisen, wenn ich zu Ende getanzt hatte. An fünf Abenden kamen vier- bis fünftausend Zuschauer zu unserer Vorstellung. Ich erinnere mich, daß ich an einem Tag vor unserer Abendveranstaltung eine Dorfschule besuchte, wo ein reizender kleiner Junge für mich tanzte, während ich in seiner engen Schulbank saß. Die Einwohner aller von uns besuchten Länder machten mich auf unserer Tournee mit Aspekten ihrer Kultur bekannt, indem sie mir ihre Landestänze vortanzten. Und abends versuchte ich ihnen dann einen Eindruck unserer Tanzkultur zu vermitteln.

Heute steht in meinem Appartement ein Bett, das ich in Malaysia fand. Ich entdeckte es, als wir durch das Hinterland fuhren. Das Bett vereinigt Elemente der Schönheit und des Grauens – es ist ein Kunstwerk. Man erklärte mir, es sei früher ein Opium-Bett gewesen, ein kleines Bett, auf dem der Raucher lag, während er das Opium inhalierte. Aber dieses spezielle Bett ist auch zum Schlafen geeignet, und es besitzt zwei Schubladen – in einer bewahre ich alle mir verliehenen Medaillen auf, in der anderen Krimskrams, vom einzelnen Handschuh bis zu einer Haarnadel, an der ein Haken fehlt und die repariert werden muß. Jedes Stück besitzt eine bestimmte Bedeutung für mich. Es sind nicht nur einfach Gegenstände, sondern Dinge, mit denen mich auf die eine oder andere Weise eine Erinnerung verbindet.

Ich liebe Jade und habe einige Objekte in meinem Appartement. Eines meiner Lieb-lingsstücke ist ein *pi*, ein rundes, flaches Jadestück, welches der chinesische Kaiser den Göttern weihte, wenn er im Himmelstempel in der Verbotenen Stadt in Peking um eine reiche Ernte bat. Jade ist für mich wie die Stimme der Götter. Er ist wun-derschön, ob als Objekt, Tier, archaisches Gefäß oder *pi*. Jade ist erlesen und spie-gelt in seiner äußeren Form das, was Teil der Kommunikation mit den Göttern war.

Als wir in Indien auftraten, kam Nehru zu uns hinter die Bühne. Er war sehr human und kontaktfreudig und brachte uns Blumen. Er kam mit einer Schar von Kindern. Während wir miteinander sprachen, ließen uns seine Leibwächter nicht aus den Augen. 45 Jahre später wurde ich zu einem Empfang eingeladen, den seine Tochter Indira Gandhi für eine Frauengruppe in New York gab. Ich zögerte anzunehmen und plagte meine Freunde mit meiner Unschlüssigkeit: »Warum sollte ich hingehen, sie wird nicht einmal wissen, wer ich bin.«

Ich betrat einen langgestreckten Raum, in dem sich viele Menschen eingefun-den hatten. Als ich mir meinen Weg durch die Menschenmenge bahnte, entfernte sich Indira Gandhi von einer Gruppe, kam direkt auf mich zu und schaute mir tief und offen in die Augen.

»Erinnern Sie sich nicht mehr an mich?« fragte sie. »Mein Vater nahm mich vor vielen Jahren mit zu einem Ihrer Tanzauftritte in Neu Delhi.«

Unvergessen ist mir auch ein Besuch an Mahatma Gandhis Grab geblieben. Es war mit unzähligen Blumen geschmückt, und die Besucher umringten es schwei-gend. An seinem Grab steht ein indischer Feigenbaum, ein riesiges Exemplar jener Baumspezies, die mehrere Stämme ausbildet. Die Wurzeln senken sich aus der Baumkrone in die Erde hinab, ein neuer Baum, ein Nachkomme, wächst empor, und am Ende entsteht ein neuer Feigenbaumwald.

Nehru war ein ganz anderer Mensch als der Nizam von Hyderabad, vor dem meine Schwester Geordie und andere Denishawn-Tänzer 1920 auf ihrer Asien-Tournee aufgetreten waren. Während sie auf der Bühne tanzten, war er von sei-nem erhabenen Thron herabgestiegen, hatte sich unter die Tänzer auf der Bühne gemischt und die Stoffe ihrer Gewänder berührt, während sie weitertanzten. Am Ende der Darbietung hatte er jedem die Hand geschüttelt und seine Leibwächter angewiesen, ihm zu folgen; sie trugen eine goldene, mit Smaragden und Rubinen verzierte Kiste. Er war damals der reichste Mann der Welt. Geordie erzählte mir seinerzeit, daß alle sehr gespannt gewesen wären auf das Geschenk, das er jedem einzelnen überreichen würde. Die Kiste wurde behutsam geöffnet und das erste Geschenk überreicht: eine Orange.

Moshe Dayan war sehr stolz auf seine 10 000 Jahre alte Stein-Maske, die er mir in seinem Garten in Tel Aviv zeigt.

Während meines letzten Aufenthaltes in Israel besuchte mich ein Freund aus alten Tagen, der Bürgermeister Jerusalems, Teddy Kollek, in meinem Hotel auf dem Ölberg, und wir erlebten dort gemeinsam den Sonnenuntergang, jenes dramatische Geschehen eines Sonnenuntergangs – zuerst ein Feuerball und plötzlich, fast ungestüm, nichts mehr. Eines Nachmittags schenkte ich Teddy ein sehr altes, dünnes und durchscheinendes Jade-Objekt, einen Drachen, der sich in seinen Schwanz beißt. Er revanchierte sich mit einem wundervollen blauen Glas-Objekt aus Rom, einer Münze mit geprägtem Frauenkopf. Später erfuhr ich, daß diese Münze früher zum Eintritt in ein Bordell in Alt-Jerusalem berechtigte.

1964 hatte ich mit Bethsabée de Rothschild zusammengearbeitet, um die Batsheva Dance Company, Israels erstes Ensemble für Modernen Tanz, auszubilden; später habe ich ihnen zeitweilig einige meiner Werke als Repertoire zur Verfügung gestellt. Am Anfang war ich nicht sehr optimistisch, daß das Ensemble erfolgreich sein würde. Die Mädchen waren in so schwere Gewänder gekleidet, einige sogar in Armee-Uniformen. Keinerlei Bühnenwirksamkeit, dachte ich. Aber eines Tages beobachtete ich sie in ihrem Umkleideraum: Unter ihrer normalen Kleidung trugen sie die zauberhafteste Wäsche, und sofort hatte ich einen Einfall: »Ihr kleidet euch, um euch auszukleiden«, erklärte ich ihnen.

Bethsabée war meine erste Sponsorin und begleitete uns in den Mittleren Osten. Sie war in New York eine Schülerin von mir gewesen, als ich noch keine Ahnung hatte, wer sie war. Ihr Vater war der Sohn eines der fünf Rothschild-Brüder, die aus dem Ghetto Frankfurt kommend zu führenden Bankern der Welt aufgestiegen waren.

Bethsabée schloß sich unserem Ensemble als meine Garderobiere an, da sie in irgendeiner Funktion im Programm erscheinen wollte. Und sie nahm ihre Sache ernst. Ich neckte sie: »Ich habe noch niemals eine Garderobiere gehabt, die Dior-Kleider trug und Dunhill-Zigaretten rauchte.«

Und sie war eine exzellente Garderobiere, da sie keine Knitterfalte durchgehen ließ. Keine einzige! Seinerzeit waren den Frauen im Mittleren Osten Bügelbretter unbekannt. Sie kannten nur Bügelkissen, und darauf bügelten sie alles. Als mein Bügelbrett zusammen mit meinem Ensemble ankam, drehten die Ägypterinnen fast durch, daß sie auf einem Bügelbrett bügeln sollten, da sie doch all die Jahre Kissen verwendet hatten.

Ich war mit Erzählungen aus Ägypten aufgewachsen. Ich erinnere mich gut an Geschichten, in denen vom Zauber des Flusses erzählt wurde. Ich hatte ein Zimmer mit Blick auf den Nil und konnte auf den Fluß in seiner ganzen Erhabenheit und Märchenhaftigkeit herunterschauen. Es schien mir, er werde von der in ihm lebenden Tierwelt beseelt. Er war so quicklebendig, daß ich selbst heute noch, wenn ich über den East River in der Nähe meiner Wohnung schaue, denke, es sei der Nil, als ob er aus jenem Teil der Welt zu mir herübergeflossen sei und nun in meiner unmittelbaren Nähe ströme.

1962 entstand mein Tanz *Phaedra.* Wir waren auf Deutschland-Tournee, als die New Yorker Kongreß-Abgeordnete Edna Kelley in Washington dagegen protestierte, daß wir im Rahmen eines kulturellen Austauschprogramms nach Europa entsandt worden seien. Sie verstieg sich sogar zu dem Vorschlag, alle Kunstformen, die aus Amerika exportiert würden, sollten einer Art Zensur unterliegen. Ein anderer Abgeordneter, Peter J. Freylinghuysen, fuhr auf der gleichen Schiene.

Er bezeichnete *Phaedra* als einen Tanz, in dem es auf der Bühne eine Menge Liege-sofas und junge Männer in Lendenschurzen gäbe. »Wir konnten nicht alles verste-hen«, sagte er zu den Reportern, »aber die Intention lag auf der Hand.«

So mußte ich in Brüssel eine Pressekonferenz veranstalten, auf der ich der Re-gierung der Vereinigten Staaten die Versicherung abgab, es liege nicht in meiner Absicht, unser Land in Schwierigkeiten zu bringen. *Phaedra* sei zu sexuell gefärbt, hieß es. Ein Senator, der die Vorstellung unter Protest verlassen hatte, ergriff das Mikrofon und fragte mich, wie ich mich fühlte als Botschafterin, die ihr Land durch Darstellung von Erotik repräsentiere.

»Ich war immer der Meinung, ›Erotik‹ sei ein schönes Wort«, antwortete ich ihm. Die Tanzwelt zu Hause in Amerika verhielt sich sehr kollegial, ebenso un-terstützten mich die meisten Menschen, die mit Kunst zu tun hatten. Selbst heute gibt es im Kongreß immer wieder jemanden, der die Kunst gerne mit Zensur bele-gen würde. Es beginnt immer wieder von neuem – Jesse Helms ist kein neues Phänomen.

Die Sexualität ist in meinen Augen etwas sehr Schönes. Ich kann mir nicht vor-stellen, wie das Leben ohne sie aussehen würde. Doch halte ich nichts von Nackt-auftritten. Das ist für mich langweilig. Im Bereich der Sexualität kann eine be-stimmte Art von Schönheit nur durch Erotik dargestellt werden. Ich liebe die Schönheit des menschlichen Körpers und die Art und Weise, wie er uns etwas über das Leben mitteilt. Aus diesem Grunde bin ich nicht gegen die Sexualität. Dazu besteht für mich kein Grund. Ich habe lediglich ihre Schönheit verherr-licht. Nur Dinge, die man verbirgt, können obszön sein.

Ich halte Zensur für den Gipfel der Überheblichkeit. Es gibt Menschen, die ständig versucht haben, meine Arbeit zu zensieren. Ich habe gelernt zu schwei-gen. Das ist die Art, in der ich mit kontroversen Dingen umgehe; man ist doch nicht gezwungen, sich etwas anzuschauen, wenn man nicht will.

Es ist mir bekannt, daß meine Tänze und meine Tanztechnik immer als ausge-sprochen sexuell angehaucht gegolten haben, aber ich halte mir zugute, daß ich auf der Bühne darstelle, was andere Menschen in ihr tiefstes Inneres verdrängen. Emily Dickinson formulierte in der ihr eigenen Art, daß wir alle Augenblicke haben, »in denen verborgene Demütigungen an sonnigen Nachmittagen Purzel-bäume schlagen, und wer könnte von sich sagen, er sei frei davon«. Der Künstler stellt nur seine Zeit dar. Er ist seiner Zeit nicht voraus, meistens ist es das Publi-kum, das nicht auf der Höhe der Zeit ist.

Es erheitert mich, daß meine Schule in New York »Haus der Wahrheit des Un-terleibs« genannt worden ist, da der größte Teil der Tanzbewegungen durch ruck-

Clytemnestra mit Bertram Ross, *1961.*

artige Bewegungen mit dem Unterleib erfolgt, oder weil ich gelegentlich einer Studentin sage, »dir fehlt die Bewegung deiner Vagina«. Das verleitete ein Ensemble-Mitglied zu dem Geständnis mir gegenüber, daß sie in Juillard während der Einstudierung eines meiner Stücke zur Prüfungsvorbereitung, es war *Diversion of Angels,* die Vorstellung gehabt hätte, die Martha Graham Dance Company sei das einzige Tanz-Ensemble Amerikas, in dem die Männer unter Vagina-Neid litten.

Das alles hat mit Erotik zu tun, aber absolut nichts mit dem Mitternachts-Porno-Kanal im Kabelfernsehen. Absolut nichts.

Meine freimütige Darstellung hat mir mehr als nur kleine Probleme bereitet.

Während meiner ersten Asien-Tournee war eine meiner Tänzerinnen in Tokyo mit einigen amerikanischen Matrosen verschwunden und zur Matinee-Vorstellung nirgends aufzufinden. Nachdem wir das Theater verlassen hatten, sagte ich in dem von uns herangewunkenen Taxi zu einem Freund: »Sie wäre niemals eine gute Tänzerin geworden. Sie läßt ihre Bewegungen nicht von der Vagina ausgehen.« Der japanische Taxifahrer wäre beinahe von der Straße abgekommen vor Schreck. »Verstehen Sie Englisch?« fragte ich ihn. Er drehte sich um und lachte: »Ja, Ma'am, ich bin in Brooklyn aufgewachsen.«

Night Journey, mein 1947 entstandenes Stück, ist ein Tanz-Duett für Jokaste und Ödipus, Mutter und Sohn. Es ist ein ausgesprochen erotischer Tanz. Ich war nie von der Notwendigkeit überzeugt, durch den Tanz entweder die Musik oder das Geschehen interpretieren zu müssen. Ich glaube, es ist notwendig, einerseits ein Skript für die Bewegungen zu erstellen und andererseits vom Musiker ein Skript für die Musik schreiben zu lassen. Beide können dann zusammenfließen, und sie fließen zusammen. Für mich war Jokaste eine viel komplexere Gestalt, als die Jokaste, die uns in dem Augenblick ihres Bühnenauftritts entgegentritt.

Jokaste steht am Fußende des Bettes und hält eine seidene Schnur hoch über ihrem Kopf. Ich stellte mir vor, sie sei vor dieser Szene aufgebracht und zornig durch die Säulenhallen vor das große Portal gestürzt. Dieses griechische Portal zierten die wundervollsten Skulpturen: die gigantische Darstellung bedeutender Ereignisse. Jokaste öffnet das Portal, betritt die Innenwelt ihres Lebens, schließt das Portal hinter sich und ist mit sich allein. Hier begegnen wir ihr am Fußende des Bettes stehend, die Schnur hoch über ihren Kopf erhoben. Die Seidenschnur symbolisiert die Nabelschnur des Lebens. Die Erbsünde des Inzests ist das Thema ihres Lebensabschnitts im fortgeschrittenen Alter. Sie war nichtsahnend jenem jungen Mann begegnet, den sie nach einiger Zeit zu ihrem Geliebten, Ehemann und Vater ihrer Kinder erkoren hatte, und erkannte erst sehr viel später, daß sie sich der Inzest-Sünde schuldig gemacht hatte, indem sie ihren eigenen Sohn heiratete. Ihre Leidenschaft und ihre Mutterschaft war mit diesem erhabenen Raum verbunden. Mich fasziniert der Gedanke, sie könnte auch hier geboren worden sein: Wer weiß, vielleicht war es so, vielleicht auch nicht. Hier spielte sich ihr Liebesleben ab, ihre Kinder wurden hier geboren. Und sie zog sich hierher zurück, um das Ende ihres Lebens, ihren Selbstmord, zu vollziehen. In ihren Händen die Nabelschnur, die für sie schließlich zum Symbol ihres Verbrechens gegen die Zivilisation und das Leben wurde. Aber in dem Augenblick, da sie die Schnur um ihren Hals legen will, um sich zu strangulieren, hört man Tiresias' hölzernen Stab auf den Boden pochen. Das Pochen bringt ihr zum Bewußtsein, daß sie zuerst ihre Vergangenheit noch einmal ganz bewußt durchleben muß, bevor ihr die Gnade des Friedens und Vergessens im Tode gewährt werden kann.

Tiresias tritt gestützt auf seinen Stab ein, entwindet ihren hochgehobenen Händen die Schnur und schleudert sie auf das Bett. Jokaste läßt sich zu Boden sinken, und die Rachegeister stürmen herein. Diese Furien, die Töchter der Nacht, sind die Alpträume, die wir alle haben. Es sind die Erinnerungen an Dinge, vor denen wir uns fürchten, Dinge, die wir vergessen möchten – unsere Alpträume. Sie müssen verstanden und bewältigt werden, bevor sie aus unserem Innern entweichen.

Dann kniet Jokaste am Fußende des Bettes nieder, führt ihr Bein dicht an ihrem Oberkörper vorbei in Richtung ihres Kopfes, bis ihr Fuß weit über ihrem Kopf steht; sie gibt ihren ganzen Körper preis, in höchster Anspannung. Ich nenne das den Schrei der Vagina – es ist der Schrei ihrer Vagina. Es ist entweder der Ruf nach ihrem Liebhaber und Ehemann oder der Ruf nach ihren Kindern. Der Tanz geht weiter, aber da sind gewisse vertrauliche Anspielungen, über die ich niemals gesprochen habe. All diese Dinge besitzen eine immense Bedeutung für mich. Ich spreche deshalb nicht viel darüber, weil die Leute sonst meinen, ich sei ein bißchen verrückt. Aber als das Stück von anderen Tänzern getanzt wurde, war ich gezwungen, sie in bestimmte kleine Geheimnisse einzuweihen, die einzelne Augenblicke der noch einmal durchlebten Lebensgeschichte beleben.

Da gibt es zum Beispiel den Augenblick, in dem Jokaste zu Boden fällt, sich wieder erhebt, um tobend über die Bühne zu rennen, sich dann auf ihre Hände gestützt auf das Bett fallen läßt. Anschließend sinkt sie zu Boden, versucht, sich unter das Bett zu zwängen, um sich vor der Erkenntnis zu verstecken, der sie hilflos ausgeliefert ist. Sie versucht, unter das Bett zu kriechen; es gelingt ihr nicht. Sie hebt ein Bein, steigt ins Bett, rollt sich auf ihre Schlafseite des Bettes. Sie macht eine Drehung, um ihr Gewand emporzuheben und damit ihren Körper zu bedecken, als ob sie sich ihrer Schande bewußt würde und sich nackt fühlte.

Sie versucht, diese Schande zu verschleiern. Jetzt tritt Ödipus in ihr Leben, und sie gibt sich ihm schließlich hin. Er trägt sie zu dem Thron, auf dem sie die Königin wird. Er tanzt für sie und sie erhebt sich. An dieser Stelle würde ich mit drei oder vier Schritten den Thron umkreisen, einen großen Bogen nach vorn machen, dann zögernd drei kleine Schritte rückwärts gehen. Dann abermals einen großen Bogen nach vorn, dann zögernd drei kleine Schritte rückwärts. Nachdem sie das gemacht hat, läßt sie sich beim dritten Mal zu Boden fallen.

In ihren Händen trägt sie den Blumenstrauß, den Ödipus ihr schenkte, als er sie vom Bett auf den Thron trug, damit sie seine Königin würde. Sie läßt sich in eine breitbeinige Position fallen und streckt ihm vorsichtig eine Blume entgegen, setzt sich zurück und schließt ihre Beine, daß sich die Knie berühren, öffnet und schließt, öffnet und schließt die Beine. Diese Bewegungen suchen Tänzerinnen gelegentlich zu vermeiden, nur zögernd geben sie zu erkennen, daß Jokaste ihn mit dieser Bewegung zur Vereinigung ihrer Körper auffordert. Er geht auf sie zu und umhüllt sie mit seinem Mantel. Er hebt die Blume auf, und die beiden schreiten in Richtung Bett. Dieser Augenblick der Verführung fehlt manchmal bei der Aufführung des Tanzes. Nicht jeder Tänzerin gelingt die Umsetzung dieses Augenblicks. Es ist nicht nur eine Bewegung, sondern vielmehr eine eindeutige Geste, mit der sie ihn zur körperlichen Vereinigung verführt. Es gibt noch einen weiteren Augenblick, vielleicht sind es mehrere Augenblicke, in denen diese Intimität, dieses unergründliche Geschehen nicht beachtet wird. Der erste Augenblick ist der, wenn sie sich mit ihrem Gewand abdeckt, um ihre Blöße zu verschleiern. Der zweite Augenblick ist der, wenn sie in seinen weiten Mantel gehüllt ins Bett zurückkehrt.

Es gibt noch einen weiteren Augenblick der Intimität: Der Moment, da er als ihr junger Ehemann über ihren Knien zu liegen scheint, als ob sie ihn schaukele, und sie in ihrem Unterbewußtsein einen Babyschrei hört. Sie hört diesen Schrei genau, er kommt aus ihrer Seele. Es ist der Schrei ihres Liebhabers, als er sie seinem Willen unterwirft. Es ist der Schrei eines Babys nach seiner Mutter. Und dann kommt der Übergang in den nächsten Augenblick, zusammen schreiten sie geradeaus voran, nichts weiter. Für mich ist das immer wie die Hochzeitsprozession, auf der Mann und Frau der Welt ihre tiefe Bindung demonstrieren, so wie der König und die Königin.

Und dann wird am Ende das Geschehen in seiner ganzen Unergründlichkeit offenbart: Ödipus erkennt, daß er sich der unverzeihlichen Sünde des Inzests schuldig gemacht hat. Sie liegt auf dem Bett, und er reißt einen Edelstein von ihrem Gewand, um sich seines Augenlichts zu berauben, damit seine Augen sie niemals mehr in all ihrer Schönheit erblicken könnten und sein Verlangen nach ihr ausgelöscht werde… und wankt hinaus.

Und hier ist noch ein anderer kurzer Augenblick voller Unergründlichkeit: Sie erhebt sich, schaut in einer vielsagenden Geste, gleichsam zum Abschied, auf das Bett. Dann dreht sie sich um und schreitet an den Bühnenrand. Ödipus hatte die Nabelschnur genommen und sie voller Zorn und Wut gegen die Götter, die ein so schreckliches Schicksal zugelassen hatten, von sich geschleudert, bevor er hinausgewankt war, um sich das Augenlicht zu nehmen. Sie setzt langsam einen Fuß vor den anderen – vielleicht drei oder vier Schritte, abhängig davon, wo die Schnur am Boden liegt, wie weit Ödipus sie geschleudert hat. Während sie sich vorantastet, macht sie sehr kleine Schritte, verlorene Schritte, und öffnet gleichzeitig auf dem Rücken ihr Gewand. Und dann, vielleicht nach drei, vier Schritten, läßt sie ihr Gewand vor sich zu Boden gleiten. In diesem Moment fällt all ihre Königlichkeit, all ihre Majestät mit diesem Gewand von ihr ab.

Sie schreitet darüber hinweg in Richtung auf das Seil, nunmehr zur Nabelschnur geworden, hebt sie auf, läßt sie durch ihre Finger gleiten, betrachtet sie in tiefer Zuneigung, nicht Haß, sondern Bedauern, Sympathie und der tragischen Gewißheit, welche Wonnen und welche Pein sie ihr bereitet hat. Sie schaut auf das Land zu ihrer Rechten – auf Butterblumen. Der Himmel ist bewölkt. Zu ihrer Linken Narzissen vielleicht, die Landschaft lodert geradezu in all dem Blütenzauber – entzündet von ihrer Liebe zum Leben. In diesem Augenblick der lächelnden Erkenntnis begreift sie die Nabelschnur als ihre Erlösung, ihren Kameraden, als Grundlage oder Ermächtigung zum Eintauchen in die Welt des Todes, des Vergessens, in der es keine Erinnerung mehr gibt.

Sie kehrt nach hinten auf die Bühne zurück, legt die Schnur um ihren Nacken. Dann der kurze Augenblick des simulierten Strangulierens, ihr Körper fällt nach hinten hinüber. Sie fällt nicht in eine vorgegebene Position, sie fällt einfach nach hinten, ein menschlicher Fleck irgendwo auf dem Boden, so wie einer der Rorschach-Tintenkleckse auf dem Papier. Sie bleibt dort liegen – ein Nichts.

Aber ihre Rückschau, die Konfrontation mit jener Grenze zwischen Tod und Leben, ihrer Körperlichkeit und der Welt, wird jeden anderen Menschen zeichnen, der sich mit der Gestalt ihres Daseins auseinandersetzt und es durchlebt, und an seine Fersen wird sich für immer die Erinnerung an jene Wonnen der Liebe heften. Ich sehe sie den Korridor hinunterstürmen, einen Säulenkorridor, vor Wut rasend, die Nabelschnur in den Händen, rasend in der Erkenntnis, daß ihr außer im Tode kein Frieden vor der Verantwortung für ihr Verbrechen gewährt werden kann. Und dieser plötzliche Ausbruch führt sie an die große Pforte zu Beginn des Stücks, läßt sie das innere Gemach ihres Schicksals betreten, die Pforte hinter sich verschließen und an das Bett treten. Und hier lasse ich den Tanz beginnen.

Als ich einmal *Night Journey* im Programm hatte, war ich schrecklich erkältet und konnte nicht zu den Proben gehen. Ich versuchte aufzustehen, hatte aber keine Kraft, meine Wohnung zu verlassen. Ich tanzte die Jokaste, und der Tanz beginnt, wie beschrieben, in dem Augenblick, in dem ich ansetze, mich mit dem Seil

Als Jokaste in Night Journey, *3. Mai 1947.*

hinten auf der Bühne, in der Nähe des Bettes, zu strangulieren. Und er endet, wie er beginnt, dann kommt der Augenblick der Rückblende. Ich war zu Hause und ein anderes junges Mädchen mußte die Rolle der Jokaste in der Probe tanzen. Ich erhielt einen Telefonanruf von einem Assistenten meines Theaters: »Martha, sind Sie in *Night Journey* am Bett gestorben?« Überrascht antwortete ich: »Auf der Bühne sterben? Niemals!«

Als ich ein Bett für *Night Journey* brauchte, bat ich Isamu Noguchi, mir eines zu kreieren, und das tat er auch. Es war ganz anders als jedes andere Bett, das ich jemals zuvor gesehen hatte. Es war die Darstellung eines Mannes und einer Frau – überhaupt kein Bett der üblichen Art. Er schuf für mich das Symbol eines Bettes, reduziert auf das Gerippe, auf das eigentlich Wesentliche.

Ich lernte Isamu Noguchi kennen, als ich ein Studio in der Carnegie Hall hatte und seine Mutter, eine Irin, für mich Kostüme schneiderte. Isamus Vater war Japaner, und diese wundervolle Blutsmischung gab ihm ein Äußeres, daß ihn viele fälschlich für einen Italiener hielten. Er war jung, dynamisch und hatte dichtes lockiges Haar. Als er älter wurde, nahm er immer stärker japanische Züge an. Das gehört untrennbar zu seiner Lebensgeschichte.

Seine Schwester Ailes Gilmour tanzte in meinem Ensemble. Isamu und ich arbeiteten 1935 das erste Mal für *Frontier* zusammen und daraus entwickelte sich eine fünfzigjährige Zusammenarbeit. Sie endete im Dezember 1988, dem Tag, an dem Isamu starb, und selbst zu dieser Zeit hatten wir noch Zukunftspläne geschmiedet. Wie es unserer Art entsprach, stand für uns beide der Akt des Gestaltens im Vordergrund, nicht die Vergangenheit. Uns verband ausschließlich eine Arbeitsbeziehung. Ich verehrte ihn zwar, und glaube, er verehrte mich auch. Es kam uns niemals in den Sinn, uns mit etwas Geringerem als dem Besten zufriedenzugeben, und es kam uns auch niemals in den Sinn, eine Liebesbeziehung zu beginnen. Niemals.

Isamu schuf seine Arbeiten hauptsächlich auf der Grundlage meiner Ideen oder seiner mir vermittelten Vorstellungen. Ich teilte ihm meist mein Ideengerüst mit, und daraus schuf er dann sein Gesamtwerk. Ich schrieb Isamu niemals vor, was er machen solle oder wie er es machen solle. Er besaß ein sicheres Gefühl für den Raum und seine Umsetzung auf die Bühne.

Zwischen Künstlern, die zusammen arbeiten, besteht eine seltsame Art der Vertrautheit. Von Anbeginn gab es eine Sprache ohne Worte zwischen Isamu und mir. Der Keim unserer Zusammenarbeit konnte ein Mythos, eine Legende, ein

Gedicht sein, und immer sprang von Isamu etwas von seinem Gespür für wundersame Schönheit und Traumvisionen auf mich über.

Die Bühnenausstattung, die Isamu für *Frontier* kreierte, war die Frucht unserer Unterhaltung über den Einfluß, den das Wort »frontier« – Neuland – auf mich als Amerikanerin immer gehabt hat. Es war für mich das Symbol einer Reise in unbekanntes Neuland. Die Reise per Zug nach Kalifornien, die endlosen Schienenstränge, waren für mich die Inkarnation dieses Neuland-Erlebnisses gewesen.

Als ich schließlich Isamu um die bildliche Darstellung dieser Schienen für meinen Tanz bat, waren das für ihn endlose, in die Zukunft verlaufende Seile.

Meine Mutter erlebte die Premiere von *Frontier* mit. Die hinter ihr sitzenden Zuschauer äußerten laut, daß irgend etwas mit einem meiner Beine nicht in Ordnung sein müsse, da ich nur das linke Bein vorgeschleudert hätte. Meine Mutter drehte sich abrupt und voller Stolz um und ließ verlauten: »Ich bin ihre Mutter, sie war absolut gesund bei ihrer Geburt.«

Ich erinnere mich an unseren ersten Auftritt mit *Frontier* in Europa. Nach der Vorstellung kam ein junges Mädchen zu mir und fragte mich: »Warum nennen Sie diesen Tanz *Frontier*? Grenze ist doch die Abgrenzung meines eigenen Landes gegen ein anderes. Es hat doch nichts mit Weite und Unendlichkeit zu tun. Wenn Sie an eine Grenze kommen, stehen Sie vor einer Barriere.«

Ich verband mit *Frontier* Neuland im Sinne von Erforschung, Neuland im Sinne von Entdeckung; für mich hat es keine Beziehung zu Begrenzung. Ich frage mich, was die junge Frau heute zu mir sagen würde, jetzt wo die Berliner Mauer gefallen ist. Ich fühle eine Art Triumph bei dem Gedanken, daß nichts ewig währt mit Ausnahme des Muts der Menschen und ihres Willens zur Vereinigung. Die Menschen überschreiten die Grenze von Ost nach West, um denen die Hände zu schütteln, die sie noch nie zuvor gesehen haben. In gewisser Hinsicht sind sie Neuland füreinander geworden.

Als ich zur Symbolisierung ihres Wesenskerns ein Attribut für Medea auf der Bühne suchte, kreierte Isamu für mich eine Schlange. Und als ich über dem für mich unlösbaren Problem brütete, Medea darzustellen, wie sie zur Sonne, ihrem Vater, durch die Lüfte zurückfliegt, entwarf Isamu ein Kleid für mich, das er aus mehreren vibrierenden und glänzenden Bronzedrähten zusammenfügte und das sich mit mir zusammen als mein Flammenwagen über die Bühne bewegte.

Bei *Clytemnestra* verbrachte ich Abende auf dem Fußboden meines Studios inmitten von großen roten Stoffbahnen. Ich hatte eine Idee und teilte sie Isamu mit, und er fand eine Möglichkeit, Stoff sowohl für das Kostüm als auch für die Requisiten zu verwenden – als Triumphmantel, aber auch als Verkleidung für den Eingang zu Klytämnestras Schlafzimmer. Ich hatte zuvor bereits Stoffe zur Unterstützung der Bewegungen verwendet, aber niemals wie hier ausschließlich zu Design-Zwecken. Ich fühlte, daß es hier angebracht war, Isamu ebenfalls. Er erkannte stets sicher, was ich zum Ausdruck bringen mußte.

Seraphic Dialogue war ursprünglich *The Triumph of St. Joan* betitelt und hatte 1951 Premiere. Das ursprüngliche Stück war als Solo konzipiert. Ich tanzte alle Lebensphasen Johannas. Ich tanzte die Jungfrau, die Kriegerin und die Märtyrerin. Ich verließ jedesmal die Bühne, um mich umzukleiden, während das Orchester weiterspielte. Als ich eines Tages mein Kostüm wechselte, hatte ich plötzlich das Gefühl, daß ein Solo der Realisierung dieses Tanzdramas nicht gerecht würde. Die Geschichte der Hl. Johanna ist im wesentlichen ein Drama, und als ich zu dieser Feststellung gelangt war, trat Isamu in Aktion.

Und dann wurde aus dem Tanz *Seraphic Dialogue*. Ich hatte keine Ahnung, was Isamu für mich erarbeiten würde. Ich erzählte ihm, was ich über das Leben der Hl. Johanna gelesen hatte und was ich darüber dachte. Ich hatte eine Idee, er gleichfalls.

Als ich in sein Studio kam, war ich sprachlos über die faszinierende Konstruktion, die er geschaffen hatte – ein sehr lebendiges Metallobjekt, eine Kathedrale der Unendlichkeit, ohne Vorbild. Die Portale ließen sich öffnen. Es war phantastisch! Als ich feststellte, daß sie sich aus den Angeln heben ließen, eröffnete sich mir eine völlig neue Dimension für meine Bewegungen. Er nannte die Kathedrale seine Geometrie des Glaubens.

In *Legend of Judith,* meinem Solo über den Mythos der biblischen Heldin, hatte ich die Vorstellung, daß ich für die Episode, in der »sie ihr Gewand der Trauer auszieht und das der Freude anlegt« auf der Bühne ein Schmuckstück anlegen und zeigen sollte. Aber dann war ich völlig überrascht von dem ausgefallenen Design von Juwelen-Halskette und Kopfschmuck, die Isamu für mich entworfen hatte und die ich während des Tanzens anlegen würde. Sie intensivierten und verstärkten mein Verständnis von der Rolle der Judith, sie waren in gewisser Weise beseelt vom Geist dieser jüdischen Heldin. Vorne am Bühnenrand legt sie ihre Gewänder an: ihre Halskette, ihren Gürtel, ihre feinen Spitzen, die breiten, ihre Unterarme schmückenden Armreifen. Das bedeutet: »Ich bin bereit zum Duell, ich werde tun, was immer ich tun muß.« Judith besaß den Vorzug, eine Frau zu sein, ein verführerisches weibliches Wesen. Sie wußte, sie war in gewisser Weise Holofernes in Liebe verbunden. Und sie war seine Gegenspielerin. Sie betete ihn

Als Medea in Cave of the Heart *in einem Draht-Gewand, das Isamu Noguchi für mich geschaffen hat, 10. Mai 1946.*

an. Aber sie verlor niemals ihr Ziel aus den Augen, daß er von ihrer Hand sterben mußte. »In Leidenschaft«, sagt sie, »wirst du durch mich den Tod finden.«

Die Geste des Triumphes in Richtung des Zeltes von Holofernes, das Isamu als rasende Tiergestalt konzipiert hatte, gelang mir mit dem spiralförmigen Armband Isamus mit noch größerem Nachdruck.

Oftmals brachte Isamu mir nach einem Gespräch ein Mini-Modell als Geschenk, das manchmal nicht größer war als eine Streichholzschachtel. Kurz darauf waren jene exquisiten Wunderwerke immer verschwunden, ebenso wie die anderen Modelle Isamus: Da weder ich noch Isamu sie verschenkt haben, werden sie vielleicht eines Tages wieder auftauchen. Ich hoffe das stark. Ich vermisse sie. Isamu kannte mich so genau, daß er, immer wenn ich anhob: »Isamu, das ist bezaubernd, aber ich muß darüber nachdenken«, mir das Modell aus der Hand schnappte und damit verschwand. Am nächsten Tag kam er dann stets mit etwas völlig Neuem wieder. Aber immer vermittelte mir Isamu seine Vorstellung vom Raum, von der Beziehung eines Objektes zum Bühnenraum.

Nur im Falle von *Appalachian Spring* konfrontierte ich Isamu mit einer schon vorher sehr ausgefeilten Idee. Ich ging mit ihm ins Museum of Modern Art, um ihm Giacomettis Montage *The Palace of Sleep at 4 A.M.* zu zeigen. Er zögerte mitzukommen, aber dann ging er doch mit. Und er verstand sofort, welche Raumvorstellung mir vorschwebte.

Isamu hat auch eine Kopfplastik von mir gestaltet. Sie gefiel mir damals genauso wenig wie heute. Isamu hatte eine Seite meines Gesichts abgebildet, meine linke Seite, die sich nur während der Arbeit wandelt; er hatte das beobachtet und festgehalten und dabei mein Innerstes zu tief eingefangen, selbst für meinen Geschmack.

Mit meinem verehrten Isamu Noguchi.

Ich hatte mir bereits eine Zeitlang den Kopf über die passende Bühnenausstattung für *Night Chant* zerbrochen, dessen Grundidee aus der indianischen Folklore stammt. Wir benötigten eine Plattform, eine Empore, von der die Göttin, die Priesterin herabschreiten würde. Ich war in seinem Studio und sah hinten im Raum das Requisit, das Isamu 1958, also vor dreißig Jahren für *Embattled Garden* für mich entworfen hatte. Ich drehte es um, so daß seine Stufen und Vorsprünge sichtbar waren, und diese Seite hatte das Publikum noch nicht gesehen. Ich lud Isamu zu einer Probe ein, um ihm zu zeigen, wie wir das alte Requisit in neuer Form benutzen könnten, in der Hoffnung, er werde seine Zustimmung nicht verweigern. Es war in gewisser Hinsicht ein Zufallsprodukt, und dies war eine ziemlich vermessene Bitte. Aber er war begeistert und ihm gefiel die Idee. »Martha«, sagte er, »Kunst ist in gewisser Weise immer ein Zufallsprodukt, sie verläßt sich auf Zufälle. Ja, natürlich, Sie können das Requisit in dieser Weise verwenden.«

Als ich vor einigen Jahren Isamu dazu bringen wollte, für meine Einstudierung *Frescoes* das Bühnenbild zu entwerfen, bat ich ihn, sich das ungefähre Konzept des Tanzes im Studio anzusehen. Als er das Studio betrat, empfing ich ihn mit den Worten: »Oh Isamu, ich brauche Ihre Augen.«

Er wußte, daß ich etwas Bestimmtes im Sinn hatte, denn als wir uns setzten, sagte er zu mir: »Martha, vergewissern Sie sich, daß Sie nicht noch mehr wollen.« Aber Isamu hatte mir bereits so viel gegeben, wie auch der ganzen Welt. Es heißt, Schamanen, die Heilsbringer vergangener Tage, seien die Künstler von heute. Für mich verbindet sich mit dem Weg, den Isamu einschlug und den er auch mir wies, die Erinnerung an das Erbe unserer Väter. Er brachte mich zu Einsichten, die mir zuvor ganz fern gewesen waren und erfüllte meine Choreographien mit neuem Leben.

Die bildliche Umsetzung des Leitgedankens in *Hérodiade* war eines von zwei Werken Isamus für mich, die mich am meisten faszinierten. *Hérodiade* entstand 1944 in einer großen Lebenskrise. Meine Vorstellung war, das Bild einer Frau darzustellen, die die innere Landschaft ihrer eigenen Psyche auslotet und die vor sich im schwarzgeränderten Spiegel ihres Schicksals ihre eigenen bereits verblichenen Gebeine betrachtet. Was sieht man beim Blick in den Spiegel? Sieht man nur das, was man sehen will und nicht das, was wirklich da ist? Wenn man nach innen schaut, begegnet man seinem eigenen Tod. Der Spiegel ist ein Instrument für die Innenschau, er hilft uns, nach der Wahrheit zu suchen.

Ein Gedicht Mallarmés inspirierte mich zu der Gestalt einer Frau, die sich zurechtmacht. Sie betritt den Raum, geht in Richtung Stuhl, zögert, geht rückwärts, es ist noch zu früh, mit dem Tanz zu beginnen. Dann setzt sie sich auf den Stuhl und nimmt ihn in Beschlag, indem sie ihre Beine quer über die Lehne legt. Eine Dienerin bringt einen schwarzgeränderten Spiegel herein und läßt ihn zurück. Dann steht Herodias von ihrem Stuhl auf und tritt aus der Dunkelheit abermals ins Rampenlicht.

Isamu kam mit einer aufrüttelnden Kreation. Mitten in dem von ihm geschaffenen Knochengerüst hockte ein kleines Wesen, ein Vogel. Ich fühlte, es sollte Herodias Herz sein, pulsierend und nackt der Wahrheit ausgesetzt. Das Wort »Skelett« ist für mein Verständnis irreführend. Wenn ich mich ihm nähere, dringe ich darin ein. Es war auch meines. Ist es immer noch.

Es gibt eine spezielle, diese Handlung symbolisierende Bewegung. Wir nennen sie »dart«. Man fixiert unentwegt diesen einen Punkt, den Sitz der Schöpferkraft, die durch den Vogel symbolisiert wird. Jeder Mensch besitzt Schöpferkraft, wenn er sie nutzt. Wer sie brach liegen läßt, hat Angst.

Wenn ich *Hérodiade* tanzte, bewegte ich mich erfüllt von dieser beseelenden Kraft über die Bühne. Ich sah in dieser Kreation auch den Urgrund der Seele Isamus, jenen Teil der Seele eines Künstlers, den er der Welt offenbart, wenn er eins geworden ist mit dem Opfertier.

Auch mit Musikern habe ich stets Zusammenarbeit gesucht und gefunden. Unendlich dankbar bin ich insbesondere für das imponierende Vermächtnis von Louis Horst an mich. Es gibt nur zwei Möglichkeiten für einen Tänzer: Entweder man akzeptiert die Musik des Komponisten oder nicht. Es ist wichtig für mich festzustellen: Tanz kann niemals eine Interpretation der Musik sein, und Musik ist stets nur Rahmen für den Tanz.

Wenn ich mit einem Komponisten zusammenarbeite, gebe ich ihm meistens ein ausführliches Skript meiner Idee. Es enthält Notizen zu Büchern, die ich gelesen habe, Zitate von hier und da. Und es besteht aus einer gewissen Ordnung, einer Szenenfolge, die ich im Skript festzuhalten versuche, unter Berücksichtigung des Einsatzes und tänzerischen Könnens jedes einzelnen Tänzers: Hier kommt ein Solo, dort folgt ein Duett, dieser Part ist als Gruppentanz gedacht, an dieser Stelle setzt wieder das Solo ein, und so weiter, und das für das gesamte Skript. Ich kürze niemals etwas aus der Musik des Komponisten, ich verkürze auch niemals den zeitlichen Rahmen. Wenn ich die Musik in Händen habe, beginne ich mit der Choreographie. Ich lasse niemals auch nur eine Note weg oder kürze gar den

Hérodiade, *Oktober 1944.*

Schlußteil; wenn ich das täte, wäre das doch wohl vermessen. Ich möchte keinen Spiegel meiner selbst in der Musik, noch benötige ich diesen.

Louis besaß ein feinsinniges Gespür für Musik. Er lehrte mich Musik zu erfühlen, ob es die Kompositionen Aaron Coplands waren oder die Scott Joplins. Louis wußte, daß Aarons Musik eine Zukunft in der Welt des Tanzes und des Tanztheaters hatte, und daß er bereit und entschlossen war, dieses Potential einzusetzen.

Mit den 1931 entstandenen Variationen für Klavier wählte ich zum ersten Mal eine Musik von Aaron Copland und zwar für meine *Dithryambic* genannte Einstudierung. Doch am denkwürdigsten blieb unsere Zusammenarbeit für *Appalachian Spring* viele Jahre später. Den größten Teil der Probleme, die bei unserer

Kooperation im Zusammenhang mit *Appalachian Spring* auftraten, lösten wir brieflich. Wenn die Post geahnt hätte, welche Gedanken zwischen uns ausgetauscht wurden! Ich war entweder in New York, Bennington oder Washington und Aaron an anderen Orten; damals hielt er sich meistens in Mexiko auf. Ich hatte seinerzeit einen Auftrag von Elizabeth Sprague Coolidge angenommen, drei Stücke für eine Washingtoner Premiere in der Library of Congress zu tanzen. Dort traf ich Aaron. Die anderen Komponisten für das Programm waren Darius Milhaud und Paul Hindemith. Unmittelbar nachdem ich mit Aaron die Zusammenarbeit verabredet hatte, stimmte auch Carlos Chávez zu, für mich die Musik für eine Einstudierung zu schreiben, die ich später *Dark Meadow* nannte. Ich erinnere mich, daß ich an Aaron schrieb: »Ich glaube ich bin die glücklichste Tänzerin auf der Welt, da ich Sie und Chávez habe. Ich kann es noch gar nicht glauben.«

Ich mußte mehrere Skripts schreiben, bevor ich genau das getroffen hatte, was mir vorschwebte. Aaron hielt das erste für ein bißchen zu schmucklos und schlug mir in der ihm eigenen Art vor, eine Mischung zwischen meinen Vorstellungen und Thornton Wilders *Our Town* zu wählen. Es kostete mich einige Zeit, das zu durchdenken. Mir schwebte ein amerikanisches Stück vor. In einem meiner Original-Skripte hatte ich mir die Verknüpfung der Einstudierung mit einer Episode aus *Uncle Tom's Cabin* vorgestellt. Es gab darin auch eine Episode mit einem Indianermädchen, genaugenommen waren es die Gedanken einer Pionierfrau beim Zusammentreffen mit einem Indianermädchen, auf deren elterlichem Grund und Boden die Neusiedler sich niedergelassen hatten. Das Indianermädchen sollte einen Traum verkörpern, eine Gestalt, die sich immer an der Grenze zwischen Traum und Wirklichkeit bewegt. Es war die Parabel von Pocahontas, die Parabel der amerikanischen Erde, der Jugend und des Landes. Ich dachte an eine Begegnung zwischen Neusiedlern und Indianern. Aber es war nicht so zu verwirklichen, wie ich mir das vorgestellt hatte.

Auch die Onkel-Tom-Episode ließ sich nicht realisieren. Aaron hatte das gleiche Gefühl. In einem Brief aus Bennington versuchte ich ihm zu verdeutlichen, was ich mir vorstellte:

> »Es ist schwer, amerikanische Themen zu bearbeiten, ohne dabei in die reine Folklore abzugleiten oder aber die Sache nicht ähnlich anzugehen wie ein Wandgemälde in einem Bahnhof oder Postamt des Mittleren Westens.
>
> Sie mögen etwas gegen bestimmte Dinge einzuwenden haben, wie etwa die Rolle des indianischen Mädchens. Aber bitte lesen Sie es durch und schreiben Sie mir, ob Sie glauben, wir könnten das so machen, oder ob es das Ende des

Appalachian Spring *mit Erick als Bräutigam und May O'Donnell als Pionierfrau, 1944.*

Stücks zerstört. Ich habe an den Part gedacht, den Hart Crane ihr zugedacht hat und auch an ›American Grain‹ von William Carlos Williams. Ich habe, wie Sie sehen werden, die *Uncle-Tom's-Cabin*-Episode ganz gestrichen. Ich meine, Sie hatten recht, daß sie bei den Haaren herbeigezogen war, und es schien mir nicht zu gelingen, sie fest einzubauen, so habe ich mit einem ganz anderen Aspekt begonnen. Ich habe das Wort ›Gedicht‹ einige Male verwendet. Ich weiß, Sie werden verstehen, daß es sich nicht um ein Ton-Gedicht handelt, sondern daß ich etwas Nostalgisches in lyrischer Form darstellen will, das jedoch ganz unsentimental und überzeugend ist, so wie wir es verstehen. Es hat insofern etwas mit unserem Wesenskern zu tun, als wir es zum Ausdruck bringen können, ohne eine wirkliche Geschichte zu erzählen.

Ich möchte nachdrücklich daran erinnern, daß es für die Bühne gedacht ist und daß es zuweilen einige Ungereimtheiten aufweist, die das Stück manchmal wundervoll theatralisch wirken lassen könnten, wenn mir die Konzeption gelingt.«

Leider war weder die Episode aus *Uncle Tom's Cabin* noch die der Indianerin zu verwirklichen. Irgendwie mußten die Visionen im Traum des indianischen Mädchens auf andere Weise dargestellt werden. Ich sandte ein verändertes Skript an Aaron, der positiv auf die Änderungen reagierte, und schrieb ihm:

»Ich war sehr erleichtert, heute morgen Ihren Brief und Ihre Reaktion auf die revidierte Fassung meines Skripts zu erhalten. Denn, um es vorsichtig auszudrücken, ich habe auf Kohlen gesessen. Ich bin erleichtert, daß Sie der Meinung sind, es sei besser als die erste Fassung. Ich spüre genau, wenn ich Ihre Musik höre, daß sie dem Skript ein neues, andersgeartetes Gesicht verleihen wird. Wenn die Musik einmal da ist, schaue ich nicht mehr auf das Skript. Es ist nur als Arbeitsgrundlage für den Komponisten und für mich gedacht. Es existiert vorerst nur in Worten, nur in literarischen Kategorien und muß dann in einem plastischeren Medium zum Leben erweckt werden, und das leistet die Musik für mich. Nehmen Sie sich deshalb die Freiheit, die Musik zu ihrem eigenen Leben zu erwecken und geben Sie ihr ihren eigenen Impuls.

Ich strebe danach, mich in der Bewegung darzustellen, nicht in Worten. Es scheint mir, als hätte ich Meilen von Worten durch das Medium Tanz dargestellt. Ich bin auch ganz sicher, daß das Ende besser wird, als ich mir vorgestellt habe, denn die Musik gewinnt ihr eigenes Leben, ihre eigene Dynamik, und wird den Ablauf straffer gestalten. Vielleicht sollte ich Ihnen nicht diese Verantwortung aufbürden. Aber so arbeite ich nun einmal... ein Gerüst erstellen in der Absicht und mit dem Ziel, dieses Gerüst zu verändern, sobald die Musik da ist. Die Geschichte ist natürlich nicht von so großer Bedeutung wie das innere Leben, das sich zu manifestieren beginnt, sobald das Medium sich der Grundidee bemächtigt hat und sich daraus weiterentwickelt.«

Ein Jahr später, Mitte Juni 1944, kam an einem Freitagnachmittag die Musik. Ich war gerade auf dem Sprung zu einem Wochenende außerhalb der Stadt. Als ich nach Hause zurückkehrte, hörte ich mir sofort die Musik an. »Ich danke Ihnen tausendmal für dieses wundervolle Werk«, schrieb ich anschließend an Aaron,

Lesestunde in meinem Schlafzimmer in Bennington,
auf dem Tisch Henry Cowells Partitur für Deep Song.

»da ich sicher bin, daß das Ende genauso schön ist wie der erste Teil. Es ist ein langgehegter Traum, und ich kann es noch gar nicht begreifen, daß er jetzt bald Wirklichkeit geworden zu sein scheint.«

Im August war ich in Bennington, um mich für die Washingtoner Premiere im Oktober vorzubereiten. Schließlich setzte ich mich mit Wochen Verspätung hin und schrieb an Aaron:

> »Ich wollte Ihnen schon seit Wochen schreiben, aber ich war, wie Sie sich denken können, sehr beschäftigt, und Sie können Ihren Gedanken in dieser Hinsicht großen Spielraum geben. Ich habe mit Ihrer Musik gearbeitet. Sie ist so schön und wundervoll komponiert. Ich bin von ihr ganz hingerissen. Aber ich habe auch gelegentlich geflucht, wie Sie vermutlich auch bei meinem alles andere als guten Skript. Aber was Sie daraus gemacht haben, hat mich an vielen Stellen zu Änderungen veranlaßt. Natürlich wird das keinerlei Rückwirkungen auf die Musik haben. Die Musik hat mich einfach zu diesen Änderungen veranlaßt. Sie ist von so feiner Textur und einer solchen Meisterschaft, daß sie den Hörer mit starker Hand führt und ihn in ihre eigene Welt entführt. Und da bin ich nun angekommen.

> Der Teil, den ich zuvor noch nicht gehört hatte, ist wirklich ergreifend und das Ende ist herrlich. Ich fühle, der Part ›The Gift to Be Simple‹ wird die Menschen hinreißen und ihnen große Freude bereiten. Ich hoffe, daß ich etwas Gutes daraus mache, Aaron. Aber ich habe noch keine Idee, welchen Titel das Stück erhalten soll, wir sollten uns später noch darüber beraten.«

Als Aaron mir die Erstfassung seiner Musik schickte, hieß das Stück *Ballet for Martha* – schlicht und unmittelbar wie das Shaker-Motiv, das die ganze Komposition durchzieht. Dann wählte ich eine Stelle aus den Gedichten Hart Cranes und nannte das Stück *Appalachian Spring*. Als Aaron vor der Premiere am 30. Oktober 1944 nach Washington zu den Proben kam, fragte er mich: »Martha, wie haben Sie den Tanz genannt?«

Als ich es ihm sagte, fragte er mich: »Hat das irgend etwas mit dem Tanz zu tun?«

»Nein«, war meine Antwort, »mir gefällt der Titel einfach.«

Appalachian Spring ist in erster Linie ein Tanz über einen bestimmten Ort. Es wird ein Stück Land gewählt, dabei fliegt ein Teil des Hauses in die Luft, es wird sozusagen geopfert. Innere Zweifel sind ein beherrschendes Thema, aber auch das Bewußtsein von der Notwendigkeit, Wurzeln an einem bestimmten Ort zu schlagen.

Die Originalpartitur für *Appalachian Spring* war für dreizehn Instrumente ausgelegt. Aaron faßte den Entschluß, ihre Zahl zu erhöhen. Und so wurde die Musik zu einem eigenständigen Werk, unabhängig vom Tanz. Sie ist eine allegorische Darstellung des Lebens vieler Menschen in den Zentralstaaten Amerikas. Für sie besteht eine Kluft zu den Menschen anderer Staaten, die in der Realität vielleicht überhaupt nicht mehr vorhanden ist.

Ich arbeite am liebsten mit dem Klavierauszug der Musik des Komponisten. Er komponiert seine Musik für ein Orchester mit einer bestimmten Anzahl von Instrumenten und reduziert diese dann auf den Klavierauszug, mit dem ich am leichtesten arbeiten kann. Gelegentlich arbeite ich auch ganz ohne die Musik, entwerfe Bewegungsskizzen, bevor ich eine Musik finde; manchmal klappt diese Arbeitsweise, manchmal auch nicht, dann muß ich Passagen weglassen. Im Falle von *Sacre du Printemps* kannte ich die Musik seit Jahren sehr genau, aber als ich meine 1984 entstandene Version in Angriff nahm, hörte ich mir vorher die Musik immer wieder an, so daß ich bei meiner ersten Probe ohne Musik arbeiten konnte, die ich glaubte, soweit verinnerlicht zu haben, daß ich sie in mir hörte. Ich arbeitete dann eng mit dem Pianisten zusammen, bat ihn, mit mir gemeinsam die Partitur zum ersten Mal zu lesen und sie auch die darauffolgenden Male mit mir durchzugehen und dabei für mich die einzelnen Instrumentenwechsel zu bezeichnen.

Ich arbeite nicht mit dem Taktmaß. Mein Gedächtnis funktioniert ausgesprochen physisch. Daher arbeite ich mit Körper-Phrasen.

Einmal kam ein junges Mädchen zu mir, als sie mich die Braut in *Appalachian Spring* hatte tanzen sehen. Sie lachte mich offenherzig an und sagte: »Ich weiß, Sie verstehen den Tanz abstrakt.«

»Ja, abstrakt.«

»Aber als Sie auf dem Stuhl saßen«, fuhr sie fort, »sah es aus, als ob Sie ein Baby in Ihren Armen wiegten, und das ist doch wohl kaum abstrakt zu nennen.«

Ich erklärte ihr: »Das ist genau richtig. Immer, wenn Sie ein Glas Orangensaft trinken, trinken Sie gleichzeitig die Essenz einer Orange. Essenz bedeutet für mich: Gesamteindruck.«

Meine Urgroßmutter kam von Virginia nach Pennsylvania, da ihre Familie auf der Suche nach gutem Ackerland war. Das Vorbild für die Pionierfrau in *Appalachian Spring* war meine Urgroßmutter, wie sie auch das Vorbild für die Ahnfrau in *Letter to the World* war. Ich fürchtete mich vor ihr. Sie war sehr schön und immer sehr still. Überliefert wurde in unserer Familienchronik, daß ihr Vater immer sein bestes Sonntagshemd trug, wenn er zum Pflügen ging, weil man von der Würde körperlicher Arbeit überzeugt war; und bevor er zur Arbeit ging, mußte sie dafür sorgen, daß das Hemd jeden Morgen frisch gebügelt war.

Durch jeden Komponisten bekommt man neue Einsichten. Im Frühjahr 1990 fuhr ich mit meiner Truppe zum Spoleto Festival nach Charleston. Gian Carlo Menotti erinnerte mich an unsere Zusammenarbeit für das Stück *Errand into the Maze*, welches auch auf dem Programm stand. Ich hatte seinerzeit ein ausführliches Skript für ihn geschrieben, und er erinnerte sich, daß ich dann einen Tanz auf die Bühne gebracht hatte, der völlig vom Skript abwich. Zuerst war er darüber sehr ärgerlich gewesen, hatte dann aber Aaron Copland angerufen, der ihm erklärte: »Beruhigen Sie sich Gian Carlo, das macht sie immer so.«

Das hatte ihn wohl ein bißchen beruhigt. Gian Carlo rief mir auch eine Auseinandersetzung ins Gedächtnis, die ich seinerzeit mit Isamu bei der Arbeit an der Bühnenausstattung für *Errand into the Maze* gehabt hatte. Symbol für das Labyrinth war ein sehr langes Seil, aber außerdem stand auf der rechten Bühnenseite ein Objekt, das sehr seltsam aussah und von Isamu als Symbol für das Becken einer Frau konzipiert war. Gibt es ein besseres Symbol für Sexualität oder die Angst vor ihr? Aber so schön dieses Requisit auch war, Isamu und ich hatten Meinungsverschiedenheiten über einige Dinge. Das war das einzige Mal, soweit ich mich erinnere, daß ich ärgerlich über ihn war. Ich hatte es völlig vergessen oder verdrängt, bis Gian Carlo mich daran erinnerte, daß ich Isamu seinerzeit während der Kostümprobe ins Gesicht geschlagen hatte. Ich hoffe nur, das auch Isamu das vergessen konnte. Ich vermute, ich hatte gerade einen meiner unbeherrschten Momente.

Ich wurde einmal gefragt, warum ich niemals einen Tanz über das Leben von Marie Antoinette kreiert hätte, und ich antwortete, daß ich kein Interesse daran hätte, die Rolle europäischer Heldinnen zu tanzen. Ich hatte Interesse an Amerika und an den Frauen des klassischen Griechenland. Doch erinnere ich mich an eine Ausnahme: Maria Stuart, Königin von Schottland, in *Episodes*. Ich choreographierte den ersten Teil des Tanzes und George Balanchine den zweiten. Das war im Mai 1959, und als Musik wählten wir eine Komposition von Anton Webern. Lincoln Kirstein hatte Balanchine und mich zum Lunch in das Pavillon-Restau-

Errand into the Maze, *28. Februar 1947.*

rant eingeladen. Dort machte er uns den Vorschlag, unsere Ensembles sollten sich für seine Theaterproduktion zusammenschließen. Weder Balanchine noch ich waren von der Idee besonders angetan. Lincoln wollte sich meiner Meinung nach dafür rächen, daß ich all die Jahre seinen Avancen standgehalten hatte. Er schlug vor, daß Balanchine und ich zusammen eine Vorstellung geben sollten, wohl in der Hoffnung, daß meine Anstrengungen ein totales Fiasko würden. Er hatte die Idee, daß ich eine Geschichte mit einer Handlung choreographieren sollte und Balanchine etwas Abstraktes, für beide Teile sollte Musik von Webern verwendet werden.

Ich erinnere mich daran, daß Balanchine zu meinen Proben kam, um die Gesamt-Choreographie kennenzulernen. Ich war überrascht, daß er ohne Lincoln gekommen war. Balanchine schien überrascht über meine Verwunderung und sagte: »Aber Lincoln hat nichts mit künstlerischen Dingen zu tun.«

Lincoln hatte uns nur eine einfache Vorgabe gemacht: Ich sollte zuerst tanzen, und niemand von meiner Truppe sollte sich anschließend vor dem Publikum verneigen. Ich ging als erste auf die Bühne und tanzte die Maria Stuart. Walter Terry, ein großartiger Ballettkritiker, hatte mir berichtet, Lincoln hätte ihm im Vertrauen erzählt, mein Werk würde im Vergleich zu Balanchines altmodisch wirken, denn dieser gehörte für ihn zur Avantgarde. Es kam anders, als er es sich vorgestellt hatte. Ich riß das Publikum zu Begeisterungsstürmen hin, was wohl eine große Enttäuschung für Lincoln gewesen sein muß. Das anhaltende Klatschen verhinderte die Fortführung des Tanzes, bis mein Ensemble und ich mich schließlich verneigten. Lincoln war wütend.

Einige Abende später rief ich ihn an, ausgestattet mit dem Wissen, was hinter seinem Wunsch nach meiner Zusammenarbeit mit Balanchine gestanden hatte. Ich bat ihn, *Episodes* im nächsten Jahr zu wiederholen. Er antwortete nur: »*Nein, aus welchem Grund sollte ich?*«

»Lincoln«, entgegnete ich, »wenn Sie das Stück nicht wiederholen, sind Sie für mich nicht besser als ein gewöhnlicher Dieb.«

Wir haben seitdem kein Wort mehr miteinander gewechselt, was mich bekümmert. Ich mochte Lincoln. Er war manchmal etwas seltsam, aber wer ist das nicht?

Es war ein wundervolles Arbeiten mit Mr. Balanchine; er war aufmerksam und interessiert – es war einfach schön, mit ihm zusammenzusein. Und genauso erfrischend war es, mit Karinska zusammenzuarbeiten, der russischen Kostümbildnerin, die ein so herrlich akzentuiertes Englisch sprach. Ich bat sie um die Anfertigung eines Kleides, das dem Medea-Gewand von Isamu Noguchi in *Cave of the*

Heart nachempfunden war. Mir schwebte ein Gewand vor, das Maria Stuart auf der Bühne tragen und aus dem sie dann herausschlüpfen würde, so daß man in ihr die Frau würde erkennen können; das leere Gewand sollte als Symbol ihrer Königswürde auf der Bühne zurückbleiben.

Karinska führte uns in ihre Werkstatt voller Kisten, aus denen Stoffe und Federn quollen. Sie war von Gehilfinnen umgeben und sagte zu einer von ihnen: »Bring mir den Karton mit den Federn. Nein, nicht diese Federn, die anderen. Und die Perlstickereien. Ja, die schwarzen Perlstickereien.«

Als sie zufriedengestellt war, wandte sie sich an uns und sagte: »Jetzt müssen Sie Karinska allein lassen, sie muß nun ›wollbringen‹.«

Ich lernte Antony Tudor als Tänzer, als Choreographen und als große Persönlichkeit der Tanzwelt kennen. Mir war zu Ohren gekommen, daß er mit einigen meiner früheren Schüler und Tänzer gearbeitet hatte. Er war Anfang der vierziger Jahre aus England in die Vereinigten Staaten gekommen, um dort zu wirken. Ich hatte großen Respekt vor ihm. Er war groß, schlank und distinguiert. Seine Karriere hatte er in den dreißiger Jahren beim Ballet Rambert begonnen und dort in einigen frühen Kreationen Frederik Ashtons getanzt. Als er sein tänzerisches Können immer mehr ausfeilte, begann er sich mehr und mehr für die psychologischen Elemente in seinen Tänzen zu engagieren.

Er war das, was man einen Choreographen nannte. Was für ein eindrucksvolles Wort. Ich hatte bis zu meinem Weggang von Denishawn niemals das Wort »Choreograph« als Bezeichnung für jemanden gehört, der Tänze auf die Bühne bringt. In Denishawn wurde nicht choreographiert, es wurden Tänze für die Bühne gemacht. Auch heute sage ich niemals: »Ich choreographiere«; ich sage einfach: »Ich arbeite.«

Ich habe mich nie viel um Choreographie gekümmert. Es ist ein so entsetzlich pompöses Wort, und mit ihm kann man so vieles bemänteln. Meiner Meinung nach habe ich nur begonnen zu choreographieren, damit ich etwas vorzuweisen hatte. Ich war deshalb ziemlich schockiert, daß ich nach Beendigung meiner Tanzkarriere auch für meine Leistungen als Choreographin geehrt wurde.

Mir gefiel die Reaktion Samuel Goldwyns – seine Worte mögen zerpflückt worden sein, aber sie waren immer begeisternd; auf den Vorschlag Garson Kanins, ich solle bei *The Goldwyn Follies* choreographieren, hatte Sam erwidert: »Ich habe von ihr gehört, welchen Tanzstil hat sie?«

Garson prahlte: »Modern Dance.« Darauf soll Sam erwidert haben: »Nicht ›Modern Dance‹. Das klingt so altertümlich.« Er hatte recht.

»Modern Dance – moderner Tanz« veraltet so schnell. Aus diesem Grunde verwende ich immer den Ausdruck »Contemporary Dance – zeitgenössischer Tanz«, der zu seiner bestimmten Zeit gehört. Ich spreche überhaupt nie von »Modern Dance«, den gibt es nicht. In der Öffentlichkeit mag ich als modern eingestuft worden sein, ich selbst habe mich nie dafür gehalten. Und was die Avantgarde betrifft, dazu sagte mir Gian Carlo Menotti in Spoleto, nach dem Auftritt meines Ensembles: »Alles in der Kunst wandelt sich, mit Ausnahme der Avantgarde.«

Jahre nach meiner ersten Begegnung mit Antony Tudor unterhielt ich mich hinter der Bühne mit ihm, als er mich fragte, wie ich gern mein Andenken gewahrt wissen wollte – als Tänzerin oder als Choreographin. Ich antwortete: »Als Tänzerin.«

Er schaute mich ziemlich mitleidig an und sagte: »Ich bedaure Sie.«

Als wir uns näher kennengelernt hatten, war Tudor einmal hinter die Bühne gekommen, um mich nach meiner Vorstellung zu begrüßen; er war alles andere als begeistert von dem, was er auf der Bühne gesehen hatte. »Jetzt haben Sie endlich«, sagte er zu mir, »doch Kompromisse gemacht.«

Als er das sagte, drehte ich mich um und trat ihm gegen das Schienbein. Er blieb solange, bis die anderen gegangen waren, um sich zu entschuldigen. Obwohl es mir auch wohl angestanden hätte, mich zu entschuldigen, tat ich es nicht. Aber ich mochte und verehrte Antony.

Vor achtzehn Jahren wurde ich mit Divertikulitis ins Krankenhaus eingeliefert. Als ich nach Hause entlassen wurde, erhielt ich ein Telegramm von Tudor, in dem es hieß: »Ich habe erfahren, daß Sie wieder ins Leben zurückgekehrt, auferstanden, aufgeblüht sind. Wieder einmal ein Phönix aus der Asche. Allerdings, Martha, ich muß Ihnen gestehen, daß es mir immer schwergefallen ist, zwischen dem Phönix und der Harpyie zu unterscheiden.«

Das war Anfang der siebziger Jahre, als ich aufhörte zu tanzen. Ich hatte jeglichen Lebenswillen verloren, blieb allein zu Hause, aß kaum, trank zuviel und grübelte. Schließlich war mein Körper einfach zusammengebrochen. Ich lag sehr lange im Krankenhaus, größtenteils im Koma und war ständig unter Aufsicht des von mir sehr verehrten Dr. Allen Mead. Man glaubte, ich würde mich nicht mehr erholen. Nach einer Weile blieben die Besucher an meinem Krankenbett aus. Meine Gesellschaft war auch nicht gerade sehr erheiternd, und die Prognose war niederschmetternd. Einige sehr wenige Freunde blieben mir. Ron Protas kam häufig, um mich an meinem Krankenbett zu besuchen. Ich erzählte ihm später, wieviel ich von den Arztgesprächen mitbekommen hatte, ohne daß sie es ahnten, denn sie wähnten mich ja im Koma.

Dann fühlte ich eines Morgens etwas in meinem Innern aufbrechen. Ich fühlte, daß meine Kraft wieder austreiben würde. Dieses Gefühl, das mein Inneres überflutete – *An Errand into the Maze* –, gab mir die Kraft durchzuhalten. Das war die einzige Möglichkeit, der permanenten Angst vor der Zukunft zu entrinnen.

Dann kam endlich der Punkt, an dem es aufwärts ging. Ich konnte mich im Bett aufsetzen, war aus dem Koma erwacht. Das erste Mal in meinem Leben hatte ich meine Haare weiß werden lassen.

Agnes de Mille besuchte mich. Sie erwies sich während meiner Krankheit als gute Freundin, und als couragierter Mensch steht sie heute immer noch zu mir. Allerdings besitzt Agnes das Talent, zuweilen ins Fettnäpfchen zu treten, wenn auch aus den edelsten Motiven. Dieser Besuch war keine Ausnahme. »Oh Martha«, meinte sie mit einem Lächeln, »ich freue mich so darüber, daß du dich dazu entschlossen hast, deine natürliche Haarfarbe zu tragen.« Als sie gegangen war, drehte ich mich zum Fenster und sagte zu mir: »Der Teufel soll mich holen, wenn ich das tue.« Am nächsten Morgen bestellte ich einen Friseur, der mir die Haare färbte, und irgendwie hatte ich das Gefühl, daß ich mir meinen Weg zurück ins Leben wieder freikämpfen würde. Das tat ich auch, aber es war ein härterer Kampf, als ich ahnen konnte.

Es fiel mir nicht schwer, die Anweisungen meines Arztes gewissenhaft zu befolgen. Tänzer haben gelernt, Disziplin zu üben, sich an Gesundheitsvorschriften zu halten. Mit dem Trinken aufzuhören, war kein Problem. Ich hatte damit begonnen, nachdem Erick mich verlassen hatte. Meine Abhängigkeit vom Alkohol hatte sich verstärkt, als ich merkte, daß meine tänzerischen Fähigkeiten mich immer mehr im Stich ließen.

Ein Tänzer stirbt, im Gegensatz zu jedem anderen Menschen, zweimal: zum ersten Mal, wenn der so wundervoll trainierte Körper beginnt, dem Tänzer seine Gefolgschaft aufzukündigen. Meine Choreographien waren ja immer auf mich zugeschnitten gewesen, und ich hatte niemals Bewegungen vorgesehen, die ich nicht selbst ausführen konnte. Ich mußte jetzt Schrittfolgen für Medea und andere Rollen ändern, um sie meinen veränderten physischen Möglichkeiten anzupassen. Aber ich wußte eines genau und das schmerzte mich: Ich wollte nur tanzen. Wenn ich nicht mehr würde tanzen können, wollte ich lieber sterben.

Mein letzter Tanz war *Cortege of Eagles*. Ich war sechsundsiebzig Jahre alt. Schon lange hatte mich das Schicksal der alten und hilflosen Königin Trojas, Hekuba, bewegt, die zusehen mußte, wie alle ihr Nahestehenden, einer nach dem anderen, vor ihr starben. Es war kein planvolles Ende meiner Tanzkarriere und eine schmerzliche Entscheidung, aber ich wußte, sie war unumgänglich.

Nachdem ich aufgehört hatte zu tanzen, aber weiterhin Tänze choreographierte, war es zunächst sehr schwierig für mich, Bewegungen zu kreieren, die nicht für meinen eigenen Körper bestimmt waren. Ich war nicht in der Lage, von mir zu abstrahieren. Aber heute weiß ich, daß es mir gelingt und ich etwas schaffen kann. Ich dachte dabei immer an eine gute Freundin von mir, eine Malerin, die nach dem Tode ihres Mannes nicht mehr hatte malen können. »Ich kann nicht mehr malen«, hatte sie mir anvertraut. »Was soll ich auch schon malen?« Ihre Leinwand blieb leer, und jeden Tag hatte sie wieder aufs neue auf die weiße Fläche gestarrt, auf die leere Leinwand neben einem Tischchen, auf dem die geschlossenen Farbkästen lagen. Dann machte sie eines Tages mit einem Farbspritzer ein Zeichen auf die Leinwand. Und, ausgehend von diesem kleinen Farbpunkt, dieser flüchtigen Eroberung der zur Verfügung stehenden Fläche, hatte sie wieder zu malen begonnen.

Wenn die Zeit für einen Tänzer gekommen ist, das Ensemble zu verlassen, dann soll er es verlassen. Ich zwinge niemals jemanden, zu bleiben. Wenn ein Tänzer gehen will, sage ich zu ihm: »Geh, deine Zeit ist reif. Aber die Tür bleibt immer geöffnet für dich. Du bist immer willkommen.« Und das gilt jetzt auch für mich. Wenn die Zeit abgelaufen ist, ist sie unwiderruflich abgelaufen.

Ich erholte mich. Aber der Weg dorthin war nicht einfach und wurde erschwert durch die Tatsache, daß denjenigen, denen ich mein Ensemble anvertraut hatte, meine Rückkehr nicht gefiel. Sie hatten sich die Organisation der Geschäfte herrlich einfach gemacht, doch das Ensemble war fast nicht mehr existent. Ohne mein Einverständnis hatten sie zugestimmt, daß meine Truppe bei Gemeinschaftsveranstaltungen zusammen mit zwei oder drei anderen Ensembles auftrat. Als ich zum ersten Mal mit dieser Idee konfrontiert wurde, hatte ich sie strikt abgelehnt. Zwei der Tänzer, die gegen meine Rückkehr waren, wandten sich an meinen Freund Arnold Weissberger und sagten zu ihm: »Das ist der Beweis, daß Martha vergeßlich wird. Wir haben ihr letztes Jahr alles über die Gemeinschaftsprogramme erzählt, und sie war von der Idee angetan. Und jetzt hat sie sie natürlich vergessen. Traurig – arme Martha.«

Arnold rief mich daraufhin an und lachte. »Ich wußte, daß sie Lügner sind, aber diese letzte Begegnung hat das noch einmal deutlich gemacht. Sie behaupteten, Sie hätten die Gemeinschaftsprogramme vergessen. Ich sagte ihnen, das sei unmög-

In der Rolle der Braut in Appalachian Spring
mit Stuart Hodes, 1958.

lich. Es gibt eines, was ein Star niemals vergißt, und das sind die Plakatankündigungen für seine Vorstellungen.« Er hatte recht.

Ich kehrte aus dem Krankenhaus in mein Studio zurück und reorganisierte mein Ensemble. Nach meiner Krankheit choreographierte ich zehn neue Tanzprogramme und überwachte eine Reihe von Wiederaufnahmen.

Einige Monate vor seinem Tod kam Tudor noch einmal in mein Studio, um einen Vortrag zu halten. »Antony«, empfing ich ihn an der Tür, »wie war es?«

»Schrecklich«, war seine Antwort.

»Setzen Sie sich und erzählen Sie mir alles.«

Das war das letzte Mal, daß ich Antony sah.

Cortege of Eagles, *21. Februar 1967.*

Viele Menschen haben mich gefragt, ob es schwierig für einen klassisch ausgebildeten Ballettänzer sei, meine Tanztechnik zu erlernen. Die Techniken sind gar nicht so unterschiedlich. Zunächst einmal teilen beide, Ballettänzer und zeitgenössische Tänzer, die Hingabe an den Tanz als Seinserfahrung, von der Faszination und Stärke ausgeht. Und diese Stärke wird umgesetzt, ob im klassischen Ballett oder im zeitgenössischen Tanz. Meine Technik ist eine Grundlagen-Technik, ich habe sie niemals als Martha-Graham-Technik bezeichnet. Es ist eine Tanzweise, in der die Bewegungen ganz individuell eingesetzt werden. Ich verbinde damit ein bestimmtes Körperverständnis: Freiheit und Liebe für den Körper. Wichtig ist auch die Liebe zum Theater, dem Medium, das es dem Tänzer ermöglicht, seine Gefühle darzustellen.

Ich bin auch gefragt worden, warum ich *Lucifer* mit Rudolf Nurejew choreographiert hätte. Luzifer ist der Lichtbringer. Als ihm die göttliche Gnade entzogen wurde, verhöhnte er Gott. Er wurde halb Gott, halb Mensch. In seiner Eigenschaft als Mensch wußte er um die Ängste der Menschen, ihre Seelenqualen und Bedrohungen. Er wurde zum Gott des Lichts. Jeder Künstler ist ein Lichtbringer. Deswegen arbeitete ich mit Nurejew zusammen. Er ist ein Gott des Lichts.

Und Margot Fonteyn war eine so fantastische Partnerin für ihn in diesem Stück. Strahlend wie die Nacht. Sie war zunächst etwas zurückhaltend mir gegenüber, bis zu dem Augenblick, als sie von einer Plattform herabsteigen mußte und dabei ziemlich linkisch aussah. Wir beide fühlten es, aber niemand sagte etwas. Ich änderte daraufhin die Choreographie so, daß sie bei ihrem Abstieg von mehreren Männern verdeckt wurde. Sie erkannte, was ich für sie getan hatte, und ich wußte, daß sie das würdigen würde. Von diesem Augenblick an vertraute sie mir. Die einzige Meinungsverschiedenheit, wenn man das überhaupt so nennen darf, hatten wir über Schuhe. Margot wollte barfuß tanzen, und so oft ich ihr auch erklärte, selbst ich hätte in *Appalachian Spring* und anderen Stücken in Slippern getanzt, sie blieb stur. Wie hätte sie als zeitgenössische Tänzerin in Slippern auftreten können? Margot und ich waren zwei willensstarke Stiere. Es dauerte Tage, bis wir uns geeinigt hatten.

In meinen späten Fünfzigern: Cave of the Heart.

Ich trat gerade mit meinem Ensemble in London auf, als Nurejew nach der Vorstellung von *Night Journey* hinter die Bühne kam, um mich zu begrüßen. Er war erst kürzlich, das war 1963, aus seiner russischen Heimat geflüchtet. Maude und Nigel Gosling hatten ihn zu einer Vorstellung von mir in der Rolle als Jokaste mitgenommen. Als wir uns anschließend begrüßten, starrte er mich nur an und sagte nichts. Ich fragte mich, ob ihm mein Tanz nicht gefallen hatte, oder ob er vielleicht kein Englisch konnte. Erst später erfuhr ich von ihm selbst, nachdem wir beide Freunde geworden waren, daß ihn meine Darbietung so berührt hatte, daß er nicht in der Lage gewesen war, etwas zu sagen. Später, als ich Jokaste nicht mehr tanzte, erzählte er mir, daß er schließlich begonnen hätte, die so ganz andere Choreographie anzuerkennen.

Ich hatte dann einige ehemalige Mitglieder des Leningrader Kirow-Balletts in meinem Ensemble, so auch Rudolf Nurejew und Michail Baryschnikow. Der Gedanke daran, daß mir und meinem Ensemble Einreisevisa für die Sowjetunion mit dem Argument verweigert wurden, ich hätte einen schlechten Einfluß auf die Jugend, belustigt mich heute noch. Ich hatte das seinerzeit als ganz besonderes Kompliment empfunden. Heute hat die sowjetische Regierung mehr Interesse an mir, denn ihre eigene Einstellung hat sich gewandelt. Sie verhält sich nicht mehr wie in den sechziger oder siebziger Jahren. Man will mit der Zeit gehen.

Vor einigen Jahren tanzte Maja Plissetskaja, die Primaballerina des Bolschoi-Balletts, auf einem Gala-Abend in New York Michel Fokines *Der Sterbende Schwan*. Einige Zuschauer waren überrascht, eine so klassische Tänzerin mit einem so klassischen Stück in einem Programm zu sehen, in dem auch mein *Letter to the World* und *El Penitente* getanzt wurden. Aber der Tanz ist universell; es gibt nur zwei Arten von Tanz: guten und schlechten.

Ich halte nichts davon, wenn Tänzer in meinem Ensemble meine Tanzweise nachahmen. Zugegeben, mir schmeichelt die Vorstellung, daß sie meine Schüler sind, aber ich möchte, daß sie sich selbst finden, und ich ermutige sie dazu. Ich möchte, daß der Tänzer den Tanz zunächst physisch bewältigt, seinen Körper stählt und dann seine eigene Ausdruckskraft in ihn hineinlegt. Ich halte nichts von stereotypen Marionetten auf der Bühne. Was für eine entsetzliche Vorstellung! Sie sollen den Einfluß meiner Ausbildungsarbeit nicht verleugnen, sich aber ganz frei fühlen, die Individuen zu verkörpern, die sie sind.

Ich habe dieses Credo immer bei Baryschnikow, Nurejew und Fonteyn verwirklicht gesehen. Zunächst hatte ich schreckliche Angst vor der Arbeit mit ihnen. Ich dachte, sie seien die Verkörperung der damaligen Ballettwelt schlechthin. Aber sie legten sich niemals quer; es war ein leichtes Arbeiten mit ihnen. Sie führten aus, was mir für sie zumutbar schien, und das unterschied sich diametral von ihrer früheren Tanzweise. Aber sie fanden Gefallen daran. Sie besaßen einen unendlich großen Lebensdrang und Glauben an die Menschen.

Aber ich mußte jeden einzelnen natürlich den Tanz lehren. Sie lernten nicht nach dem Taktmaß der Musik. Kein mir bekannter Tänzer lernt, indem er zählt. Er phrasiert, das muß jeder Tänzer lernen, und er paßt diese Phrasen dann an seine Körperbewegungen an. Und genau so arbeiten wir auch.

Sie waren alle drei sehr aufmerksam, warmherzig und erfrischend, wenn es darum ging, etwas Neues zu lernen. Sie tanzten ständig etwas Neues für mich und für sich selbst. Es war eine vollkommen neue Erfahrung für uns alle. Als wir uns entschlossen hatten, *The Incence* von Miss Ruth wiederaufzunehmen, war meiner Meinung nach nur Maja Plissetskaja aufgrund ihrer außergewöhnlichen Armbewegungen und ihrer Persönlichkeit in der Lage, dieses mystische Solo von Miss Ruth eindrucksvoll darzustellen. Miss Ruth hatte als Tempeltänzerin mit ganz einfachen Gesten die Brenner mit Weihrauch entzündet und den Rauch so hingebungsvoll in sich einströmen lassen, daß ihr Körper schließlich zum Symbol des Rauches geworden war. Maja gefiel der Film, den ich ihr über Miss Ruths Tanz gezeigt hatte. Leider war sie zu dieser Zeit eine Tournee-Verpflichtung nach Spanien eingegangen, und ihre Auftrittstermine konnten nicht mehr abgesagt werden. Sie bedauerte das sehr, und wir verabschiedeten uns mit einer Umarmung. Sie verließ das Studio und plötzlich, kaum eine Minute später – die Studiotür ging auf –, kam Maja mir entgegengetanzt, vollführte perfekt Miss Ruths Armbewegungen und verschwand wortlos. Ich wandte mich an Ron: »Sie wird tanzen.« Und sie tanzte.

Als ich Margot Fonteyn das erste Mal begegnete, beeindruckte sie mich durch ihre eindrucksvolle und bezaubernde Persönlichkeit. Der Zauber, der von der Gegenwart Margots ausgeht, besteht in einer nicht zu beschreibenden seelischen Stärke. Margot war innerlich eins mit sich, natürlich und freimütig auf der Bühne. Sie erinnert mich an eine Zeile Chaucers: »Ich gehöre mir selbst, bin gelassen.«

Niemand war eine strengere Kritikerin Margots als Margot selbst. Ich erinnere mich, daß ich ihr einmal vom Seitenrand der Bühne beim Tanzen des Stückes *La Bayadère* zusah. Sie hatte geendet, erhielt donnernden Applaus und stehende Ovationen, doch als der Vorhang endgültig gefallen war, warf sie sich auf den Boden und weinte bitterlich; sie hatte ihrem eigenen Anspruch nicht genügt, und es spielte überhaupt keine Rolle, welche Anerkennung ihr zuteil wurde. Sie war von sehr kindlichem Gemüt. Nur ihr Partner Nurejew konnte sie aus ihren Weinkrämpfen reißen. Er flüsterte ihr etwas ins Ohr, und sie begann zu lachen, jenes wundervolle, unnachahmliche Lachen, jenes nur ihr eigene zögernde Lachen. Später erzählte mir Rudolf, er habe ihr alle schockierenden Obszönitäten zugeflüstert, die ihm in diesem Augenblick eingefallen seien. Die Goslings hatten mir erzählt, daß er nach dem Verlassen Rußlands als erstes englische Schimpfworte habe lernen wollen.

Das einzig wirkliche Problem mit Rudolf trat bereits am Anfang unserer Proben für *Luzifer* auf. Er kam ständig zu spät, täglich tauchte er später auf. Als er schließlich eine volle halbe Stunde zu spät eintrudelte, sah ich nur kurz hoch und sagte: »Ich glaube, ich werde allmählich böse. Ich bin böse.« Danach gingen die Tänzer auseinander, und ich ging hinauf zu Rudolf, um ihn gehörig zur Rede zu stellen. Ich weiß nicht, ob ich es auch mit Wissen um seinen Ruf getan hätte, er gäbe gewöhnlich Widerworte. Aber auch dann hätte ich es wahrscheinlich wegen meines aufbrausenden Temperaments nicht gescheut. Ich sagte ihm, er sei ein großer Künstler, aber ein ungezogenes, eigenwilliges Kind. Und das war nur der Anfang. Er stammelte nur und entschuldigte sich. Meine Worte hatten ihre Wirkung offenbar nicht verfehlt, denn danach kam er nie wieder zu spät.

Unvergessen ist mir eine Äußerung des Künstlers Rudolf Nurejew geblieben: Es war zu einer Zeit, als er ohne Gage auftrat, um unser Ensemble zu unterstützen, wie das auch andere, Mischa (Baryschnikow) und Margot (Fonteyn) beispielsweise, getan haben. Obwohl Rudolf wußte, er würde wohl kaum in den nächsten Jahren für die Titelrolle in *El Penitente* eingesetzt werden, ja vielleicht sogar nie, stürzte er zu mir – er war so in Zeitnot, sein Flugzeug nach Paris zu erreichen, daß er nicht einmal sein Make-up entfernen konnte – und fragte: »Wie lauten meine Korrekturen?«

Wie Mischa und Rudolf, hielt sich auch Margot nicht an rigide Vorschriften, sondern ging ihren eigenen Weg. Sie übertrat sogar das Gesetz des Raumes, denn wo immer sie tanzte, war automatisch der Bühnenmittelpunkt; wo immer sie stand, fesselte sie durch große Ausgeglichenheit und Ruhe – und nahm die Herzen der Menschen für sich ein.

Mischa und Rudolf tanzten zusammen in *Appalachian Spring:* Mischa als Bräutigam und Rudolf als Prediger. Ich bin öfter gefragt worden, warum ich gerade diesen Tanz für sie wählte. Offengestanden deshalb, weil ich ihn für ein gutes Bühnenstück halte, und ich präsentiere es auch so.

Ein Ereignis werde ich nie in meinem Leben vergessen: Margot, Rudolf und ich hatten uns bereit erklärt, die Werbung für Blackglama-Nerze zu machen, »What becomes a legend most?« – ein schwieriges Unternehmen. Es begann damit, daß der junge, für die Werbekampagne verantwortliche Mann uns nur zwei Mäntel gab, obwohl wir doch drei Personen waren. Polly Bergen, eine Kollegin und Freundin, brachte ihn mit Engelszungen dazu, seine Meinung zu ändern. Dann wollte Margot noch sechs zusätzliche Felle haben, »für eine Kappe oder dergleichen«, und als sie nach dem Grund fragten, antwortete sie: »Weil wir Martha, Margot und Rudolf sind.« Es kam der Tag der Aufnahmen, und der Verantwortliche hatte – obwohl man ihn gebeten hatte, kein großes Buffet vorzubereiten – nicht an unserer Bewirtung gespart. Als Rudolf, Margot und ich ins Studio kamen und er mit seinem Südstaaten-Akzent sagte: »Mr. Nurejew, ich habe eine Erfrischung für Sie vorbereitet«, knurrte Rudolf, der eine spontane Abneigung gegen ihn verspürte: »Ich kenne Sie nicht. Ich rühre Ihre Erfrischungen nicht an!«

Der eigentliche Moment der Aufnahmen hingegen hatte großen Unterhaltungswert. Ich rief: »Das ist der Augenblick, in dem wir das Baby den Wölfen vorwerfen«, eine Anspielung an eine russische Fabel, in der eine Familie über das Eis flieht und ein Kind opfern muß, um den Rest der Familie zu retten.

Der verantwortliche Aufnahmeleiter hielt mich für einfach hinreißend, eine weibliche Legende oder so etwas Ähnliches, bis es zu einer Meinungsverschiedenheit zwischen uns kam. Er erbat unsere Zustimmung für einen Buchabdruck, aber Rudolf war strikt dagegen. Als man mich fragte, ob ich gestatten würde, daß der Teil des Fotos, auf dem ich zu sehen war, nachgedruckt würde, erwiderte ich: »Ich werde Rudolf nicht in den Rücken fallen.« Plötzlich war ich für den jungen Mann »die arthritische alte Zicke«, wenn er über mich mit anderen sprach. Ich glaube, er wäre gern ins Weiße Haus eingeladen worden, als ich die Freiheitsmedaille aus den Händen von Präsident Ford erhielt. Als das zunächst nicht arrangiert werden konnte, sagte er: »Mir macht das nichts aus, aber die Nerzzüchter werden sauer sein.« Als meine Freundin Diana Vreeland das hörte, rutschte ihr heraus: »Saure Nerzzüchter, oh diese südliche Arroganz und dieser großmütige Charme.« Ich hatte diesen Satz schon lange nicht mehr gehört.

Posieren für ein Werbefoto mit Rudolf Nurejew und Margot Fonteyn.

Mischa trat als ein wirkliches Gottesgeschenk in mein Leben. Unsere Wege kreuzten sich in der Tanzkunst. Er war aus seiner Heimat geflohen, in die Vereinigten Staaten gekommen und tanzte dann später in meinem Ensemble. Er war der perfekteste Bräutigam in *Appalachian Spring*, den ich je gesehen habe. Ich vergesse mein Lebtag nicht die Passage, bei der Mischa Schwierigkeiten hatte: Er sollte seiner Braut entgegenlaufen. Mischa schaute hilflos zu mir herüber und strahlte, als ich ihm erklärte: »Mischa, Sie haben Ihre Braut fünf Minuten lang nicht gesehen.« Und er war auch stärker in der Rolle des Büßers als Erick, der sie bei der Uraufführung getanzt hatte. Was hätte ich dafür gegeben, mit Mischa oder Rudolf tanzen zu können!

Als Mischa Direktor des American Ballet Theatre war, kamen wir überein, seinem Ensemble das Recht einzuräumen, einige meiner Tanzkreationen zu übernehmen. Im Prinzip habe ich nichts dagegen, wenn einige meiner Stücke von anderen Ensembles getanzt werden. Das Problem liegt nur darin, *wie* sie getanzt werden. Wir sind ein kleines Ensemble mit einem großen finanziellen Defizit.

Wir können es uns einfach nicht leisten, anderen Ensembles unsere Tänze beizubringen; wir hätten dann sicher keine Zeit mehr, uns um unsere eigenen Belange und Einnahmen zu kümmern.

Mischa war damit einverstanden, unsere Tänze aufzuzeichnen, um sie ordentlich einstudieren zu können. Aber das bedeutet keineswegs, daß ich mich generell auf das Experiment einlasse, jedes andere Ensemble meine Kreationen tanzen zu lassen. In der Vergangenheit haben mich immer wieder Ensembles angesprochen, um die Rechte für diesen oder jenen Tanz zu bekommen. Sie hätten sie gerne, vor allen Dingen würden sie sie gerne nach zwei Wochen Proben auf die Bühne bringen. Das ist natürlich absolut illusorisch!

Mischa reiste auch in meinem Interesse nach Washington, um vor einem Kongreßausschuß für die Finanzierung der Verfilmung und Bewahrung meiner Arbeiten zu werben. Das Geld sollte nicht von der amerikanischen Künstler-Stiftung bereitgestellt werden, und sie sollte auch in keiner Weise auf das Projekt

Diana Vreeland und ich auf einer Party nach einer Vorstellung.

Zusammen mit Misha Baryschnikow bei der Einstudierung von American Document, *1989.*

Einfluß nehmen können. Die Stiftung machte bei den Abgeordneten gegen das Vorhaben Stimmung, und so ging der Kunstwelt etwas Bedeutendes verloren. Das zerreißt mir das Herz.

Ich gebe meinen Tänzern eine Technik mit auf den Weg. Technik ist eine Sprache, die die Anstrengung beim Tanzen ausschließen soll. Anschließend hat der Tänzer dann alle Freiheiten. Manchmal wird die Technik schlecht gelehrt, und das macht mich wütend. Nachdem ich in Kairo mehrere Aufführungen mit einem lokalen

Ensemble hatte, stellte man nach meiner Abreise ein Reklameschild auf: »Die Martha-Graham-Technik wird hier unterrichtet.« Sie hatten niemals den Tanz unter diesem Aspekt gesehen. Technik bedeutete nicht das für sie, was sie für mich bedeutet – Technik als systematisierte Erfahrung, als vollkommene Erfahrung. Ich kann erklären, welche Bedeutung die Schulter hat. Ich kann angeben, welche Bewegungen aus dem Ballett übernommen sind. Ich kann erläutern, welche Bedeutung der Arm im Rücken hat und welche Reize von den einzelnen Körperbewegungen ausgehen. Ich weiß nicht mehr, wie viele Jahre ich gebraucht habe, um bestimmte Dinge zu lernen; aber es hat mir Spaß gemacht. Ich hatte Spaß an der Beschäftigung mit meinem eigenen Körper.

Es gibt ein Detail in der Technik, das sechzehn Takte in Anspruch nimmt und das ich meinen Studenten immer beizubringen versucht habe: »Stellt euch vor, die Krone auf eurem Kopf ruht auf euren Füßen und ihr sollt den übrigen Teil des

Ehrung im Kennedy Center mit Ella Fitzgerald, Tennessee Williams, Aaron Copland, Rosalynn Carter und Henry Fonda.

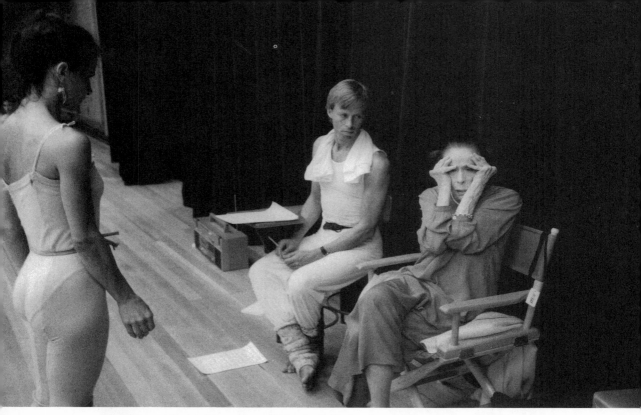

Beim Unterricht mit Terese Capucilli in der Rolle der Auserwählten in Sacre du Printemps; *Proben-Direktor Bert Terborgh schaut zu, 1985.*

Kopfes soweit herunterbeugen, daß er die Krone berührt. Schließt die Füße wie zum Gebet. Bei zwei und vier kommt eine hohe Aufwärtsbewegung, so daß sich der ganze Körper in Sitzposition vom Boden erhebt. Die Bewegung erfolgt vom Rumpf in Richtung Kopf.«

Bei der tiefgehenden Entspannung wird die Luft tief eingeatmet, um sie dann in einer starken Anspannung auszustoßen. Bei der Anspannung stelle ich mir das Himmelsgewölbe vor, bei der Verstärkung stelle ich mir die Erde vor. Bei der Entspannung ist es, als ob ich die Erde von einer Klippe aus betrachtete. Bei der hohen Aufwärtsbewegung erfolgt ein kurzes Aussetzen der Bewegung. Es gibt außerdem starke Anspannungen nach vorne und nach hinten, sie sind fast wie ein Schwingen nach vorn und nach hinten, ein Abrollen. Man fühlt sich wie ein Wahrsager, der die Wahrsagestäbchen hochwirft und keine Antwort erhält. Man wirft sie nochmals und erhält immer noch keine Antwort. Man versucht es wieder, und schließlich richtet man seinen Körper auf, öffnet seine Arme, und dann endlich hat man die Bewegung.

Bei der Anspannung während der Brücke zum Boden, denke man beim Rückwärtsbeugen an die Hl. Johanna, die sich gegen das Schwert wehrt, das ihre Brust durchbohrt.

Bei der Anspannung, dem Ausstoßen der Luft aus dem Körper vom Becken aufwärts, gilt: Zu jeder Bewegungsstudie gehört Kontinuität. Ziehe, ziehe bei der Anspannung, nicht nachgeben. Und bedenke: Die Anspannung ist keine Position, sie ist die Vorbereitung für eine solche. Sie ist wie ein ins Wasser geworfener Kieselstein, der in Halbkreisen über das Wasser hüpft, wenn er die Wasseroberfläche berührt. Die Anspannung ist bewegt.

Für die *half-pleadings* gilt: Es ist eine Position mit dem Rumpf am Boden, einer leichten Anspannung des Körpers, wobei eingeatmet wird, die Arme kelchartig zum Himmel erhoben.

Beim Einsatz von Kopf und Rumpf ist zu beachten: Denken Sie an Michelangelos *Pietà* oder an das einzigartige Werk Gian Berninis *Ekstase der Hl. Theresa.* Ich sah einmal einen Rock-Sänger mit eben diesem ekstatischen Ausdruck.

Bei den *demi-pliés:* Stellen Sie sich vor, Sie hätten Diamanten auf Ihrem Schlüsselbein, die das Licht einfangen.

Bei der Armhaltung, der schwierigsten Bewegung für jeden Tänzer, ist zu beachten: Stellen Sie sich vor, der Arm sei die Verlängerung des Rückgrats. Mit dem Oberarm wird Liebe assoziiert, deutlich in der Umarmung. Der ausdrucksvolle Einsatz des Oberarms zeichnet den Spitzentänzer aus.

Wenn man eine einzelne Bewegung noch mal und noch mal wiederholen muß, darf man keinen Überdruß verspüren, man muß sich einfach so verhalten, als ob man seinem eigenen Tod entgegentanzte. Als ich in *Le Sacre du Printemps* die Auserwählte tanzte, was ich sehr oft hintereinander tat, sah ich mich mit meiner Vergänglichkeit konfrontiert, dachte an meine Wiedergeburt.

Für die Knieschwingungen, die Übung, bei der verlangt wird, aus dem Stand das Bein nach vorne gegen die Brust zu schwingen, dann hinter den Rücken und dann wieder nach vorne: Ich rate meinen Studenten immer, an die drei Hexen in *Macbeth* zu denken, die den Kesselinhalt ohne Ende in bestimmter Absicht rühren: »Noch einmal, noch einmal, sich plagen und mühen. Brenne Feuer, brodle Kessel.«

Bei meinem Unterricht haben mich Pferde immer zu wundervollen Vergleichen inspiriert. In *Night Journey* muß Jokaste einen schwierigen Part tanzen, wenn der Körper sich anspannt und das Bein gleichzeitig nach oben schwingen muß. Ich erinnere meine Studenten dann immer an das Bild eines steigenden Pferdes. Zu dem Ensemble-Mitglied, das die Jokaste darstellt, sage ich, diese Bewe-

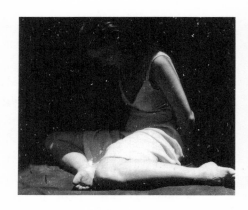
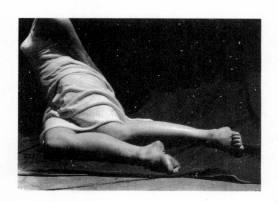

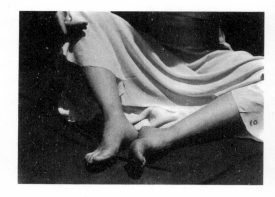

Bewegungsstudien, aufgenommen von Imogen Cunningham, Santa Barbara, Kalifornien, 1931.

gung ähnele einem Erinnerungssplitter, der aufsteigt und sich dann durch den Mund verflüchtigt.

Bei unseren tänzelnden Paraden, einer Tanzfolge, die viel Freude und Fröhlichkeit ausstrahlt, sage ich meinen Tänzern gern, das sei wie bei einem schönen Pferd. Man stelle sich dieses wunderschöne Lebewesen vor, das so erfüllt ist von Leben. Denken Sie auch an die Lippizaner in Wien. Sie führen ihre Lektionen mit Freude aus. Sie verausgaben sich fast bei ihren Auftritten, so wie es auch ein Tänzer tun sollte.

Agnes de Mille pflegte immer große Gruppen gemeinsam vortanzen zu lassen und traf ihre erste Auswahl durch Beobachtung des Gangs der Tänzer. Er verrät alles. Ich sage meinen Studenten, sie sollen durch den Raum schreiten, als ob sie ihre Herzen an der Mauer abgebildet sähen. Wenn sie das nicht anfeuert, füge ich hinzu: »Denkt daran, daß ihr eines Tages alle sterben werdet.« Und das hat für gewöhnlich die erwünschte Wirkung.

Meine Tänzer fallen niemals einfach zu Boden, nur um zu fallen. Sie fallen, um sich anschließend wieder zu erheben. Als Margot Fonteyn uns zum ersten Mal tanzen sah, bemerkte sie, wie unterschiedlich unser Fallen von dem des Royal Ballett war: »Wahrhaftig, wir fallen wie Papiertüten. Ihr fallt wie Seide.«

Das Können eines Tänzers basiert auf seiner Fähigkeit zuzuhören, mit seinem ganzen Körper zu lauschen. Wenn ich von der Notwendigkeit spreche, auf seinen eigenen Körper zu lauschen, vergesse ich niemals, den edlen Löwen im Vorspann der MGM-Filme zu erwähnen. Wenn er sich zur Seite wendet, wendet er sich vollständig ab. Er zieht sich zurück und besinnt sich auf sein Löwendasein, hört auf sein Inneres. Er besitzt jene Fähigkeit, sich in sich selbst zurückzuziehen und wartet nicht darauf, daß ihn jemand anschaut. Er lauscht. Wohin? In sich hinein. Und der Körper wird zurückgehalten, bis er sich bewegen soll.

Die Gesichter von Tänzern sind seltsam. Tänzer scheinen mehr Knochen als die meisten anderen Menschen zu haben, und an Tagen, an denen man hart gearbeitet hat, sieht es so aus, als sei man am Ende noch knochiger als zu Beginn. Gesichtszüge von Tänzern wirken knöchern. Ich betrachtete einmal Alicia Markowa. Da war das Gesicht, die Knochen. Und dann schaute ich mir Nora Kaye an: die gleichen Knochen. Ich sah mir einige Männergesichter an: die gleichen Knochen. Warum ist das so? Weil durch das beständige Körpertraining die Knochenstruktur deutlicher hervortritt.

Ein fröhlicher Augenblick im Kreise meiner Tänzer.

Auf der Bühne ist das Timing von ungeheurer Wichtigkeit, aber die Feinheiten sind schwer zu lehren. Man muß wissen, wie man das Publikum fasziniert und wann man einen bestimmten Effekt am besten erzielt. Miss Ruth war in dieser Hinsicht eine Meisterin.

Die Verbeugung ist Teil des Eindrucks, den ein Tänzer beim Publikum hinterläßt, und sie ist wichtig für die Gesamtdarbietung. Als ich vor Jahren an der New School for Social Research in Manhattan lehrte, ließ ich verlauten, daß die Pawlowa sich zauberhaft zu verbeugen verstünde. Ich steckte für diese Bemerkung viel Kritik ein, besonders von dem Ballett-Choreographen Michel Fokine, der im Zuschauerraum saß.

Früher, als man sich noch nicht einfach nur verbeugte, liefen wir rund um die Bühne. Ich lief sehr rasch, rannte in den Bühnenmittelpunkt, drehte mich schnell um die eigene Achse, um mich eilig zu verbeugen, und mit dem Schwung dieser Bewegung wandte ich mich ab, um davonzulaufen. Ich mußte schnell sein für den Fall, daß der Applaus nicht andauern würde.

Viele Menschen haben mich gefragt, ob ich eine Lieblingsrolle habe oder mich mit einer bestimmten Rolle identifiziere. Darauf antworte ich immer, meine Lieblingsrolle ist die, die ich gerade tanze. Es kann keine Sicherheit geben. Man riskiert etwas; alles ist Risiko. Man beruft sich bei allem auf Dinge, an die man sich als Teil der Gegenwart, des Jetzt, erinnert.

Zuschauer bitten mich häufig um ein Autogramm. Die überspannteste Bitte erlebte ich nach einem College-Auftritt. Es war in einer kalten Winternacht, ich wollte gerade das Auto besteigen, um nach Hause zu fahren, als ein junger Mann völlig außer Atem in unserem Scheinwerferlicht auftauchte.

Ich hatte weder Papier noch Stift. Er hatte auch nichts.

»Es tut mir leid«, sagte ich, »ich habe nichts zu schreiben.«

Er setzte sich auf die Kühlerhaube und sagte: »Sie brauchen mir kein Autogramm zu geben. Hier ist mein Programm. Spucken Sie einfach darauf.«

Einmal kam während einer Vorstellung, an der ich in der Metropolitan Oper als Zuschauerin teilnahm, ein ernster junger Mann zu mir und bat mich um ein Autogramm, kurz darauf noch eine Frau, die ein Stück Papier aus ihrer Handtasche holte. Ich saß auf dem Balkon – wegen der Kosten – und schrieb mein Autogramm auf ihr Papier. Ich wollte es ihr gerade zurückgeben, als sie sagte: »Vielen Dank, aber wer sind Sie eigentlich?«

Ich ließ das Blatt Papier über den Balkonrand fallen, und während es hinunterflatterte, sagte ich: »Finden Sie es heraus.«

Bei einem meiner letzten Auftritte in *Frontier* besuchte mich die exzellente Fotografin Barbara Morgan hinter der Bühne und sagte zu mir: »Martha, ich finde es ist eine Schande, daß Sie *Frontier* geändert haben.«

Darauf ich: »Geändert? Es ist nicht im geringsten geändert.«

Sie erwiderte: »Warum haben Sie dann das Kleid geändert?«

Ich beharrte: »Aber ich habe absolut nichts geändert!«

»Das haben Sie ganz sicher«, war ihre Antwort.

Schließlich sagte ich noch mal: »Darling, ich habe das Kleid angefertigt. Ich mußte es eigenhändig nähen, und es gibt nur dieses eine Kleid, und das ist meines.«

Sie glaubte mir immer noch nicht. Mit anderen Worten, die Menschen sehen häufig das, was sie sehen möchten und nicht das, was wirklich passiert. Und als Barbara nach der Aufführung von *Deaths and Entrances* hinter die Bühne kam, hatten wir wieder eine Meinungsverschiedenheit.

»Ich finde es schade, Martha, daß Sie diesen Mann für den Schlußapplaus nicht noch einmal auf die Bühne gebracht haben.«

»Welchen Mann?« fragte ich, als ich an meinem Schminktisch saß und mich abschminkte. Ich konnte Barbaras Reaktion im Spiegel hinter mir sehen.

»Merce Cunningham«, sagte sie.

Darauf erwiderte ich: »Er ist niemals beim Schlußapplaus auf die Bühne gekommen.«

»Ganz sicher ist er das«, beharrte sie.

»Ich müßte es doch wissen«, war meine Antwort. »Vielleicht sollte er nach der Choreographie noch mal auf die Bühne kommen, aber ich habe ihn niemals dazu aufgefordert.«

Ich besitze ein Foto, das Philippe Halsman von mir machte: Ich falle nach hinten auf den Rücken und werde dabei von einem Blitzlicht angestrahlt. Diese Bewegung machte ich in *Deaths and Entrances*. Inspiriert wurde ich zum Titel dieses Stückes durch ein Gedicht von Dylan Thomas. Der Tanz handelt vom Leben der drei Brontë-Schwestern, und viele sehen darin meine Biographie und die meiner Schwestern. Eine Frau kam nach der Premiere hinter die Bühne und sagte: »Wie unrealistisch, in einem schwarzen Abendkleid nach rückwärts zu fallen. Das würde ich niemals tun.«

Ich entgegnete ihr: »Das würde ich auch nicht. Aber sind Sie jemals in einem Raum gewesen, den ein Geliebter von Ihnen betrat, der Sie nicht mehr liebte, so daß Ihr Herz zu Boden fiel?«

In diesem Augenblick schien ihr die Bedeutung der Bewegung, die sie auf der Bühne gesehen hatte, klarzuwerden. Es war ihr etwas vermittelt worden; das und nichts anderes wünsche ich mir für meine Zuschauer.

Ich glaube, jeder hat das Recht zu einem eigenen individuellen Leben, und ich glaube, er hat das Recht, ein erfülltes Leben zu leben. Ich halte nichts von einem Leben im Kloster oder einem Leben in der Isolation, und ich mische mich auch überhaupt nicht in das Leben der Mitglieder meines Ensembles ein. Sie haben ihr eigenes Leben. Wir haben eine Arbeitsbeziehung miteinander, und wir respektieren einander. Aber ich habe kein Recht, sie in irgendeiner Weise zu beeinflussen. Wenn ich auch manchmal das eine oder andere für ein wenig kindisch halte, es geht mich nichts an. Ich bin doch keine Missionarin.

Ich habe die Mitglieder meines Ensembles immer ermutigt, eigene Tänze zu kreieren und hielt deswegen kleine Workshops ab. In meinem Ensemble waren es Paul Taylor, Merce Cunningham und viele andere, die ihre eigenen Stücke auf die Bühne brachten. Ich bevorzuge nicht eigenmächtig jemanden, es entwickelt sich einfach so. Ich kann zwar sagen, der oder die hat die Begabung zu einem großen Tänzer, aber ich kann seine oder ihre Zukunft nicht voraussagen. Er ist entweder gut, oder er wird nicht besonders gut werden. Sehr oft habe ich in der Klasse jemanden, der eine große Begabung besitzt, und ich versuche dann, seine Entwicklung zu fördern. Im Augenblick habe ich zwei bis drei solcher Begabungen in meiner Klasse. Sie müssen technisch vollkommen werden. Sie müssen das Gefühl dafür bekommen, wie wundervoll Technik ist – das Gefühl bekommen für das wunderbare Können, das durch Technik sichtbar gemacht werden kann.

Ich habe Jerome Robbins gebeten, einen Tanz für mein Ensemble zu kreieren, und zu meiner großen Freude hat er angenommen. Jerry und ich lernten uns vor Jahrzehnten kennen. Wir gingen zusammen spazieren und landeten schließlich im Brentano Bookshop. Es war Winter, und wir gingen hinein, um uns aufzuwärmen und die Bücher anzuschauen. Jerry war in einer noch tieferen Schaffenskrise als ich. Ich entschloß mich, ihm ein Buch zu kaufen: ich wählte *Macbeth*, um ihn aufzuheitern. Es schien ihm zu helfen.

Kurze Zeit darauf, es war während des Zweiten Weltkriegs, wurden wir beide von Roseland für die Tanzauszeichnung »Tops in Terpsichore« nominiert. Jerry bat mich telefonisch, seine Begleiterin zu sein, und ich stimmte zu. Ich war schrecklich nervös. Ich hätte mehr als nur Bedenken haben sollen; ich hätte fliehen sollen. Der verräucherte Tanzsaal war überfüllt von wild swingenden Seeleuten, die keinen Pfifferling auf unsere Auszeichnungen gaben. Als der Conférencier die Musik unterbrach, um uns vorzustellen, kamen wütende Pfiffe. Ich wurde vorgestellt als Tänzerin, die »nachts auf dem Broadway auftritt« und Jerry als junger origineller Choreograph. Als man uns unsere Auszeichnungen überreichte, waren wir entsetzt, daß die Würdigung falsch eingraviert war und »Tops in Terpisscore« hieß. Wir verließen den Saal augenblicklich – nicht einmal auf der Bühne habe ich jemals einen schnelleren Abgang gehabt.

Jeder fragt mich nach meinen Eingebungen. Selbst Agnes fragte mich vor Jahren einmal ganz direkt, als wir zusammensaßen: »Martha, wie kamst du darauf?« Ich wünschte manchmal, ich könnte es erklären. Mit meinen Kreationen wären

Clytemnestra *mit Paul Taylor, 1958.*

keine so schmerzlichen schöpferischen Phasen verbunden, wenn ich mir darüber im klaren wäre. Man vermag nichts Bestimmtes darüber zu sagen, man spürt nur, daß man auf jenen beängstigenden, unausweichlichen Spuren wandelt, die einen vorantreiben und seine Werke schaffen lassen. Ich glaube, im künstlerischen Schaffensprozeß gibt es keine Vorbilder, jeder Augenblick wird neu erlebt, ist gleich erschreckend und bedrohlich und zugleich angefüllt mit Hoffnung. Ich werde auch oft nach der Zukunft des Tanzes gefragt. Meine Antwort lautet dann immer: Wenn ich das wüßte, ich würde als erste diesen neuen Weg beschreiten. Aber man kann nichts mit Bestimmtheit voraussagen.

Meine große Leidenschaft ist es, Tänze zu kreieren, das Einssein mit dem gegenwärtigen Augenblick, dem Jetzt, zu zelebrieren, wie Saint John Perse es formuliert hat: teilhaftig zu werden der einzigen Gewißheit in unserem Leben – dem Wandel, der Vergänglichkeit unterworfen zu sein.

Es war mir vergönnt, mit vielen begabten Freunden zu arbeiten; das hat nicht wenige Nachwirkungen gehabt. Liza Minnelli erinnerte mich daran, daß ich sie 1978, als wir mit den Proben für das für sie geschriebene Stück *The Owl and the Pussycat* begannen, bei der Hand genommen und gesagt hatte: »Weißt du, du hast mir eine schreckliche Verantwortung aufgeladen.«

Geliebte Liza, wie großzügig sie mir gegenüber war. Als ich vor Jahren krank wurde, war sie eine der ersten, die mich anrief und mir ihre finanzielle Hilfe bei der Bezahlung der Pflegekosten anbot. Jeder Künstler wird auch mit dem alltäglichen Leben konfrontiert. Das ist zwangsläufig so.

Als Liza mit unserem Ensemble zusammenarbeitete, war sie sehr einfühlsam. Sie verhielt sich so kollegial, als ob sie eine unter anderen jungen Mädchen sei. Als eine Tänzerin, ihr Double in *Owl*, traurig war, weil Liza selbst die Premiere tanzen würde, ging sie ganz selbstverständlich zu ihr, um sie aufzumuntern. Sie ist ein sehr liebevoller Mensch. Als ich sie für einen Auftritt in Covent Garden benötigte, kam sie mit ihrem gesamten Stab, bezahlte alles selbst, nur um für mich da zu sein. Ich werde niemals unseren ersten Probentag in London vergessen. Als wir das Theater durch den Bühnenausgang verließen, belagerte eine Schar junger Mädchen Liza, um ein Autogramm von ihr zu ergattern. Keines der Mädchen kam zu mir. Warum auch? Woher sollten sie wissen, wer ich war? Aber plötzlich, wie aus heiterem Himmel, riß man sich um ein Autogramm von mir. Später erfuhr ich, daß Liza den jungen Mädchen gesagt hatte, sie seien ziemlich ignorant, wenn sie auf mein Autogramm verzichteten, denn ich sei eine ebensolche Legende wie ihre Mutter Judy Garland. Sie hatte gesehen, daß man mich völlig ignoriert hatte, und das hatte die Wandlung bewirkt. Aber wer außer Liza hätte sich so mitfühlend in die Situation eines anderen hineindenken können?

Erwähnen möchte ich auch meine Zusammenarbeit mit der Schauspielerin Kathleen Turner. Sie war jahrelang eine Mäzenin unseres Ensembles gewesen, und als ich sie fragte, ob sie die Rolle der Sprecherin in *Letter to the World* übernehmen würde, stimmte sie mit Freuden zu. Niemals zuvor ist mir der Wahrheitsgehalt der Worte »Bewegungen lügen niemals« klarer geworden als bei Kathleen, als ich sie während unserer ersten Probe beobachtete. Sie war verständnisvoll, aufmerksam und gab sich große Mühe, aber ihr Körper schrie es förmlich hinaus: »Oh, mein Gott, auf was habe ich mich da eingelassen?« Ich versuchte, Details abzuändern, um die Rolle für sie annehmbarer zu machen, machte es aber wohl nur noch schlimmer. So überließ ich es schließlich ihr selbst, daraus zu machen, was sie wollte, ließ sie ihre eigene Interpretation finden. Und das tat sie dann auch mit Erfolg.

Madonna kam als junges Mädchen zu mir in die Schule. Anfangs war sie immer zwei Stunden vor Beginn in der Schule gewesen, um mein Eintreffen mitzuerleben. Und dann besuchte sie mich, nachdem sie berühmt geworden war. Alle befürchteten das Schlimmste. Aber sie hätten nicht schiefer liegen können, denn ich mochte Madonna wahnsinnig gern. Sie ist absolut offen. Sie setzt alles durch, was sie sich vorstellt, mögen die anderen davon halten, was sie wollen. Sie ist ein unabhängiger Geist. Zugegeben, sie wird häufig kritisiert; sie ist unbequem und fordert Kritik heraus. Aber sie bringt das auf die Bühne, was die meisten Frauen verbergen, und das ist wohl nicht immer das, was man als anständig zu bezeichnen pflegt.

1980 kam ein mir wohlgesonnener Spendenakquisiteur zu mir und sagte: »Miss Graham, das größte Pfund, mit dem Sie wuchern können, ist Ihre Anständigkeit.« Ich hätte ihm ins Gesicht spucken können. Anständig! Nennen Sie mir einen einzigen Künstler, der anständig sein möchte.

Lange vor all diesen Ereignissen erhielt ich die Chance zu meinem ersten Ensembleauftritt in London. Mein Freund Robert Helpman, einstiger Startänzer des Royal Ballet, trat zu der Zeit zusammen mit Katherine Hepburn in George Bernhard Shaws *The Mullionairess* schräg gegenüber in einem anderen Theater auf. Da seine Vorstellung sehr viel früher als meine beendet war, standen Kate und Bob häufig am Seitenrand der Bühne, um mich in meinem letzten Stück tanzen zu sehen. Jahre später schrieb ein Kritiker, er erkenne in ihrem letzten großen Monolog in der Verfilmung von *Long Day's Journey into Night* Anklänge an meine Technik. Das konnte ich überhaupt nicht erkennen. Kate ist eine so große Künstlerin, ich glaube einfach nicht, daß sie jemals künstlerische Anleihen bei irgend jemand anderem machen mußte, niemals.

Mit Madonna hinter der Bühne nach der Welturaufführung von Maple Leaf Rag, *Oktober 1990.*

Vor einigen Jahren stand in der vierten Klasse einer Schule in Georgetown das Studium meines Lebenslaufes auf dem Lehrplan. Die Schüler sahen die Filme, die wir selbst über unsere Arbeit gedreht hatten und besuchten Tanzaufführungen in Georgetown. Anschließend erhielt ich Briefe von ihnen, in denen sie über ihre Eindrücke geschrieben oder Zeichnungen angefertigt hatten. In einem Brief hieß es: »Ich würde *Lamentation* gerne als einen Tanz der Freude sehen.« Ein anderer Junge schrieb, er habe *Lamentation* anfangs für zu kurz gehalten, aber nachdem er darüber nachgedacht habe, sei ihm die Erkenntnis gekommen, man dürfe sich niemals zu lange von Trauer überwältigen lassen, er halte nun die Kürze des Tanzes für angemessen.

Als diese Kinder ins Theater gingen, waren ihnen die Farben der Kostüme, die vorgesehenen Paarungen, die Frisuren, die Rollen der einzelnen Tänzer und die Augenblicke ihrer Auftritte wohlbekannt. Und ich bin absolut sicher: Sie konnten unterscheiden, wer gut tanzt und wer schlecht. Für mich ist das wahre Erziehung; die Kinder wurden mit bleibenden Eindrücken für ihr Leben ausgestattet.

Vor Covent Garden mit Linda Hodes und ihrem schönen Hirtenhund.

Heute unterrichte ich auch Kinderklassen an meiner Tanzschule. Ich liebe die Arbeit mit Kindern. Jeden einzelnen Schüler begrüße ich mit Handschlag und nenne ihn bei seinem Vornamen. Vor einigen Jahren traten im Rahmen einer Gala im American Ballet Theatre die Kleinsten meiner Schule auf. Erst nannten sie alle einzeln ihre Namen und sprachen dann im Chor: »Ich liebe die Erde. Ich liebe den Himmel. Ich liebe die Welt um mich herum.«

Ich wollte, daß jedes einzelne Kind dem Publikum namentlich vorgestellt wurde, sie sollten nicht anonym bleiben. Sie blickten bei ihrer Vorstellung gen

Himmel und erhoben dabei ihre Arme. »Ich heiße…« Der Name ist untrennbar mit seinem Träger verbunden. In jedem Kind schlummert das Zeug zu einem Star, und auf diese Fähigkeit, sich selbst als einmalig zu erleben, gründen wir die Hoffnung auf erfolgreiche Arbeit in den Klassen. Sie sind alle etwas Einmaliges, und ich möchte, daß auch andere sie als das betrachten.

Eines Tages kam eine Neue in die Klasse. Sie war sehr von sich überzeugt und benahm sich schlecht. Eine von den Älteren ging zu ihr und wies sie zurecht: »Wir benehmen uns nicht so an dieser Schule.« Sie änderte ihr Verhalten. Sie war von Gleichaltrigen abgelehnt worden, und im Alter von sieben oder acht Jahren macht das einen großen Eindruck.

Ich erinnere mich daran, daß ich einmal einem Fünfjährigen, der den Unterricht beobachtete, in Aussicht stellte, er könne in einigen Jahren auch bei der Gruppe der Acht- bis Zehnjährigen mittanzen. Er schien nicht besonders begeistert, bis ich ihm sagte, nach dem Unterricht gäbe es Milch und Kekse.

Kinder müssen die Grundregel im Leben eines Tänzers lernen: Wenn du den Raum verlassen mußt, gehe niemals durch die Mitte hinaus, während die anderen tanzen. Gehe am Rande – störe niemals. Wenn du zu spät kommst, gehe niemals direkt zur Mitte, das ist rücksichtslos. Nebenbei bemerkt, du könntest ja Schmutz von der Straße hineintragen.

Ich versuche den Kindern die Leidenschaft für das Tanzen zu vermitteln. Ich erkläre ihnen, was sie tun und wie sie atmen sollen. Ob man von der Ostküste Amerikas stammt oder Burmese ist, immer mündet Körpereinsatz und Körperbewußtheit in den Tanz, man wird zum Tänzer, wächst über das Individuum Mensch hinaus.

Die Botschaft, die ich meinen Schülern durch die Bewegungsschule vermittle, ist immer dieselbe, sie ist altersunabhängig. Das wichtigste ist, daß meine Schüler sich in Rhythmus und Zeit begreifen lernen und nicht etwas ausführen, was keinerlei Bezug zu anderen Tänzern oder der Musik hat. Von einem Lehrer verlange ich, daß er alle Stärken und Schwächen eines Studenten erkennt, um sie zu besprechen und die Schüler an der Stelle zu berühren, wo sie sich falsch bewegen. Sie werden ausgebildet und haben ein Recht auf individuelle Betreuung. Das Berühren ist sehr wichtig. Durch die Berührung kann der Lehrer genau erklären, von wo die treibende Kraft im Körper ausgehen soll. Es ist die Stelle, an der Spannung und Entspannung erfolgt. Ich berühre meine Tänzer, um ihnen die Beinmuskulatur zu erklären oder den Einsatz des Rückens in der Bewegung, wie sie das Einwärts ausführen sollen, wie nicht.

Wäre ich vor die Aufgabe gestellt, ein Tanzstück für ein fünf- oder sechsjähriges

Kind auf die Bühne zu bringen – es ist schwer, überhaupt eines zu finden –, würde ich mich für *Errand into the Maze* entscheiden. Dieser Tanz symbolisiert durch das Seil auf dem Boden und das nach oben aufragende Objekt das Unbekannte, in das man sich hineinbegibt, etwas für ein Kind durchaus Nachvollziehbares. Gemeint ist die Überwindung der Angst – um an den Punkt auf der Bühne zu gelangen, wo das gefiederte Wesen lebt, das dir den Drang zu tanzen vermittelt.

Als ich einmal *Errand* in Radcliffe tanzte, kam eine junge Frau nach der Vorstellung zu mir und bekannte: »Mir gefällt dieser Tanz. Ich mache diese Erfahrung hier jeden Morgen durch.«

Das kann ich nicht bestätigen. Ich weiß nur, daß wir auf unserer vom State Department gesponserten Tournee im Iran einmal mit einem sehr kleinen Flugzeug, einer DC-3, von Abedon nach Teheran fliegen mußten und in einer Höhe von 5000 Fuß durch Schneestürme, entlang schneebedeckter Berge flogen; unser Flugzeug kam mir vor wie die Briefbeschwerer, die ich aus meiner Kindheit kannte. Es hätte nicht viel gefehlt und das Flugzeug wäre abgestürzt. Wir mußten umkehren. Ich saß in meinem Sitz und tanzte im Geiste dreimal *Errand*, bis wir landeten. Der Tanz symbolisierte für mich die Reise durch Unwägbarkeiten in das Leben. Schließlich landeten wir wohlbehalten in Teheran.

Ich habe zu vielen Kindern gesagt: »Tue das, was du tust, richtig und sei fasziniert von dem, was du tust. Strebe danach, der Beste in deiner Welt zu sein, und mache es gern. Sei fasziniert von dem, was du tust. Verausgabe dich bei allem, ob es sich zum Guten oder Schlechten wendet, aber gib immer dein Bestes. Das Publikum wird das verstehen. Das Publikum ist dein Richter und die Realität, der du dich zu stellen hast.« Ich bin keine Romantikerin. Ich glaube daran, daß man eine Technik mit dämonischen Zügen entwickeln und tanzen muß, wie es Louis einmal formuliert hat: »Wirke zuweilen auf dein Publikum mit der Peitsche ein.« In meiner Anfangszeit als Tänzerin sagte einmal ein guter Bekannter von mir zu einem Freund, es war der Kritiker Stark Young: »Muß ich mit dir heute abend zu Marthas Aufführung gehen? Ständig diese rhythmischen und kantigen Bewegungen – wenn sie bloß nicht eines Tages nochmal einen Steinquader gebiert.«

Ich möchte allen meinen Studenten und allen meinen Tänzern diese Einsicht vermitteln: Sei dir während des Tanzens immer der Härte des Lebens bewußt. Ich wünschte mir, ich hätte ihnen bis zu einem gewissen Grad den Weg zur Selbsterfahrung eröffnet.

Austausch von Geschenken mit Mrs. Bush im Weißen Haus.

Halston, dem bedeutenden Kostümdesigner der sechziger und siebziger Jahre, war der Lebenshunger wohlvertraut. Es fällt mir sehr schwer, über meinen geliebten Freund zu sprechen; ihn verloren zu haben, schmerzt mich täglich aufs neue. Ich glaube, ich sah in ihm die starken Seiten, und diese brachten auch meine Stärken zum Schwingen. Ich bin mir des Privilegs bewußt, eine so großzügige Persönlichkeit gekannt, mit ihr zusammengearbeitet zu haben. Unsere Zusammenarbeit dauerte fünfzehn Jahre, wir waren Partner.

Wir hatten uns seinerzeit rein zufällig kennengelernt. Ich war gebeten worden, Robert Irving die Capezio-Tanzmedaille zu überreichen und besaß nichts, was ich zu diesem Anlaß hätte tragen können, und hatte auch nicht das Geld, mir etwas

Angemessenes zu kaufen. Da fiel mir ein, daß Leo Lerman, mein verehrter Leo, Gott und die Welt kannte. Ich rief ihn an, und Leo fand eine Lösung: Halston hatte ihm gesagt, er leihe eigentlich niemals Garderobe für besondere Anlässe aus, aber im Falle Martha Grahams fühle er sich hochgeehrt, aushelfen zu können. So fuhren wir über die Madison Avenue zu seinem Atelier.

Halston zeigte mir einen wunderschönen erdfarbenen Kaschmir-Kaftan und einen darüber zu tragenden dunkel-naturfarbenen Poncho. Beide Kleidungsstücke gefielen mir sehr, und ich fühlte mich darin, als ob ich nie etwas anderes getragen hätte. Halston war ein Meister der Stoffverarbeitung, da er die Körperbewegungen unter der Kleidung berücksichtigte, und er besaß ein Gefühl für Eleganz.

Anschließend fuhren wir zu David Webb und dieser lieh mir eine ganz exquisite Kette aus Rubinen und Smaragden. In dieser Aufmachung ging ich zur Preisverleihung, doch am nächsten Morgen wurde ich unerbittlich auf den Boden der Tatsachen zurückgeholt. Es fiel mir schwer, mich von meinen Halston-Gewändern zu trennen. So fragte ich ihn, ob ich sie in Monatsraten abzahlen könnte. Er antwortete: »Martha, wenn ich Ihnen dieses Ensemble nicht schenken kann, hätte ich nichts, was ich Ihnen sonst schenken könnte.«

Von da an waren wir Freunde. Wir besprachen Kostüme und Entwürfe, und ich erzählte ihm, wie ich in der Fourteenth Street und in der Orchard Street nach Stoffen gesucht hatte. Damals waren meine Hände durch die Arthritis schon so verkrüppelt, daß ich immer Handschuhe trug. Ich konnte nicht länger Stoffe aussuchen, und was noch schlimmer war, meine Hände hatten keine Kraft mehr, Kostüme zu schneidern. Diese Erkenntnis war und ist immer noch sehr schmerzlich für mich.

Einmal waren wir – wie so oft – in seinem Atelier zusammen, um Stoffe anzuschauen und ließen die Gewebe durch unsere Finger gleiten. Ich konnte das Material nicht fühlen, weil ich Handschuhe anhatte.

»Ich kann meine Hände nicht mehr gebrauchen«, erklärte ich ihm und schaute dabei auf meine langen Handschuhe, die ich über meine arthritischen Hände gestreift hatte.

»Martha«, sagte er zu mir, »lassen Sie mich Ihre Hände sein.«

Und so begann unsere Zusammenarbeit. Er sagte gelegentlich: »Ich liebe den Körper dieser Frau. Ich liebe den Körper dieses Mannes. Ich sehe sie in glorifizierter Gestalt und würde gerne etwas für sie herstellen.«

Wenn einer meiner Tänzer in einem Halston-Kostüm die Bühne betritt, ist es in jeder Beziehung vollkommen und trägt zur Reinheit der Bewegungen bei. Das Gewand hat die Aufgabe, den Körper sichtbar werden zu lassen, die schönen

Mit Liza Minnelli und Halston.

Linien von Taille, Hüften, Schultern, und die Kopfbewegung hervortreten zu lassen. Das Kostüm muß allen diesen Körperteilen gerecht werden.

Halston war ein seltsamer, warmherziger und anspruchsvoller Mann. Anspruchsvoll deswegen, weil er sich nur mit dem Besten zufriedengab. Wenn jemand nicht sein Bestes gab, dann gnade ihm Gott. Und er ließ von Anfang an keinen Zweifel an dieser seiner Einstellung. Halston glaubte, und darin sind wir uns ähnlich, die einzige Sünde des Menschen sei Mittelmäßigkeit.

Halston half mir aus einem der absoluten Tiefpunkte meines Lebens, unterstützte mein Ensemble, so daß es weiterging und schenkte mir neues Selbstvertrauen. In dieser Hinsicht veränderte er mein Leben, so wie er auch das Gesicht der amerikanischen Designermode durch seine Werke veränderte. Hätte er mir damals nicht geholfen, würde mein Ensemble heute nicht mehr existieren.

Ich kann immer noch nicht ganz begreifen, daß er uns verlassen hat. Halston besuchte mich unmittelbar vor seiner Abreise in sein neues Haus in San Francisco. Er kam zum Tee, und wir unterhielten uns, träumten, machten Pläne und scherzten, so wie wir es an allen Sylvesterabenden getan hatten, die wir zusammen verlebten. Er glaubte daran, daß man an Sylvesterabenden arbeiten und

Pläne für die Zukunft schmieden müsse, wenn man im kommenden Jahr erfolgreich sein wolle, und er hatte recht. Aber wichtiger noch war, daß man weniger gegen seine Angst zu kämpfen hatte, wenn man das Jahr plante, sein Schicksal in die Hand nahm. Der Teenachmittag war herzzerreißend, durchdrungen von dem unausgesprochenen Gedanken zwischen uns beiden, wir könnten uns möglicherweise niemals mehr wiedersehen.

Als Napoleon sich einst für einen Söldnergeneral entscheiden mußte, hatte er sich zunächst alle Empfehlungen angehört, um dann anschließend zu fragen: »Aber hat er Fortüne?« Und ich weiß, ich habe Fortüne in meinem Leben gehabt. Jede Bestimmung im Leben, jede Leidenschaft, jeder Drang ist nichts ohne Fortüne. Wie sonst wäre meine Rückkehr ins Leben vor drei Jahren zu erklären, meine Genesung von einer Krankheit, als mich alle schon aufgegeben hatten? Ich konnte nicht einmal mehr sprechen oder schlucken. Es war nur ein winziger Blutpropfen, sagte man mir später, ein Gehirnschlag, aber er hatte genügt, mich außer Gefecht zu setzen. Ron kam, auch Linda, Chris, Michele, Jayne, Richard, Peggy und Diane, später die liebevollen Schwestern Anne, Kitty, Helen, Maureen, um mir durch ihre Anwesenheit zu helfen und mich wieder ins Leben zurückzuholen. Und Ron las mir aus meinen Lieblingsbüchern vor, und unterhielt sich stundenlang mit mir. Er war damals wie die Martha, von der meine Großmutter zu sagen pflegte, sie sei allzu schwatzhaft. Aber das machte mir nichts aus. Ich brauchte damals Unterhaltung und hatte nicht einmal etwas dagegen, wenn er in seiner Nervosität zeitweilig in meinem Zimmer auf und ab ging. Es wäre damals schrecklich für mich gewesen, allein sein zu müssen. Denn in meinem Hinterkopf hatte ich immer noch die Worte des jungen Arztes gespeichert, der gesagt hatte: »Mit vierundneunzig kann sich ein Mensch einfach nicht mehr erholen.«

Der Schlag kam plötzlich, aus heiterem Himmel. Eben war ich noch damit beschäftigt gewesen, Tee für einen Gast vorzubereiten, im nächsten Augenblick konnte ich nicht mehr sprechen, verstand aber alles. Und ich konnte gerade noch Ron und meinen Krankenschwestern klarmachen, daß ich leider meine Einladung rückgängig machen müßte. Ich spulte *Errand into the Maze* immer wieder in meinem Innern ab, die Tänze waren Lebenslinien für mich, an denen ich mich orientieren konnte.

Eine der vielleicht schwierigsten Aufgaben während meines Kampfes um die Rückkehr ins Leben war, Dr. Mead zu überreden, mich etwas früher als vorgesehen zu entlassen. Die Ärzte gingen davon aus, daß es Wochen dauern würde, bis ich wieder hergestellt sei. Ich versuchte ihnen zu erklären, daß mein gesamtes Ensemble auf meine Rückkehr wartete, da wir in genau sieben Tagen mit der Arbeit an einem neuen Stück beginnen wollten. Ich glaubte, Arbeit wäre die beste Medizin für mich und ließ daher nichts unversucht. Ich muß sie wohl ziemlich verrückt gemacht haben, denn sie ließen mich tatsächlich früher gehen.

Jeden Tag kam ich nur kurze Zeit zu den Proben. Nach gewisser Zeit war ich wieder so weit, daß ich zumindest zwei Stunden am Nachmittag und am Abend bleiben konnte. Ron und Linda übersetzten den Tänzern meine Anweisungen, wenn ich müde wurde und meine Sprache nicht mehr deutlich war. Und ich kam zurück, fand meine Sprache wieder. Die Sprachtherapeutin kam nur einmal zu mir. Ich hörte ihr mit großer Aufmerksamkeit zu und machte alle ihre Übungen. Dann sagte ich vorsichtig zu ihr: »Ich möchte Ihnen etwas zeigen.« Und dann hielt ich im Sitzen meine Füße gerade vor mich hingestreckt, machte anschließend schweigend einige *pliés* und andere Streckübungen. Ich bin sicher, sie hielt mich für verrückt. Dann sagte ich: »Sie sehen, das bedeutet mir etwas. Das verstehe ich. Das ist relevant für mein Leben, für meinen Körper. Was Sie mir gezeigt haben, so wundervoll es auch ist, es bedeutet mir nichts. Das ist nicht mein Weg. Ich muß meinen eigenen Weg finden.« Und das tat ich auch.

Acht Monate später beendete ich die Arbeiten an meinem Stück *Night Chant* – der Titel stammt von einem Navajo-Ritual, dem Yabechi, in dem es um die Heilung von Krankheit geht. Wir übernahmen auch die dazugehörige Navajo-Flötenmusik und Bilder aus dem Südwesten der USA. Für *Night Chant* erhielt ich fast die besten Kritiken meiner gesamten Laufbahn.

Als Halston nach San Francisco kam, war er bereits sehr krank. Etwas in meiner Stimme mußte ihm gesagt haben, als wir – wie täglich – miteinander telefonierten, daß ich dringend einen Urlaub nötig hätte. Er ermöglichte ihn mir, rief unsere Managerin Michele an und ließ alles für meinen Urlaub im Südwesten arrangieren. Er hatte erkannt, daß ich einen Urlaub nötig hatte und stellte die Mittel bereit. Er wußte, was dieser Teil Amerikas mir bedeutete – die Öde der Landschaft, ihre Ausstrahlung und der Himmel.

Ich kam im Juni 1989 in Tucson an. Es war eine traurige Zeit für mich, denn meine Schwester Geordie, die ich in den letzten zehn Jahren, seit ihrem Umzug von New York hierher, regelmäßig besucht hatte, war vor einigen Monaten gestorben; sie war meine letzte Verbindung zu meinem Elternhaus und zu meiner Jugend gewesen. Hätte sie nicht ihre beiden Krankenschwestern Rachael und

Auf einer Galaveranstaltung mit Co-Direktor Ron Protas.

Gertrude gehabt, die sie versorgt hatten, sie wäre sicher schon früher gestorben. Ich besuchte beide vor meiner Rückkehr nach New York zu Proben mit meinem Ensemble. Als ich zum Himmel aufsah, erblickte ich eine wunderschöne Wolkenformation, die wie ein Regenumhang der Kiowa aussah, und vor mir überall der hochaufstrebende Riesen-Saguaro-Kaktus. Von seiner seltsamen prähistorischen Gestalt habe ich mich immer fesseln lassen. Unweigerlich fühle ich einen Teil seines Zaubers auf mich übergehen. Ebenso, meine ich, gehen geheimnisvolle Gesten auf alle Tänzer über, vielleicht auf jeden von uns, wenn wir bereit sind, sie anzunehmen.

Mein Plan war, nach Tucson zu fahren, um die Räume einer katholischen Mädchenschule zu begutachten, die Mark Bahti, ein in Arizona lebender Bevollmächtigter und Freund unserer Truppe als möglichen zweiten Standort für unser Tanzensemble gefunden hatte. Aber zunächst wollte ich Marks zauberhaftes Geschäft mit Kunstwerken der amerikanischen Indianer besuchen. Es war das Lebenswerk seines Vaters Tom gewesen, eines großen Freundes der Indianer. Diese hatten ihm immer ihre besten Stücke gebracht. Aber einer der größten Schätze Toms war nicht indianischer Herkunft, sondern eine Handschrift Georgia O'Keeffes. Sie hängt heute in Marks Geschäft und trägt eine Widmung, die nur Georgia in ihrer direkten Art schreiben konnte: »Grüße für Tom Bahti!«

Als wir die Straße entlangfuhren, sahen wir das in Frage stehende Gebäude; es sah nicht besonders einladend aus, sehr gotisch – nicht gerade mein Lieblingsstil. Es war mehr als sechzig Jahre die Heimstatt eines katholischen Schwesternordens gewesen. Als mich ein Reporter während einer Pressekonferenz fragte, warum ich diese Akademie als möglichen Standort für meine Schule ins Auge gefaßt hätte, antwortete ich: »Weil sie auf gesegnetem Grund und Boden steht.«

Das ganze Land hier ist gesegnet. Gesegnet zugunsten der Indianer und gesegnet zugunsten der Menschen, die es vor den Indianern bewohnt haben. Was für seltsame Tiere hier gelebt haben, was für seltsame Menschen und Pflanzen! Alles hier ruht auf gesegnetem Boden. Boden, der dem Leben geweiht ist – dem Wunder des Lebens.

Die Ordensschwestern kamen eine nach der anderen, um mich zu begrüßen. Sie waren in ihre offiziellen schwarz-weißen Gewänder gekleidet, die man heute nur noch selten sieht. Schwester Julie vertraute mir an, daß mein Tanz für sie das bewirke, was die Schwestern in ihren Messen auch zu erreichen hofften, eine Vereinigung mit der Seele des Menschen. Die Schwestern sagten, sie hielten mich für eine Mystikerin. Aber ich sehe mich ganz und gar nicht so.

Für mich, die ich streng presbyterianisch erzogen worden war, war es eine große Erleichterung zu erfahren, daß »Sünde« in der Sprache der Bogenschützen bedeutet, »sein Ziel verfehlen«. Die Bibel steckt voller wunderschöner Geschichten, vor allem das Alte Testament. Ich würde gerne als Geschichtenerzählerin einen Namen haben. Für mich sind Bücher heilig. Wenn ich eine Schiffbrüchige auf einer öden Insel wäre, ich benötigte nur zwei Bücher: das Wörterbuch und die Bibel. Worte sind magisch und schön; sie haben mir neue Welten eröffnet. Meine Vorlieben beim Lesen sind ausgefallen: Ich liebe Spionagethemen. Nichts macht es mir leichter, ein Problem zu durchdenken, als zwischen zwei Rätseln zu wählen. Das ist zwar seltsam, aber es funktioniert.

Seit den Tagen bei den *Follies* habe ich die Gewohnheit beibehalten, beinahe allabendlich aus meinen rund um mein Bett gestapelten Lieblingsbüchern Auszüge in meine grünen Stenographieblöcke zu notieren. Kürzlich wurde ich nach einigen Notizen sehr unruhig. Ich stand damals gerade am Anfang der Arbeiten zu meinem neuesten Werk *Maple Leaf Rag*. So sehr ich mich auch dagegen stemmte, meine Erinnerungen schweiften ab in die Zeit der dreißiger Jahre, als ich mit Louis Horst zusammenarbeitete. Ich weiß nicht mehr, wo wir uns damals gerade aufhielten, möglicherweise in einem jener entsetzlich kalten und zugigen Studios, die den Ausblick über den Central Park freigaben. Ich hatte mich zum Fenster geschleppt und meinen Kopf in meine Hände gestützt, ein sicheres Zeichen für den leidgeprüften Louis, daß Mirthless Martha auf dem besten Wege war, in eine ihrer größeren finsteren Depressionen zu versinken. Aber ich konnte in diesem Augenblick keine solche gebrauchen, deshalb hatte ich Louis gebeten: »Oh Louis, spiel mir ›Maple Leaf Rag‹.« Und er war meinem Wunsch nachgekommen. Es wirkte, wie schon oftmals zuvor; es erlöste mich für kurze Zeit von der Angst, die sich meiner bemächtigt hatte.

Maple Leaf Rag ist ein ziemlich fröhlicher Tanz, nicht gerade die Musik, die ich vor fünfzig Jahren ausgesucht hätte. In gewisser Weise paßt sie zu der Eisenbahn, die mich vor vielen Jahren aus dem Osten des Landes in den Westen gebracht hatte. Ich erinnere mich, wie ich am hinteren Ende des Zuges stand, im Schaffnerabteil, und über das Land hinwegblickte, das wir gerade hinter uns gelassen hatten. Diese Reise hat mir immer etwas bedeutet. Der Mensch strebt immer voran, schreitet auf einer fremden, einsamen Straße. Aber es ist der Impuls der Maschine, die dich voranbringt, und du erreichst dein Ziel trotz der unermeßlichen Weiten des Landes, in das du hineingeboren bist. Das ist für mich Leben. Leben bedeutet nicht Aufgabe, sondern stetiges Voranschreiten.

Wir schreiben jetzt Oktober 1990. Ich sitze in einem sehr finsteren Umkleideraum des City Center Theatre und habe mich mit einer anderen Art von Angst auseinanderzusetzen, einer Angst, bei deren Bewältigung ich nicht auf meine jahrelange Erfahrung zurückgreifen kann. *Maple Leaf Rag* hatte eine sehr erfolgreiche Weltpremiere, aber das bedeutet mir wenig, auch die Erinnerung an meinen Auftritt auf der Bühne vor dem letzten Vorhang kann da nicht helfen. Denn jetzt steht mir die desolateste Zeit bevor, die jeder Theatermensch durchlebt: die Wochen nach der Spielzeit. Man ist so gut wie sicher, daß sich auch gar nichts mehr bewegt, weder etwas Gutes noch etwas Schlechtes; es ist einfach das Ende. Da hilft auch nicht, daß wir uns in zwei Wochen auf Asien-Tournee begeben.

Das Theater hat sich geleert, und ich gehe an dem einzigen Licht vorbei, das in jedem Theater brennt, wenn alle Eingänge geschlossen sind und alle Aktiven das

Die Pausen zwischen den Proben im Theater sind am schrecklichsten. Man denkt nur an das, was man schlecht gemacht hat.

Theater verlassen haben. Es ist eine einzelne helle Glühbirne, die hoch oben an einer langen schwarzen Metallschiene über dem Bühnenmittelpunkt angebracht ist: das sogenannte Geister-Licht, Symbol für all das Leben und all die Legenden, die dieses Theater erfüllen und die in gewisser Weise unauslöschlich sind.

Ich werde im Alter von jetzt sechsundneunzig Jahren häufig gefragt, ob ich an ein Leben nach dem Tode glaube. Ich glaube an die Unantastbarkeit des Lebens, die Unwandelbarkeit des Lebens und der Lebensenergie. Ich weiß eines sicher: Die Anonymität des Todes besitzt keinerlei Attraktion für mich. Ich möchte dem Jetzt begegnen und es meistern.

Ich habe den Auftrag erhalten, einen Tanz für die spanische Regierung zu kreieren und lange darüber gebrütet, wie ich das Problem umsetze, die Göttin von Indien nach Babylon, Sumer, Ägypten, Griechenland, Rom, Spanien (mit seiner

Dama del Elche) und dann in den amerikanischen Südwesten wandern zu lassen. Ich bin sicher, das Stück wird sowohl schreckliche als auch fröhliche Elemente beinhalten, und ich werde mich nicht scheuen, immer wieder von vorn zu beginnen, wenn es sein muß. Ich glaube, es wird mein Schwanengesang, und meine Karriere wird damit enden; ich werde erkennen, daß ich hundertmal versagt habe, und versuchen, mit dieser unausweichlichen Erkenntnis fertig zu werden. Denn was bleibt mir anderes übrig, als voranzuschreiten. Das bedeutet Leben für mich. Mein Leben.

Wie hat das alles begonnen? Ich glaube, es beginnt niemals. Es setzt sich nur fort.

    Und eins… und…

Danksagung

Folgenden Freunden und Kollegen gilt mein herzlicher Dank: Aboudi, Russ Alley, Takako Asakawa, Mark Bahti, Polly Bergen, Telsa Bernstein, Stacie Bristow, Sandy Calder, Joseph Campbell, Jacques Cellier, Aaron Copland, Imogen Cunningham, Agnes de Mille, Bethsabée de Rothschild, Doris Duke, Michele Etienne, Betty Ford, Carol Fried, Milton Goldman, Ann Gray, Diana Gray, Neel Halpern, Linda Hodes, Louis Horst, Kennan Hourwich, Bianca Jagger, James Johnson, Angela Kapp, Donna Karan, Tom Kerrigan, Yuriko Kimura, Calvin Klein, Deborah Kramm, Pearl Lang, Richard Lawson, Peggy Lyman, Madonna, Dr. Allen Mead, Ted Michaelsen, Barbara Morgan, Peter Morrison, Dr. Jeffrey Nakamura, Isamu Noguchi, Rudolf Nurejew, Nancy Oakes, Gregory und Veronique Peck, Alexander Racolin, Todd Randall, Terry Rhein, Jerome Robbins, Jean Rosenthal, Kevin Rover, Carroll Russell, Peggy Shields, Gertrude Shurr, Dr. Irwin und Lucia Smigel, Ruth St. Denis, Peter Stern, Walter Terry, Kathleen Turner, Russ Vogler, Linda Wachner, Lila Acheson Wallace, Gay Wray, Dr. Rachel Yocom.

Fotonachweis

Frontispiz: Copyright © Barbara Morgan, Morgan Press, Dobbs Ferry, New York. Seite 6: Barbara Morgan. Seite 13: Soichi Sunami. Seite 16–17: Ron Protas. Seite 23: Collection of Martha Graham. Seite 24: Collection of Martha Graham. Seite 25: Collection of Martha Graham. Seite 27: Collection of Martha Graham. Seite 28: Collection of Martha Graham. Seite 32: Collection of Martha Graham. Seite 38: Collection of Martha Graham. Seite 41: McLeod von Happy Hollow, Hot Springs, Arkansas/Collection of Martha Graham. Seite 44: Collection of Martha Graham. Seite 46: Collection of Martha Graham. Seite 49: Hulbut Young/Collection of Martha Graham. Seite 55: Collection of Martha Graham. Seite 56–57: Edward Moeller/Collection of Martha Graham. Seite 59: Collection of Martha Graham. Seite 61: Collection of Martha Graham. Seite 64: Collection of Martha Graham. Seite 66: Collection of Martha Graham. Seite 67: Collection of Martha Graham. Seite 69: White Studio/Collection of Martha Graham. Seite 70: Nickolas Muray/International Museum of Photography at George Eastman House, Photographic Collections. Seite 72: George Willard Kisslene/Collection of Martha Graham. Seite 75: White Studio/Collection of Martha Graham. Seite 76: Nickolas Muray/International Museum of Photography at George Eastman House, Photographic Collections. Seite 82: White Studio/Collection of Martha Graham. Seite 84: Collection of Martha Graham. Seite 85: Arthur F. Kales/Collection of Martha Graham. Seite 87: Howard R. Jacobs/Collection of Martha Graham. Seite 91: Collection of Martha Graham. Seite 93: Collection of Martha Graham. Seite 97: Zeichnung von Fitzgerald/Collection of Martha Graham. Seite 98–99: Collection of Martha Graham. Seite 102: Bennett & Pleasant/Collection of Isadore Bennett/Mit freundlicher Genehmigung von Martha Graham. Seite 105: Collection of Martha Graham. Seite 109: Soichi Sunami. Seite 111: Soichi Sunami. Seite 112: Nickolas Muray/International Museum of Photopgraphy at George Eastman House, Photographic Collections. Seite 114: Nickolas Muray/International Museum of Photography at George Eastman House, Photographic Collections. Seite 115: Nickolas Muray/International Museum of Photography at George Eastman House, Photographic Collections. Seite 117: Soichi Sunami. Seite 118: Soichi Sunami. Seite 119: Soichi Sunami. Seite 121: Soichi Sunami. Seite 125: Soichi Sunami. Seite 128: Soichi Sunami. Seite 131: Soichi Sunami. Seite 132: White Studio, Arthur Todd Collection/Mit freundlicher Genehmigung von Martha Graham. Seite 134: Collection of Martha Graham. Seite 136: Collection of Martha Graham. Seite 138: Reuben Goldberg/Collection of Martha Graham. Seite 142: Soichi Sunami. Seite 144: Collection of Martha Graham. Seite 145: Collection of Martha Graham. Seite 148: Collection of Martha Graham. Seite 149: Helen Keller International, Inc./Collection of Martha Graham. Seite 153 (beide): Bennet & Pleasant, Collection of Isadore Bennett/Mit freundlicher Genehmigung von Martha Graham. Seite 154: Michael Kidd/Collection of Martha Graham. Seite 156–159 (alle): Imogen Cunningham, 1931 © 1991. Seite 162: Collection of Martha Graham. Seite 167: Ron Protas. Seite 168: Offizielle Fotografie des Weißen Hauses. Seite 169: Collection of Martha Graham. Seite 171: Jerry Cooke, LIFE MAGAZINE © TIME WARNER INC. Seite 172: Jerry Cooke, LIFE MAGAZINE © TIME WARNER INC. Seite 174: Barbara Morgan. Seite 178–179: Cris Alexander/Collection of Martha Graham. Seite 180: Martha Graham School of Contemporary Dance. Seite 182–183: Bennett & Pleasant, Collection of Isadore Bennett/Mit freundlicher Genehmigung von Martha Graham. Seite 185: Barbara Morgan. Seite 188: Barbara Morgan. Seite 189: Barbara Morgan. Seite 201: Arnold Eagle. Seite 203: Ron Protas. Seite 205: Foto des Vatikans. Seite 206: Ron Protas. Seite 209: Ron Protas. Seite 212: Carl Van Vechten/Collection of Martha Graham. Seite 217: Angus McBean/Collection of Martha Graham. Seite 221: Bennett & Pleasant, Collection of Isadore Bennett/Mit freundlicher Genehmigung von Martha Graham. Seite 222: Stephanie Rancou. Seite 225: Collection of Martha Graham. Seite 227: Bennett & Pleasant, Collection of Isadore Bennett/Mit freundlicher Genehmigung von Martha Graham. Seite 229: Jerry Cooke, LIFE MAGAZINE © TIME WARNER INC. Seite 233: Pictorial Press, London/Mit freundlicher Genehmigung von Martha Graham. Seite 239: Bennett & Pleasant, Collection of Richard Pleasant/Mit freundlicher Genehmigung von Martha Graham. Seite 240: Ron Protas. Seite 241 (beide): Phillipe Halsmann. Seite 246: Bill King. Seite 247: Ron Protas. Seite 248: Martha Swope. Seite 249: Jack Buxbaum/John F. Kennedy Center. Seite 250: Ron Protas. Seite 252 (alle): Imogen Cunningham, 1931 © 1991. Seite 254–255: Michael O'Neill. Seite 257: Soichi Sunami. Seite 260: Martha Swope. Seite 263: Karen Dolan/Celebrated Image. Seite 264: Ron Protas. Seite 267: Offizielle Fotografie des Weißen Hauses. Seite 269: Ron Protas. Seite 272: Bettina Cirone. Seite 275: Ron Protas. Seite 276: Ron Protas.